Beck'sche Reihe
BsR 512
Große Denker

Jean Piaget (1896–1980) war ein interdisziplinärer Grenzgänger. Sein Werk wurzelt in den Nahtstellen zwischen Psychologie und Philosophie, zwischen Biologie und Kybernetik und allgemein zwischen Natur- und Geisteswissenschaften. Ziel dieses Werks ist eine empirisch fundierte Erkenntnistheorie, sein Leitmotiv die Entwicklung des kindlichen Denkens. – Ein Kind übersteigt während seines geistigen Wachstums immer neu die Grenzen seines Könnens und Erkennens. Piaget macht deutlich, daß es *die* Erkenntnis nicht gibt: Was man so nennt, ist eher ein Bündel hierarchisch gegliederter intellektueller Fähigkeiten, zu deren Erforschung es einer fächerübergreifenden Anstrengung bedarf. Piaget förderte denn auch aktiv den Austausch zwischen den Disziplinen: Er gründete das „Zentrum für genetische Erkenntnistheorie" in Genf und brachte die Vertreter der unterschiedlichsten Fächer miteinander ins Gespräch. „Zusammenarbeit" lautet auch das Stichwort in seiner Untersuchung über die Moralentwicklung bei Kindern.
Die vorliegende Einführung in Leben und Werk Jean Piagets richtet sich an Psychologen, Lehrer, philosophisch interessierte Laien sowie an Eltern, die die Denkgewohnheiten ihrer Kinder besser verstehen lernen wollen.

Thomas Kesselring, Dr. phil., 1980–1986 Hochschulassistent am Institut für Philosophie der Freien Universität Berlin, 1987 bis 1988 Gastprofessor in Porto Alegre (Brasilien), arbeitet als Wissenschaftler und Publizist über Fragen der Entwicklungspsychologie und Philosophie. Wichtigste Veröffentlichungen: Entwicklung und Widerspruch, Frankfurt 1981; Die Produktivität der Antinomie, Frankfurt 1984.

Die Reihe „Große Denker" wird herausgegeben von *Otfried Höffe*, Professor für Ethik und Sozialphilosophie sowie Direktor des Internationalen Instituts für Sozialphilosophie und Politik der Universität Freiburg i. Ü. (Schweiz).

THOMAS KESSELRING

Jean Piaget

VERLAG C.H.BECK MÜNCHEN

Mit 6 Abbildungen

CIP-Titelaufnahme der Deutschen Bibliothek

Kesselring, Thomas:
Jean Piaget / Thomas Kesselring. – Orig.-Ausg. –
München : Beck, 1988
(Beck'sche Reihe ; Bd. 512 : Große Denker)
ISBN 3 406 32893 8
NE: GT

Originalausgabe
ISBN 3 406 32893 8

Einbandentwurf von Uwe Göbel, München
Umschlagbild: Archives Jean Piaget, Foto Landenberg

Gesamtherstellung: C. H. Beck'sche Buchdruckerei, Nördlingen
Printed in Germany

Inhalt

Einleitung

Jean Piaget war in mehrfacher Hinsicht ein Grenzgänger. Nicht nur wohnte er in einem Genfer Vorort so dicht an der französischen Landesgrenze, daß ihn jeder größere Spaziergang ins Nachbarland führte. Auch in der wissenschaftlichen Arbeit überquerte er immer wieder die verschiedensten Grenzen. Bekannt geworden ist er vor allem als Kinderpsychologe. Doch den Kindern galt nicht seine ungeteilte wissenschaftliche Aufmerksamkeit: Ebenso – und vielleicht mehr noch – interessierte er sich für die menschliche Erkenntnisfähigkeit und ihre Entwicklung. Piaget wollte nichts geringeres als die Entstehung des naturwissenschaftlichen Denkens erforschen, und zwar selbst mit naturwissenschaftlichen Methoden. Nicht Psychologie, sondern Biologie hatte er studiert, eine Naturwissenschaft. In jungen Jahren faszinierte ihn die Philosophie aber ebenso wie die Biologie. Seine frühesten Interessen galten einerseits einer primitiven Art von Lebewesen – den Mollusken (Teichschnekken) – und andererseits einer anspruchsvollen Art von Fragen – zunächst der Frage nach dem Verhältnis von christlicher Religion und rationaler Wissenschaft und später der Frage nach der verschlungenen Beziehung zwischen Lebensprozessen und logisch-mathematischer Erkenntnis. Zwischen dem Bedürfnis nach Metaphysik und dem nach einer handfesten Wissenschaft hin- und hergerissen, fand Piaget seinen Weg erst, als er entdeckte, daß sich mit dem Studium der kindlichen Intelligenz die Biologie mit der Philosophie des naturwissenschaftlichen Erkennens verbinden läßt.

Ist also die Entwicklungspsychologie Piagets Arbeitsgebiet? Ja und nein. – Ja, denn Piaget war ein hervorragender Beobachter und ein phantasievoller Experimentator, der in einfachen, aussagekräftigen Versuchsanordnungen vordem ungeahnte Aspekte des kindlichen Denkens aufdeckte und damit einen starken Einfluß auf Psychologie und Pädagogik ausübte. – Nein, denn sein Name ist genauso verbunden mit der genetischen Erkenntnistheorie – „genetisch“ im Sinn von „Genesis“ (Entstehung, Entwicklung) und nicht von „Genetik“ (Vererbungslehre). Der Wissenschaftler Jean Piaget hatte gleichsam einen doppelten Wohnsitz: in der empirischen Psychologie und in der Erkenntnistheorie – einer im Grunde philosophischen, also nicht empirischen Disziplin. Doch war er nicht nur Grenzgänger, genau betrachtet bildete die Grenzüberschreitung auch seinen Forschungsgegenstand: Ein Kind, das sich entwickelt, transzendiert immer neu die Grenzen seines Könnens und Erkennens. Indem Piaget die Entwicklung in mehrere Stufen unterteilte, machte er deutlich, daß es *die* Erkenntnis oder *das* Erkenntnisvermögen nicht gibt: Was man so nennt, ist eher ein Bündel hierarchisch gegliederter intellektueller Fähigkeiten, zu deren Erforschung es einer fächerübergreifenden Anstrengung bedarf. Der Schweizer rührte denn auch an althergebrachte akademische Demarkationslinien und förderte aktiv den Austausch zwischen den Disziplinen: Er gründete das „Zentrum für genetische Erkenntnistheorie“ in Genf und brachte in seinem Rahmen die Vertreter der unterschiedlichsten Fächer miteinander ins Gespräch. Nicht der Konkurrenz, sondern dem Miteinander redete er das Wort: „Zusammenarbeit“ lautet das zentrale Stichwort in seiner Untersuchung über die Moralentwicklung bei Kindern, und der wissenschaftlichen Zusammenarbeit über die psychologischen Fachgrenzen hinweg verdankt sich der größte Teil seines eigenen Werks.

Piaget hatte etwas von einem Universalgelehrten in einer Zeit, in der die Wissenschaften so stark spezialisiert sind, daß es eigentlich gar keine Universalgelehrten mehr geben kann. – So überrascht es nicht, daß er viel Bewunderung, aber auch viel Kritik erntete. Eine seiner großen Stärken, der wache Sinn für Analogien zwischen den Fragestellungen auch weit voneinander entfernter Fächer, wurde ihm von empirischen Wissenschaftlern manchmal auch als Schwäche ausgelegt: Hinweise auf Analogien lenken zwar den Blick auf Zusammenhänge, aber eine Analogie ist keine Antwort, die exaktere wissenschaftliche

Ansprüche zu befriedigen vermöchte, eher ein Wegweiser, der die Richtung anzeigt, in der Antworten gesucht werden müssen.

Die Bedeutung von Piagets Werk liegt wohl nicht so sehr in den Antworten, die er gegeben, als in den Fragen, die er gestellt, und den Verbindungen, die er zwischen offenen Fragen aufgezeigt, und in den Experimenten, die er mit dem Blick für das Wesentliche entworfen hat. So verdankt nicht zuletzt die Philosophie dem Schweizer Gelehrten wertvolle Anregungen, die denn während der letzten anderthalb Jahrzehnte in verschiedenen Ländern – vor allem in den Vereinigten Staaten und im deutschen Sprachraum – mit zunehmendem Interesse aufgegriffen worden sind. Das zweifellos wichtigste Verdienst ist es, mit seinen Untersuchungen über die Intelligenzentwicklung einsichtig gemacht zu haben, daß es sich die Erkenntnistheorie nicht mehr leisten kann, Entwicklungsfragen außer acht zu lassen.

Aber auch mit seinen empirischen Arbeiten war Piaget ein großer Anreger: Es gibt wohl kaum ein von ihm ersonnenes entwicklungspsychologisches Experiment, das nicht in zahlreichen Abwandlungen wiederholt worden wäre. Viele sind bestätigt, manche widerlegt worden, einige wurden paradoxerweise zugleich bestätigt und widerlegt oder durch verschiedenartige Untersuchungsreihen in Frage gestellt, deren Ergebnisse sich wechselseitig relativieren ...

Nur über wenige Autoren dürften in so kurzer Zeit so viele Publikationen erschienen sein wie über Jean Piaget. Warum also auch noch diese Monographie? – Der größte Teil der Veröffentlichungen gilt speziellen Einzelfragen im Werk des Genfer Psychologen oder sich daran anschließenden Problemen. Gesamtdarstellungen sind seltener und berücksichtigen in der Regel vorwiegend entweder das theoretische oder das empirische Werk, wobei in diesem Fall häufig wiederum entweder die Entwicklung des moralischen Urteils oder die der logisch-mathematischen und physikalischen Begriffe ausgeklammert wird. Die vorliegende Einführung will in gezielten Streiflichtern das Oeuvre als ganzes ausleuchten und den Zusammenhang zwischen den einzelnen Teilen sichtbar machen. Den philosophischen Aspekten wird dabei besonders Rechnung getragen. Da bis heute noch keine Piaget-Biographie existiert, liegt ein weiterer Schwerpunkt des Buches auf der Darstellung von Jean Piagets Lebensweg.

Herzlich gedankt sei an dieser Stelle Frau B. Inhelder und den Herren H. Aebli sowie F. Vidal für Hinweise und Informationen zu Piagets Lebensgang und dem Herausgeber sowie Herrn Th. Thiel für die kritische Durchsicht des Manuskripts und Anregungen zu seiner Verbesserung. Für die Überlassung des Bildmaterials danken Autor und Verlag der Fondation Archives Jean Piaget der Université de Genève und Frau A. Tryphon für ihre Mithilfe.

Methodische Vorbemerkungen

Wir folgen in unserer Darstellung nicht chronologisch einem Werk nach dem anderen, sondern jeweils ganzen Gruppen thematisch zusammengehöriger Texte oder Textstellen.

Da sich jede Darstellung eines Gesamtwerks zwangsläufig auf eine Interpretation stützen muß und da Piagets Werk unterschiedliche Deutungen zuläßt, sei hier auf zwei Punkte hingewiesen, an denen unsere Akzentsetzung von derjenigen Piagets abweicht: 1. Wir haben auf die Theorie der ,,reflektierenden Abstraktion" ein größeres Gewicht gelegt als auf die der ,,Äquilibration": In Gleichgewicht und Umkehrbarkeit (,,Reversibilität") des Denkens sehen wir weniger eine Ursache oder ein Motiv als eine Wirkung der intellektuellen Entwicklung. 2. So wie Piaget das ,,präoperative" Denken des Kleinkindes mit der Fähigkeit, Vorstellungen zu bilden, in Verbindung bringt, schlagen wir vor, das ,,konkret operative" Denken der Kinder im Einschulungsalter mit einer Vorstellungsfähigkeit zweiter Ordnung in Zusammenhang zu bringen. Auf diese Weise dürften auch die Gesetzmäßigkeiten in der von Piaget angenommenen kognitiven Stufenfolge deutlicher sichtbar werden, als wenn man den Akzent auf die „Reversibilität“ des Denkens legt.

Auf Piagets Werke beziehen wir uns jeweils unter Hinweis auf das Jahr, in dem das betreffende Werk in der Originalausgabe erschienen ist (man vergleiche dazu Teil 2 des Literaturverzeichnisses). Zu verschiedenen Texten existieren mehrere deutsche Ausgaben mit unterschiedlicher Seitenzählung. In diesen Fällen wird entweder auf Kapitel und Abschnitte verwiesen oder aber auf die Seitenzählung der Ausgabe, die im Literaturverzeichnis mit (!) gekennzeichnet ist.

Zitate aus Texten, die nicht in deutscher Sprache zugänglich sind, beruhen auf eigener Übersetzung. Einige der Zitate aus vorliegenden Übersetzungen wurden stilistisch geglättet. Wo Altersangaben in Zitaten vorkommen, sind sie nach folgendem Muster zu lesen: „4;10 (21)“ bedeutet 4 Jahre, 10 Monate und 21 Tage. Ziffern in eckigen Klammern hinter Autorennamen verweisen auf die entsprechende Abteilung im Literaturverzeichnis.

I. Leben und Werkentstehung

Wer heute, wenige Jahre nach dem Tode Jean Piagets, den Versuch unternimmt, seine Biographie nachzuzeichnen, muß sich im wesentlichen auf einen Umriß seines geistigen Werdegangs beschränken.[1] Da Piaget (mit Ausnahme eines kurzen Zeitraums als Student) kein Tagebuch geführt hat und seine private Korrespondenz bis heute unzugänglich ist, bleibt man vorläufig auf seine eigenen biographischen Angaben und auf die Berichte seiner Mitarbeiter angewiesen. In seiner *Autobiographie*, einem Text, den er 1952 publiziert und in den sechziger und siebziger Jahren ergänzt hat,[2] führt er fast nur Ereignisse aus dem privaten Leben an, die in dieser oder jener Weise auch das Werk beeinflußt haben. Die Entstehungsgeschichte seiner Lehre ist dabei von einer erstaunlichen Kontinuität und Geradlinigkeit. Kleinere Brüche und Knicke entdeckt nur, wer sehr genau hinblickt.[3] Piagets Werdegang verleitet unter diesen Bedingungen leicht zu der Ansicht, die Entwicklung seiner Entwicklungstheorie sei selbst ein anschauliches Beispiel für eben diese Theorie. Wieweit diese Ansicht wirklich zutrifft, wird die weitere biographische Forschung zu entscheiden haben.[4]

1. Der Weg zur Entwicklungspsychologie

Vorfahren und Kindheit

Jean Piaget wurde am 9. August 1896 in der westschweizer Stadt Neuenburg (Neuchâtel) geboren. Er entstammte einer alten ortsansässigen Familie. Der Großvater, Frédéric (geboren 1830), hatte zwar als Royalist nach dem mißglückten Aufstand von 1856 gegen die Republik den Kanton Neuenburg verlassen und in der nahen Kleinstadt Yverdon Wohnsitz genommen. Der Vater, Arthur (1865–1952), kehrte jedoch 1894 wieder in die Kantonshauptstadt zurück, nachdem er als Autor mehrerer wissenschaftlicher Arbeiten über mittelalterliche Schriftsteller einen Ruf an die Akademie von Neuenburg, die spätere Universität, erhalten hatte. Als Professor für vergleichende Literaturwissenschaften und Leiter des Staatsarchivs war Arthur Piaget ein in der Stadt hochangesehener Mann. Unter anderem engagierte er sich in Fragen der Kantonsgeschichte und verwickelte sich darüber in Meinungsverschiedenheiten mit den Honoratioren der Stadt. – Jean Piaget stellte in seiner Autobiographie den Vater dar als

> „Mann von gewissenhaftem und kritischem Geist, der keine übereilten Verallgemeinerungen liebte und der sich nicht scheute, eine Polemik zu beginnen, wenn er sah, daß die historische Wahrheit aus Respekt vor den Traditionen entstellt wurde" (1952, 16).

Ein ähnlicher Charakterzug sollte sich später auch bei dem berühmten Sohn zeigen, der sich freilich weniger für die historische Wahrheit als für die Verteidigung empirischer Fakten gegen bloße Theorien engagierte ...

Die Mutter, Rebeca-Suzanne, geborene Jackson (1872–1942), entstammte einer in Frankreich ansässigen Familie englischer Herkunft. Im Unterschied zum areligiösen Vater war die Mutter lutherisch erzogen. Auf ihren Wunsch wurde auch Jean Piaget lutherisch getauft und als Schüler in diesem Glauben unterrichtet. Wegen des Gegensatzes zwischen der religiösen Mutter und dem agnostisch gesinnten Vater, der in den Augen des Jungen das wissenschaftliche Ethos verkörperte, wurde der „Konflikt zwischen Wissenschaft und Religion" für diesen schon früh zum Erlebnis (1965, 15) und seine Klärung zum existenziellen Anliegen.

Nicht nur in der religiösen Gesinnung, auch im Temperament unterschied sich die Mutter deutlich vom Vater, und dieser Kontrast hinterließ später im psychologischen Werk des Sohnes seine Spuren: Piaget schilderte seine Mutter als „sehr intelligent, energisch und im Grunde von wirklicher Güte" (1952, 16). Die Wendung „*im Grunde* von wirklicher Güte" legt freilich die Annahme nahe, daß die Mutter den Sohn nicht gerade mit mütterlicher Liebe verwöhnte.[5] Piaget selbst bekannte im

Abb. 1: Jean Piaget inmitten seiner Familie (Archives Jean Piaget)

Rückblick: ,,ihr eher neurotisches Temperament machte unser Familienleben jedoch recht schwierig" (1952, 16) – ein Umstand, aus dem er das Interesse ableitete, das er als junger Mann für die Psychoanalyse und für die Psychopathologie empfand. Beide Disziplinen waren für die Anfänge der eigenen Theorie von großer Bedeutung. Allerdings (so Piaget weiter) habe er ,,niemals den Wunsch verspürt, in dieser speziellen Richtung weiter vorzudringen", sondern ,,immer die Untersuchung normaler Fälle und des Funktionierens des Intellekts der Untersuchung der Tücken des Unbewußten vorgezogen" (ebd.).

Der Instabilität des Familienlebens mag auch zuzuschreiben sein, daß der Schüler Jean Piaget, der zur Ängstlichkeit neigte, schon früh der ernsthaften Arbeitsamkeit des Vaters nacheiferte. Zwar wuchs der Junge nicht als Einzelkind auf, doch scheinen die jüngeren Schwestern und eine Halbschwester auf Piagets geistige Entwicklung nur geringen Einfluß gehabt zu haben

– zumindest erwähnt sie der Bruder in seinen autobiographischen Skizzen nirgendwo.

Die Hobbys des Gymnasiasten verloren rasch ihren Spielcharakter und wichen dem Interesse für Mechanik, dann für Vögel, später für Fossilien. Nebenbei verlegte sich der Schüler aufs Schreiben. In einer ersten Schrift entwarf er die Idee eines Automobils mit Dampfmotor, und in der zweiten nahm er sich „Unsere Vögel" vor. Der gestrenge Vater tat sie jedoch mit der Bemerkung ab, es handle sich nur um eine Kompilation. Als Zehnjähriger erlebte Piaget immerhin die Ehre, einen ersten kurzen Text aus eigener Feder in einer Zeitschrift placiert zu sehen: Der „Club Jurassien" (Verein der Naturfreunde von Neuenburg und Umgebung) veröffentlichte in seinem Publikationsorgan Piagets Bericht über die Beobachtung eines Albinospatzen (1907).[6] Der jugendliche Verfasser vergaß bei dieser Gelegenheit nicht, daran zu erinnern, daß Albinismus bei Vögeln bereits neununddreißig Jahre früher in einer Nummer der gleichen Zeitschrift erwähnt worden war! Nicht ohne Selbstbewußtsein schrieb er nun an den Direktor des Museums für Naturgeschichte, Paul Godet (1836–1911), und bat ihn um Erlaubnis zum Besuch der Sammlungen außerhalb der Öffnungszeiten. Mit Erfolg: Piaget durfte fortan dem Direktor persönlich bei seiner Arbeit an der Weichtiersammlung des Museums als „Famulus" assistieren.

Schulzeit und biologisches Hobby

Bis zu Godets Tod (1911), also während vier Jahren, wurde Piaget zweimal wöchentlich in die Geheimnisse der Weichtierkunde (Malakologie) eingeführt. Darwin hatte als Jugendlicher Käfer gesammelt, Piaget spezialisierte sich auf Teichschnecken. Einen ersten Artikel zu diesem Thema veröffentlichte er 1909, im 13. Lebensjahr. Noch war der Text nur wenige Zeilen lang.[7] Obwohl er sich anfangs auch der Untersuchung anderer Tierarten widmete – zusammen mit dem Klassenkameraden Gustave Juvet[8] fertigte er 1912 ein Verzeichnis der Froscharten seiner Heimat an[9] –, wurde er mit seinen Aufsätzen in wenigen Jahren zu einem international geachteten Fachmann.

Mehrfach empfing der Schüler Sendungen mit Wasserschnekken, die aus Tiefen zwischen 50 und 300 Metern unter der Seeoberfläche gefischt worden waren: Er sollte sie bestimmen und in seinem Hausaquarium beobachten. Piaget verfolgte minutiös, wie sich unter den veränderten Umweltbedingungen allmählich das Verhalten der Tiere änderte, und versuchte, die Gründe dafür im einzelnen zu erfassen.[10] 1913 wurde am naturhistorischen Museum in Genf ein neuer Konservator für die Weichtiersammlung gesucht (die auch die Sammlung Lamarck enthielt), und man wandte sich an Piaget, der das Angebot freilich ablehnen mußte, da er noch zwei Jahre bis zu seinem Abitur vor sich hatte (1952, 18).

Ein Jahr nach Schulabschluß 1916, hatte Piaget 35 Artikel in naturwissenschaftlichen Zeitschriften, auch einschlägigen Journalen im Ausland, veröffentlicht.[11] Im Rückblick nannte er einige der Fragen, denen er als Erforscher von Weichtieren nachging:

„Warum z. B. leben von den etwa 130 Arten von Mollusken [= Weichtieren], die in der Schweiz anzutreffen sind (...), einige nur in der Ebene, während andere bis auf 1000 bis 3000 Metern leben? (...) Warum haben in den großen Schweizer Seen bestimmte Arten völlig verschiedene Formen, je nachdem ob sie ruhige Buchten bewohnen oder ein Ufer, das Wind und Wellen ausgesetzt ist, oder je nachdem, ob sie sich nur in Ufernähe aufhalten, ob sie 20 oder 30 Meter tief gehen oder aber bis auf den Grund unserer Seen tauchen?" (1974d, 1)

Zwei Schwerpunkte, die später im entwicklungspsychologischen Werk eine Schlüsselrolle spielen sollten, zeichnen sich bereits in den biologischen Aufsätzen ab: Erstens studierte Piaget die Weise, wie sich Seeschnecken in Farbe, Form und Verhalten an ihre Umgebung anpassen.[12] Dabei gewann für ihn die Frage an Bedeutung, ob sich Veränderungen der biologischen Organisation und des Verhaltens, die auf Anpassung zurückgehen, an die Nachkommenschaft vererben können. Zu dieser Zeit war er, wie alle namhaften Biologen im frankophonen Raum, die sich Gedanken zur Evolution machten, Anhänger der Lehre J. B. de Lamarcks (1744–1829), der diese Frage positiv beantwortet hatte. Zweitens bestand ein Großteil von Piagets biologischer Tätigkeit in der Klassifikation von Seeschnekken (der Species Limnaea); bei dieser Aufgabe erwachte in ihm das Interesse an der philosophischen Frage nach der Realität der biologischen Klassen. Wie die meisten seiner engeren Fachkollegen beschränkte sich Piaget bei der Bestimmung der Seeschnecken im wesentlichen auf die Untersuchung der Schalenformen. Die Vielfalt ähnlicher Gestaltungen machte es schwierig, echte Arten mit erblichen Merkmalen von bloßen Variationen, deren Eigenschaften sich mit der Umgebung ändern, zu unterscheiden, und Piaget neigte zur Ansicht, zwischen erblichen und fluktuierenden Merkmalen gebe es einen fließenden Übergang. Gattungen und Arten hielt er lediglich für Klassifikationsgesichtspunkte, die keine Basis in der Natur hätten. In einem Vortrag, den er im September 1912 vor der Gesellschaft für Naturfreunde[13] hielt, leugnete er die Realität der biologischen Arten.[14]

In den folgenden Jahren überdachte Piaget das Problem neu. Dabei erarbeitete er sich ein Problembewußtsein, auf dem er später aufbauen konnte, als er auf die Frage stieß, welche Basis die menschlichen Erkenntnisstrukturen in der Realität haben.

Piaget begann jeoch bald an seiner frühen nominalistischen Überzeugung zu zweifeln. Eine fachliche Auseinandersetzung, in die er zwischen 1912 und 1914 mit einem polnischen Doktoranden in Lausanne, W. Roszkowski, geriet, trug wesentlich zu dieser Verunsicherung bei.[15] Roszkowski war über den Forschungsstand der Evolutionstheorie besser informiert als die meisten seiner Kollegen. Unter anderem hatte er Kenntnis der Mendelschen Gesetze, die 1900 durch Correns, Tschermak und De Vries wiederentdeckt worden waren. Anders als Piaget wußte er, daß Vererbung auf einer Rekombination von Erbeinheiten beruht – eine Erkenntnis, die der Lamarckschen Idee der Vererbbarkeit phänotypischer Variationen zumindest in ihrer ursprünglichen Form widersprach. Durch die Auseinandersetzung mit Roszkowski wurde Piaget nicht zuletzt auf Fragen der Genetik gestoßen: Die relativ hohe Stabilität der biologischen Arten war ein starkes Argument für die Annahme ihrer natürlichen Realität. Das Problem einer Erklärung des Artenwandels stellt sich auf diesem neuen theoretischen Fundament allerdings in verschärfter Form. Damit war auf dem Terrain der Biologie die Fragestellung vorgezeichnet, die den späteren Entwicklungspsychologen beschäftigen sollte: Wie entwickeln sich trotz ihrer relativen Stabilität die Strukturen des menschlichen Denkens und Erkennens?

Bergson-Lektüre als philosophisches Grunderlebnis

Auf die Frage, wie sich die Entwicklung der biologischen Arten erklären läßt, stieß Piaget noch aus einer ganz anderen Perspektive: Im Sommer 1912 wurde er von seinem Paten, dem französischen Schriftsteller Samuel Cornut, an den See von Annecy eingeladen. Dieser wollte den jungen Weichtierspezialisten von seiner Einseitigkeit kurieren und auf neue Gedanken bringen. Zu diesem Zweck führte er ihn in eines der Hauptwerke des französischen Philosophen Henri Bergson (1859–1941), die *Schöpferische Entwicklung* (1907), ein. Im ersten Kapitel dieses Buches diskutiert Bergson die verschiedenen Erklärungen für den Artenwandel, die damals im Gespräch waren. In seiner eigenen Erklärung operiert Bergson mit dem „élan vital" – einem Gedanken, der den jungen Piaget aufs tiefste beeindruckt zu haben scheint, denn in seiner Autobiographie schrieb er über die Bergson-Lektüre:

> „Ich erinnere mich an einen Abend, an dem ich eine tiefe Offenbarung erfuhr: die Identifikation Gottes mit dem Leben selbst war ein Gedanke, der mich fast bis zur Ekstase aufwühlte, weil er mir erlaubte, von nun an in der Biologie die Erklärung aller Dinge und des Geistes selbst zu sehen" (1952, 19f.).

Bergsons Philosphie begeisterte Piaget nicht deswegen, weil er sich davon eine Klärung des Evolutionsproblems erhofft hätte, im Gegenteil verwarf er dessen Lösungsvorschlag schon bei der ersten Lektüre. Doch durch Bergson wurde er dazu gebracht, in der Biologie das Feld zu suchen, wo sich Religion und Wissenschaft begegneten. „Die innere Einheit war also gefunden" (1965, 16). – Dem Einfluß Bergsons dürfte es zu verdanken sein, daß Piaget das Leben selbst als kreativen Prozeß begriff und sich zunehmend für die Entstehung von Neuem interessierte. Wie Bergson blieb er zeitlebens gegen den darwinistischen und mutationistischen Standpunkt kritisch eingestellt: Wenn die Evolution sich aus einer Kette von Mutationen herleitet und die Ursachen der Mutationen nicht bei den Lebewesen liegen, dann ist die Artentwicklung ein Spiel äußerer und letztlich rein zufälliger Kräfte – ganz im Gegensatz zu dem, was Bergson lehrte. Besonderes Unbehagen bereitete in diesem Zusammenhang die Erklärung, die August Weismann (1834–1914) für die Unmöglichkeit einer Vererbung individuell erworbener (phänotypischer) Merkmale gegeben hatte. Dieser Erklärung zufolge kann das Körperplasma in keiner Weise auf das Keimplasma (die genetische Substanz) einwirken. Obwohl sie empirisch nicht direkt ausweisbar ist, lieferte die „Weismann-Doktrin" dem Neodarwinismus während Jahrzehnten das Hauptargument gegen den Lamarckismus. – Auf die damit verbundenen biologischen Fragen sollte der Entwicklungspsychologe bis ins fortgeschrittene Alter immer wieder zurückkommen – häufig in Verbindung mit einer parallelen Frage in der Erkenntnistheorie: der Frage, ob und wie sich die Erfahrung auf die Entwicklung von Mathematik und Logik auswirkt (vgl. Piaget 1974 und 1976). – Es war denn auch die Bergson-Lektüre, durch die erstmals die Entwicklung der verschiedenen Formen wissenschaftlichen Erkennens und Denkens als Problemhorizont in Piagets Blickfeld rückte (1974d, 2). Neben die Biologie trat nun als wichtigstes Interessengebiet die Philosophie. Gegen Ende und nach Abschluß seiner Gymnasialzeit bewältigte er neben seinen biologischen Forschungen ein enormes Lektürepensum mit philosophischem Schwerpunkt. Obwohl Piaget später (in den sechziger Jahren) aus seinen Erfahrungen mit der Philosophie kritisch Bilanz zog und dabei auch Bergson nicht schonte, verleugnete er doch niemals, was er diesem verdankte. Zwischen 1915 (dem Zeitpunkt seines Abiturs) und 1923 (dem Jahr, in dem das erste Buch zur Kinderpsychologie erschien) nahm er sich im Anschluß an Bergson eine ganze Reihe von Autoren vor: Kant, Spencer, James, Comte und ein paar Philosophen, deren Namen heute weniger bekannt sind: Boutroux, Lachelier,

Abb. 2: Jugendbildnis Jean Piagets (Archives Jean Piaget)

Lalande und Le Dantec, zu denen später auch Brunschvicg, Meyerson und Baldwin hinzukamen.

Die Philosophie der Logik und der Mathematik

Jean Piaget hatte während seiner Gymnasialzeit sowohl mit seinen Lehrern als auch mit seinen Mitschülern großes Glück. Im Buch *Das moralische Urteil beim Kinde* (1932) schrieb er über seine Schulklasse:

„In unserer Klasse (...) gab es (...) einige offenbare Faulpelze, einige, die gewissenhaft arbeiteten, und ein paar Schüler, die bei mäßigen Leistungen in der Schule sich zu Hause mit ‚interessanten' Spezialitäten – Chemie, Geschichte, Aeronautik, Zoologie, Hebräisch – befaßten (...). Unter den Gewissenhaften, die das Schulleben nicht für ein Spiel hielten, sind einige Beamte, kleine Lehrer usw. geworden; sie können heute wirklich nicht als Muster handelnder Energie gelten. Die Faulen, wenn sie nicht von der Bildfläche verschwunden sind, ebenfalls. Die Mittelmäßigen haben sich, nachdem sie während der ganzen Schulzeit Ermahnungen und gute Ratschläge erhalten hatten (...), schließlich diesen persönlichen Beschäftigungen gänzlich zugewandt und bedauern, daß sie die Methode nicht auf viele Fächer, in denen sie unwissend geblieben sind, anwenden konnten" (1932, 414f.).

Diese letzte Schülergruppe wurde von einigen Lehrern besonders unterstützt und gefördert. Dies gilt in besonderem Maße von Piagets Philosophielehrer Arnold Reymond (1874–1958). Reymond hatte Theologie studiert, sein Pfarramt aber aus Gewissensgründen aufgegeben und eine Doktorarbeit über die Philosophie der Zahl[16] geschrieben. Zu seiner Aufgabe als Philosophieprofessor an der Universität Neuenburg, wohin er 1912 berufen wurde, gehörte auch der Unterricht am Gymnasium. Piaget schrieb über seine erste Begegnung mit Reymond, die April 1913 stattfand:

„In seiner Eröffnungsvorlesung, die ich hörte, bevor ich sein Schüler auf dem Gymnasium war, kritisierte er die Philosophie Bergsons. Meine erste Reaktion auf seine hauptsächlich mathematisch bestimmten Überlegungen war ablehnend" (1965, 16).

Das änderte sich aber bald: Reymond spielte in Piagets philosophischer Ausbildung eine ähnliche Schlüsselrolle wie in der

Biologie kurz zuvor der Museumsdirektor P. Godet. Piaget gehörte zu einer Gruppe von neun besonders Interessierten, mit denen Reymond auch privat zu diskutieren pflegte und die später an der Universität alle bei ihm studierten.[17]

Als Anhänger Bergsons glaubte Piaget zunächst, Logik und Mathematik seien zur Erfassung von Lebensprozessen ungeeignet. Durch Reymonds Unterricht nachdenklich geworden, schrieb er alsbald zwei Essays, die dem Versuch dienten, zwischen Biologie und Mathematik zu vermitteln (sie sind heute verschollen). In dem einen Text – er nannte ihn *Skizze eines Neopragmatismus* – entwarf er den Gedanken einer „Logik der Handlung". Dem andern gab er den Titel *Realismus und Nominalismus in den Wissenschaften vom Leben.* Im Rückblick äußerte er sich über diese Schrift folgendermaßen:

„Ich vertrat hier eine Art von (...) Totalitätsphilosophie, diskutierte die Realität der Arten, der Gattungen usw. sowie das Individuum unter dem Aspekt eines organisierten Systems. Meine ursprüngliche Absicht zielte auf nicht mehr und nicht weniger als auf die Begründung einer neuen Wissenschaft von den Gattungen, die sich von der Wissenschaft der Regeln unterscheiden und dadurch den Bergsonschen Dualismus zwischen dem Lebendigen und dem Mathematischen, an dem ich immer noch festhielt, rechtfertigen sollte" (1965, 17).

Ein Gespräch, das Lehrer Reymond mit seinem Schüler über dessen Arbeit führte, hatte weitreichende Folgen: Piaget begriff, daß sich das Realismus-Problem genauso in der Logik wie in der Biologie stellte (Jahrzehnte später sollte er ganze Abhandlungen über die Logik der Klassen schreiben). Damit war seine Überzeugung, Biologie und Mathematik seien unversöhnlich, in sich zusammengebrochen:

„Ich begriff plötzlich, daß man auf allen Ebenen (derjenigen der Zelle, des Organismus, der Art, der Begriffe, der logischen Prinzipien usw.) dasselbe Problem der Beziehungen zwischen dem Teil und dem Ganzen wiederfindet; jetzt war ich überzeugt, die Lösung gefunden zu haben. Endlich tauchte die enge Verbindung zwischen der Philosophie und der Biologie auf, von der ich geträumt hatte, und die Möglichkeit einer Epistemologie, die mir nun wirklich wissenschaftlich schien!" (1952, 21f.)

Schon Aristoteles (384–322 v. Chr.) hatte, wie Piaget von Reymond erfuhr, nicht nur (vermutlich als erster) die ihm bekannten Tierarten klassifiziert, sondern auch die logischen Beziehungen zwischen den Klassen analysiert und darauf seine Syllogistik gegründet. Schon in der Antike verband der Klassenbegriff das logische und das biologische Denken. Eine ähnliche Brückenfunktion hatte Aristoteles auch dem „Form“-Begriff eingeräumt: Die Form steuert sowohl das Denken wie das Leben des Organismus. – In ähnlicher Weise verwendete Piaget später den Begriff „Struktur“.

Hatte Piaget bisher dazu tendiert, die Erkenntnis insgesamt (und speziell die mathematische Erkenntnis) in der Biologie zu fundieren, so mußte er sich nun von Reymond sagen lassen, daß die Annahme des umgekehrten Fundierungsverhältnisses genauso berechtigt ist: Weil man biologische Arten klassifizieren kann, gehört die Klassenlogik als mathematisches Teilgebiet offenbar zu den Fundamenten der Biologie. Später erweiterte Piaget diese Einsicht zu seiner Lehre vom „Kreis der Wissenschaften“: Die Biologie fundiert die Psychologie und über diese die Logik und die Mathematik; aber Logik und Mathematik fundieren ihrerseits die Physik und Chemie und damit letztlich die Biologie.

Studienzeit

Nach seiner Maturitätsprüfung (1915) studierte Piaget in Neuenburg Biologie. Daneben bildete er sich interdisziplinär – mit philosophischem Schwerpunkt – weiter und engagierte sich im christlichen Studentenbund der Schweiz (vgl. S. 32f.). Da ihm die intensive geistige Arbeit gesundheitlich zusetzte, mußte er sich auf Geheiß des Arztes im Herbst 1916 für einige Monate in die Berge zurückziehen. Im alpinen Kurort Leysin (im schweizerischen Kanton Waadt) schrieb er einen langen Text (*Recherche,* 1918 als Buch erschienen) von teilweise autobiographischem und teilweise essayistischem Charakter, in dem er seine philosophischen Lesefrüchte verarbeitete. Diese Schrift enthält bereits einen Teil der für seine spätere entwicklungspsychologische Arbeit wesentlichen Gedanken. Das leitende Begriffspaar „Gleichgewicht“ – „Ungleichgewicht“ hatte Piaget vermutlich aus H. Spencers Entwicklungstheorie übernommen.[18] Im Gegensatz zu den späteren Schriften gab er aber noch dem Ungleichgewicht den Vorrang:

„Gleichgewicht findet man nur als Mittel für das Ungleichgewicht, das ist das große Gesetz des realen Lebens. Herrschte [reines] Gleichgewicht, so gäbe es weder Evolution noch Reproduktion noch Tod. Das Gleichgewicht ist etwas Ideelles, auf das jedes besondere Wesen, das Leben insgesamt, das individuelle Leben und das der Arten hinstrebt..." (1918, 135).

Im Herbst 1918 promovierte Piaget mit einer Arbeit über die Verbreitung von Weichtieren im Schweizer Kanton Wallis. Eine zweite Doktorarbeit über philosophische Fragen der Biologie war geplant, und zwar bei Lehrer Reymond. Dieser hatte aber Piagets philosophischen Erstling (*Recherche*) wegen seines mitunter saloppen Stils öffentlich in einer Rezension kritisiert, was den Verfasser gekränkt haben muß. Das freundschaftliche Verhältnis zwischen Lehrer und Schüler scheint darunter gelitten zu haben, jedenfalls verwirklichte Piaget sein philosophisches Promotionsprojekt niemals, sondern schlug einen Weg ein, von dem ihm Reymond abgeraten hatte: Er reiste im Herbst 1918 nach Zürich, um sich in experimenteller Psychologie bei F. G. Lipps auszubilden. Dort lernte er wichtige Vertreter der psychoanalytischen Schule, darunter E. Bleuler (1857–1939), den Chef der Klinik Burghölzli, und seinen Assistenten C. G. Jung (1875–1961), persönlich kennen. Bald interessierte ihn deren Arbeit stärker als die experimentelle Psychologie: Bei Bleuler belegte er Psychiatrie, bei C. G. Jung hörte er Vorträge, und daneben las er die Zeitschrift *Imago*. Es ist wahrscheinlich, daß Piaget in Zürich auch damit begann, seine Träume zu analysieren.

Mit dem Entschluß, seine philosophische Leidenschaft und seine Neigung zur Introspektion vorerst hinter eine experimentelle Tätigkeit zurückzustellen, verließ Piaget Zürich im Frühjahr 1919: „Ich hatte das Bedürfnis, zu konkreten Problemen zurückzukehren, um ernsthafte Irrwege zu vermeiden" (1952, 25).

Zunächst zog er sich für mehrere Monate ins Wallis zurück und nahm die Arbeit über die dortigen Weichtiere wieder auf, um die Ergebnisse seiner Doktorarbeit zu ergänzen. In ihrem Vorwort hatte er angekündigt, daß er, um in seinen biologischen Untersuchungen weiterzukommen, in Zukunft seine Methode ändern müsse. Der neue Aufenthalt im Wallis galt dem Zweck, die neuen Methoden (nämlich statistische und biometrische) zu erproben, und in den folgenden Jahren wandte er sie auf die Untersuchung der Mollusken in den westschweizerischen Seen an. 1929 veröffentlichte er seine biologischen Forschungsergebnisse in zwei Beiträgen, von denen einer den stolzen Umfang von 260 Seiten hatte.[19]

Wenn Piaget in einem Interview viele Jahre später seine Abkehr von der Biologie mit seiner Ungeschicklichkeit im Sezieren von Kleintieren begründete (Bringuier [3], 21), dürfte dies teilweise Legende sein. Denn auch als Schüler hatte er Biologie getrieben, ohne Tiere zu sezieren. Seine Beschäftigung mit naturkundlichen Fragen hat er in Wirklichkeit nie ganz aufgegeben, nur wurde sie in den zwanziger Jahren durch sein entwicklungspsychologisches Engagement zunehmend zurückgedrängt. Den entscheidenden Schritt in die neue Richtung tat Piaget, als er im Herbst 1919 nach Paris reiste.

Der Pariser Aufenthalt (1919–1921)

An der Pariser Universität besuchte der Dreiundzwanzigjährige Kurse in Psychologie (bei P. Janet), Psychopathologie (bei G. Dumas, H. Piéron und H. Delacroix) sowie im Bereich der Logik und der Wissenschaftsphilosophie (hier hörte er A. Lalande und vor allem L. Brunschvicg, dessen Einfluß tiefe Spuren in seinem Werk hinterließ). In der Nationalbibliothek machte sich Piaget durch Lektüre der *Algebra der Logik* von Couturat mit der von Peano, Frege und Russell begründeten modernen mathematischen Logik vertraut.

Zur eigentlichen Wende in seiner Laufbahn kam es, als Th. Simon ihn bat, die Intelligenztests von Cyril Burt (1883–1971) für französische Kinder zu standardisieren, und ihm dazu das Laboratorium von Alfred Binet anbot. Piaget verschaffte sich die Erlaubnis, auch anormale Kinder in den Krankenhäusern Salpetrière und Ste. Anne zu interviewen. Mit dieser Arbeit verbrachte er, zunächst ohne großen Enthusiasmus, die Nachmittage. Er legte den Kindern Fragen nach eigenem Gutdünken vor und ließ sie zu manchen Problemen bewegliches Material manipulieren – eine Verfahrensweise, die er in den dreißiger und vierziger Jahren wieder aufnahm und vertiefte. Bald fesselte ihn das Wie und Warum der „falschen" Antworten. Wie Freud, so fand auch Piaget durch Untersuchung von „Fehlleistungen" zu seiner Lehre – freilich mit dem doppelten Unterschied, daß er nicht mit Erwachsenen, sondern mit Kindern arbeitete und ihre überraschenden Reaktionen nicht als individuelle Strategien betrachtete, sondern als Ausdruck einer allen Kindern gemeinsamen eigenständigen Denkweise.

In Paris entstanden seine ersten Aufsätze zur Entwicklungspsychologie. Einer galt dem kindlichen Verständnis der Beziehung von Teil und Ganzem, jener Beziehung, die aufgrund ihrer Rolle in Logik und Biologie schon den Gymnasiasten fasziniert hatte. Wie Piaget entdeckte, begriffen viele Kinder bis ins Alter von 9 oder 10 Jahren nicht, daß ein Blumenstrauß nicht als ganzer gelb ist, wenn er nur zum Teil aus gelben Blumen besteht. Auch den Unterschied zwischen den Sätzen „alle meine Blumen sind gelb" und „einige meiner Blumen sind gelb" verstanden sie nicht.[20] Einen weiteren Aufsatz (datiert im November 1920) schrieb er über die Entdeckung, daß jüngere Kinder beim Vergleich ungleich langer Stäbe, statt den Komparativ zu verwenden, einfach sagen: „A ist groß (lang)", „B ist klein (kurz)": Als er diesen Aufsatz den *Archives de Psychologie* zum Abdruck anbot,[21] akzeptierte der Herausgeber Edouard Claparède mit Begeisterung: Er erkannte die Originalität und Fruchtbarkeit von Piagets Vorgehensweise und bot ihm am Genfer Institut J.-J. Rousseau, dessen Leiter er war, den Posten eines „Chef de travaux" (Oberassistent) an. Piaget zögerte nicht, auf das Angebot einzugehen. Im Frühjahr 1921 trat er seine neue Stelle an.

Der Aufenthalt in Paris hatte zwar nur gute anderthalb Jahre gedauert, doch war er für Piagets intellektuelle Biographie von großer Bedeutung: Erstens bewegte er sich in Paris zwischen mehreren Wissenschaften hin und her – der Psychopathologie, der Psychoanalyse, der Logik und der Philosophie. Zweitens nahm er in Paris seine entwicklungspsychologische Forschungstätigkeit auf. Diese behielt fortan ihre interdisziplinäre Note. – Piaget schrieb später in seiner Autobiographie:

„Schließlich war mein Ziel, eine Art Embryologie der Intelligenz zu entdecken, meiner biologischen Ausbildung angepaßt; seit Beginn meiner theoretischen Reflexionen war ich davon überzeugt, daß sich das Problem der Beziehungen zwischen Organismus und Umwelt auch auf dem Gebiet der Erkenntnis stellt und da als das Problem der Beziehungen zwischen dem handelnden und denkenden Subjekt und den Objekten seiner Erfahrung erscheint. Ich hatte die Gelegenheit, dieses Problem in Begriffen der Psychogenese [= der Entwicklung der psychischen und intellektuellen Fähigkeiten] zu untersuchen" (1952, 26f.). „Endlich hatte ich mein Untersuchungsfeld entdeckt" (ebd.).

Die Psychologie kam Piagets Interessen noch in anderer Hinsicht entgegen:

„In der Psychologie hat man noch ein so unbekanntes Gebiet vor sich, daß man jederzeit und recht schnell etwas Neues herausfinden kann ... Dagegen befindet sich die Biologie gegenüber der Psychologie immerhin um ein Jahrhundert im Vorsprung, und so ist in der Biologie mehr Arbeit notwendig, um auf Neuland zu stoßen!" (Bringuier [3], 21)

Die Entdeckung von Neuem war für Piaget nicht nur Quelle eines intellektuellen Vergnügens, sondern sein ureigenstes Thema: „Wie ist es möglich, etwas Neues zu erreichen? Vielleicht ist dies meine zentrale Fragestellung" (Bringuier [3], 39).

Die Entwicklungspsychologie verband auch Piagets wichtigste Interessengebiete, Biologie und Erkenntnistheorie, miteinander. Eine andere Wissenschaft hätte dieselbe Brückenfunktion erfüllt: das Studium des Menschen früherer Jahrtausende und vor allem des prähistorischen Menschen. Bei der Verfolgung dieses Programms hätte man aber auf das wichtigste verzichten müssen: das lebendige Objekt (Bringuier [3], 39f.). Wie vor ihm schon Schelling und Hegel, war Piaget davon überzeugt, daß das Kind in kurzer Zeit die Jahrtausende der Menschheitsgeschichte nachvollziehe:

„Das Kind imitiert in seinen ersten zwölf Lebensjahren die Ergebnisse dreitausendjähriger Forschung, aber ich ziehe die umgekehrte Formulierung eindeutig vor: es ist die Wissenschaftsgeschichte, die den Werdegang des Einzelnen rekapituliert."[22]

Denn jeder Wissenschaftler hat ursprünglich einmal als Kind angefangen ...

Piagets Auseinandersetzung mit der christlichen Religion und mit der Psychoanalyse

In seinen entwicklungspsychologischen Arbeiten knüpfte Piaget an eine ganze Reihe von Traditionssträngen an. Einige davon sind heute weniger bekannt als das komplexe theoretische Gewebe, zu dem er sie verbunden hat. Fast jeder zentrale Terminus technicus geht auf einen anderen Autor zurück. Die wichtigsten Anregungen bezog Piaget aus der Philosophie der Biologie, der Philosophie der Logik und Mathematik sowie aus dem Studium der Wissenschaftsgeschichte.

Die große Bedeutung, die Piaget dem Assimilations-Begriff beimaß, ging auf F. Le Dantec (1869–1917) zurück, einen französischen Philosophen, der zwischen 1895 und seinem Todesjahr einunddreißig Bücher über Themen im Grenzbereich zwischen Biologie und Philosophie geschrieben hat. Zu seiner Gleichgewichtstheorie scheint Piaget direkt oder indirekt (über F. Le Dantec) durch den englischen Philosophen H. Spencer (1820–1903) inspiriert worden zu sein. Zahlreiche Anregungen gehen auf den Amerikaner J. M. Baldwin (1861–1934) zurück, auf dessen Werk er anläßlich seines Pariser Aufenthalts durch den Psychologen P. Janet aufmerksam gemacht wurde. Als Begründer der Entwicklungspsychologie ist Baldwin der Vorläufer Piagets. Ihm verdankte er unter anderem sein Interesse an den sogenannten „Zirkulärreaktionen" beim Baby (vgl. S. 115, 120) und zum Teil auch an der kindlichen Nachahmung. Baldwins These, das kleine Kind habe kein Bewußtsein von sich selbst und unterscheide nicht zwischen seinem Ich und den äußeren Dingen (Baldwin nannte dies einen „Adualismus"), ging in Piagets Theorie ein und dürfte für gelegentliche Übertreibungen in seiner Darstellung des frühkindlichen Egozentrismus mitverantwortlich sein. Die psychologischen Probleme der

Bewußtwerdung lernte Piaget durch seinen Pariser Lehrer P. Janet (1859–1947) und seinen Genfer Mentor in Psychologie, E. Claparède (1873–1940), kennen. Von seinem Philosophielehrer L. Brunschvicg (1869–1944) übernahm er die Idee zu einer Theorie der reflektierenden Abstraktion, und Brunschvicgs Buch über die mathematische Philosophie dürfte ihn auch zur Untersuchung des kindlichen Zahlbegriffs inspiriert haben.[23] Dagegen verrät Piagets Interesse für die Entwicklung der Erhaltungsbegriffe (Mengeninvarianz, Gewichts- und Volumenerhaltung) den Einfluß des russisch-französischen Philosophen E. Meyerson (1859–1933). – Auf diese Einflüsse kann hier nicht näher eingegangen werden.[24]

Von großer Bedeutung, namentlich für das Frühwerk, waren zwei andere Interessenschwerpunkte, in denen der angehende Entwicklungspsychologe den mütterlichen Anteil seiner Sozialisation verarbeitete: Die Klärung des Verhältnisses von Wissenschaft und christlicher Religion und die Psychoanalyse. In seiner Autobiographie ist Piaget über sein Engagement in der Psychoanalyse mit knappen Bemerkungen hinweggegangen, und seine Aktivitäten im Rahmen des liberalen Protestantismus hat er überhaupt nicht erwähnt.[25] Das ist um so merkwürdiger, als ein Teil der frühesten Schriften aus seiner Feder der Frage nach dem Verhältnis von Religion und Vernunft oder Wissenschaft galten. Der erste Text dieser Art erschien bereits 1914.[26]

Seit Beginn des Ersten Weltkriegs, möglicherweise sogar schon kurz vorher, war Piaget Mitglied des schweizerischen Bundes christlicher Studenten (Association chrétienne suisse d'étudiants), an deren Tagungen er nicht nur teilnahm, sondern wiederholt auch Vorträge hielt. 1915 brachte der christliche Studentenbund eine Art Prosahymne – eine stellenweise schwärmerische Schrift des Neunzehnjährigen – heraus: *La mission de l'idée (Die Mission der Idee)*. Sie füllte eine Doppelnummer der Verbands-Zeitschrift und erschien zusätzlich als separates Buch (1916). In dieser Schrift, die Piaget unter dem Eindruck des Krieges schrieb, rückte er den Begriff der Idee in große Nähe zum Lebensbegriff, den er mit dem Guten identifizierte (1916, 29). Für den Krieg machte er nicht nur die Gruppe der Politiker und Militärs verantwortlich, sondern jeden, „der die Idee in Fesseln hält" (ebd.). Er forderte eine Erneuerung von Idee, Religion und Moral und empfahl, daß sich Wissenschaft und Volk zu diesem Zweck zusammenschließen: „Die Wissenschaft wird sozialistisch und der Sozialismus wissenschaftlich" (ebd. 36). Mit diesem Text stieß der Biologiestudent im protestantischen Milieu der französischsprachigen Schweiz auf ein positives Echo. Manchen erschien er geradezu als Beispiel eines jungen Christen, der sich von den richtigen Idealen leiten ließ.

Piagets christlicher Enthusiasmus wich in den folgenden Jahren zunehmend nüchterner Wissenschaftlichkeit. Er wolle Metaphysik und Theologie hinter sich lassen und die Moral mit wissenschaftlicher Hilfe begründen, schrieb er am 4. August 1917 an den französischen Dichter Romain Rolland (1866–1944).[27] Die Frage, wie man zugleich glauben und doch objektiv bleiben könne,[28] war für Piaget zwar weiterhin ein Anliegen, und sein Einsatz im christlichen Studentenbund dauerte bis in die zweite Hälfte der zwanziger Jahre. In seinen Reden vertrat er aber mehr und mehr den Standpunkt des Psychologen und propagierte die Unterordnung der religiösen Werte unter die rationalen. In einem seiner Vorträge (Oktober 1922) führte er aus, der Psychologe könne ein Glaubenssystem zwar nur von außen beurteilen, doch habe er die Aufgabe, dessen immanente Widersprüche im Gespräch mit dem Gläubigen einsichtig zu machen.[29]

Die Fragen des christlichen Glaubens interessierten Piaget bald nur noch im Zusammenhang mit der Frage, wie sie sich entwicklungspsychologisch verständlich machen lassen. In einem Vortrag von 1928 schrieb er die Vorstellung Gottes als transzendenten Wesens frühen Entwicklungsstadien der Religiosität zu.[30] Die Transzendenz weiche der Immanenz, d. h. der Fähigkeit, ohne Rückgriff auf fremde Instanzen richtig zu handeln. Die Entscheidung über Gut und Böse erfolge aber keineswegs willkürlich oder subjektiv, denn es gebe eine Art von Normen, die weder von der Gesellschaftsform noch von der Willkür des Einzelnen abhingen: die universellen und unpersönlichen Vernunft-Normen, die sich im Zusammenleben, in der Kooperation, verwirklichten.[31] Hatte Piaget vor 1920 das Gute mit dem Leben identifiziert,[32] so brachte er es nun mit der „Zusammenarbeit" (coopération) in Verbindung, zu der der Mensch auf einer bestimmten Stufe der Entwicklung zwangsläufig gelange.[33] In dieser Überzeugung (die auch noch dem 1932 erschienenen Buch *Das moralische Urteil beim Kinde* als Leitfaden zugrundeliegt), verrät sich Piagets optimistisches Menschenbild. Es ist ein Vermächtnis des liberalen Protestantismus, in dessen Milieu er aufgewachsen ist.

Bei der Jahreskonferenz des christlichen Studentenbundes vom September 1916 kam Piaget durch einen Vortrag über „*Religion und Psychoanalyse*" erstmals auch mit der Freudschen Lehre in Berührung,[34] die zu dieser Zeit in der Schweiz bei Pädagogen und protestantischen Pfarrern auf reges Interesse stieß. Piagets erste Reaktion auf die Psychoanalyse war ironisch: In seiner Schrift *Recherche*, die wenige Wochen später (Winter 1916/17) entstand, schrieb er, „ein Wiener Arzt" habe „im sexuellen Instinkt die Grundlage aller unbewußten psychischen Vorgänge entdeckt" und seine Schüler hätten diese Entdeckung zu „Kindereien" („enfantillages") verallgemeinert (1918, 63). Bezeichnenderweise drehte Piaget, damals noch engagierter Protestant mit einer Tendenz zur religiösen Begeisterung, Freuds Lehre der Trieb-Sublimation um: Mystizismus und „religiöser Instinkt" seien nicht das Ergebnis einer Läuterung der Sexualität, sondern Teil der Ausstattung einer kräftigen Natur mit lebhaften sinnlichen Leidenschaften (1918, 122f.).

Während des Zürcher Aufenthalts beschäftigte sich Piaget mit der Psychoanalyse so gründlich, daß er auf diesem Gebiet in kurzer Zeit zu einem Fachmann wurde. Mit einem Vortrag, den er Mitte Dezember 1919 vor der Société Alfred Binet in Paris hielt,[35] leistete er einen wesentlichen Beitrag zur Einführung der Psychoanalyse in Frankreich.

Auch später hielt er mehrfach Vorträge über psychoanalytische Themen. Im Oktober 1920 trat er der schweizerischen Gesellschaft für Psychoanalyse bei, deren Mitglied er bis 1936 blieb. Auf dem siebten Internationalen Kongreß für Psychoanalyse, der im September 1922 in Berlin stattfand, sprach er in Freuds Gegenwart über Parallelen zwischen der Symboltätigkeit im Traum und dem Denken des Kindes.[36] Wie der Traum folge auch das kindliche Denken dem Prinzip der Überdetermination und neige infolgedessen zu Widersprüchen. Seine Thesen gingen teilweise in die ersten entwicklungspsychologischen Bücher (Piaget 1923, 1924 und 1926) ein. So schrieb Piaget beispielsweise, beim Kleinkind stehe das Denken im „Dienst der unmittelbaren Bedürfnisbefriedigung" oder, in Freuds Terminologie, des „Lustprinzips", und sein „spontaner Verlauf" sei „die quasi-halluzinatorische Einbildung" (1924, 203). – In seinem späteren Werk lockerte sich Piagets Anlehnung an Freud zusehends. Auch die zeitlichen Abstände, in denen er sich mit der Psychoanalyse auseinandersetzte, wurden immer länger.[37]

Das mag damit zusammenhängen, daß Piaget sich in wachsendem Maß für die intellektuelle Entwicklung interessierte. Dennoch kam er in späteren Jahren auf die Psychoanalyse unter immer wieder neuen Gesichtspunkten zurück, sei es, um Parallelen zwischen kognitiver und affektiver Entwicklung aufzuzeigen, oder sei es, um zu einzelnen Freudschen Lehrstücken – etwa zur Narzißmus- oder zur Verdrängungs-Theorie – aus dem Blickwinkel der Intelligenzentwicklung eine neue Erklärung anzubieten.

Piagets Begegnung mit der Psychoanalyse war ursprünglich keineswegs bloß theoretisch: Nach Antritt seiner Stelle im Genfer Rousseau-Institut unterzog er sich bei Sabina Spielrein, einer Schülerin und vormaligen Patientin C. G. Jungs, einer kurzen Analyse: Acht Monate lang lag er jeden Morgen um 8 Uhr auf der Couch, was von seiner Begeisterung für das von Breuer und Freud begründete Verfahren zeugt. Er sei an der Analyse „lebhaft interessiert" gewesen, sagte Piaget später einmal. Da er aber „die Theorie nicht schlucken wollte", habe die Therapeutin schließlich für den Abbruch des Unternehmens plädiert, zumal es sich weder um eine Therapie noch um eine eigentliche Lehranalyse handelte (Bringuier [3], 182f.).

In mindestens zwei Fällen ist Piaget sogar selbst als Analytiker tätig gewesen:[38] Das eine Mal (1924) legte sich zwei Monate lang täglich ein junger Theologe, der am Rousseau-Institut eine Doktorarbeit machen wollte, auf den Diwan. Piaget hielt diese Sitzungen aus reinem Interesse an der Sache ab, er hörte aufmerksam zu und schrieb mit, sagte aber selber nichts. Das zweite mal versuchte er, offenbar aus anderen Motiven, seine Mutter zu analysieren. Die Dauer dieses Unternehmens, das wahrscheinlich zwischen 1925 und 1929 stattfand (als Piaget Professor in Neuchâtel war) ist unbekannt. Es soll aufgegeben worden sein, weil sich die Mutter schließlich gegen die Interpretationen des Sohnes auflehnte. Eine von Piagets Schwestern, Marthe Burger-Piaget, machte sich die Psychoanalyse sogar zum Beruf.

2. Frühwerk und Durchbruch

Die Arbeiten der zwanziger Jahre

Als Piaget im Frühjahr 1921 in Genf die Arbeit aufnahm, fand er dort optimale Arbeitsverhältnisse vor. Sogar ein Team von Assistenten und Studenten stand ihm zur Verfügung. Das Schwergewicht der Arbeit bildeten zunächst Forschungen in der Maison des petits (Haus der Kleinen) und in Genfer Primarschulklassen. Eine seiner Mitarbeiterinnen, Valentine Châtenay, wurde 1924 Piagets Frau.

Trotz zahlreicher auswärtiger Verpflichtungen behielt Piaget seinen Genfer Wohnsitz fortan bei. Er ließ sich in Pinchat, an der Peripherie von Genf-Carouge, nieder. Sein Domizil war eine abseits der Hauptverkehrsadern gelegene ruhige Villa, wenige Minuten von der französischen Grenze. Der Garten stieß an offene Felder, die den Blick auf die imposante Felskulisse des Berges Salève freigaben.

In den beiden ersten Buchveröffentlichungen zur Entwicklungspsychologie (sie erschienen 1923 und 1924) präsentierte er seine Untersuchungsergebnisse über das sprachliche Verhalten und die Logik von Kindern zwischen 3 und 14 Jahren. Die Zusammenstellung seiner Beobachtungen ließ die Eigenständigkeit der kindlichen Mentalität deutlich hervortreten. Ein Beispiel unter vielen: Fünf- oder sechsjährige Kinder, die einen Bruder oder eine Schwester haben, begreifen nicht, daß sie selber auch ein Geschwister dieses Bruders oder dieser Schwester sind. Dazu müßten sie sich auf den Standpunkt ihrer Geschwister stellen, was ihnen offenbar nicht gelingt. Piaget bezeichnete diese Haltung, die den Akzent seiner Forschungen während der zwanziger Jahre bestimmte, als „Egozentrismus".

E. Claparède, der Leiter des Rousseau-Instituts, schrieb ein begeistertes Vorwort zu Piagets psychologischem Erstlingswerk:[39] Bisher hätte die kindliche Mentalität den Eindruck eines Chaos vermittelt, erst Piaget sei es gelungen, die Fakten zu ordnen und in stimmiger Weise zu deuten.

Während Piaget in den zwanziger Jahren die Fortschritte im kindlichen Sprechen und Denken vorwiegend auf das Zusammenleben des Kindes mit anderen Menschen zurückführte, konzentrierte er sich in den dreißiger Jahren verstärkt auf die biologischen Wurzeln der Intelligenzentwicklung. Für den eigentlichen inneren Motor der kognitiven Entwicklung hielt er freilich nicht die Reifung des Nervensystems, sondern die „Äquilibration" (équilibration) – die Suche nach einem immer besseren intellektuellen Gleichgewicht. Dieses Gleichgewichtsstreben äußert sich z. B. in der Bewußtwerdung von Widersprüchen und in ihrer Ausschaltung. In den folgenden Jahren schränkte Piaget, der nun vorwiegend auf die Sammlung von Daten über die Intelligenz- und Erkenntnisentwicklung bei Kindern ausgerichtet war, die universale Bedeutung der Gleichgewichtsidee vorübergehend etwas ein, ehe er sie Mitte der fünfziger Jahre wieder zum Grundpfeiler seiner Theorie erhob.

Untersuchungen zur Säuglingsentwicklung und ihre Auswirkungen auf Piagets Theorie – Die dreißiger Jahre

Bei den Untersuchungen der zwanziger Jahre blieb das Säuglingsalter für Piaget ein besonderes Rätsel. Erste Überlegungen dazu stellte er in einem Vortrag an, den er am 7. März 1927 vor der British Psychological Society hielt. Der Titel lautete: *Das erste Jahr des Kindes.*[40] Als Methode, diesem Rätsel beizukommen, schlug er in Anbetracht der Gefahren des „Erwachsenen-Zentrismus" einen „regressiven" Ansatz vor, wie man ihn auch in der Biologie verwende, um die höheren Lebewesen mit den niederen zu vergleichen: Man müsse sich vom „Egozentrismus" des Kleinkindes zum „Solipsismus des ersten Jahres" zurücktasten.[41]

In den folgenden Jahren ging Piaget energisch daran, diese Lücke zu schließen. Durch minutiöse Beobachtung der eigenen drei Kinder (Jacqueline, Lucienne und Laurent, geboren im Januar 1925, Juni 1927 und Mai 1931) gewann er das empirische Material für drei stattliche Bände, in denen er die Entwicklung des Säuglings und des Kleinkindes darlegte: Im ersten der drei Bücher (*Das Erwachen der Intelligenz beim Kinde*, 1936) zeichnete er die Entwicklung von den angeborenen Reflexen über die ersten erlernten Verhaltensweisen und Gewohnheiten bis hin zu den frühesten Vorstellungs- oder Einsichtsakten im Alter von anderthalb Jahren nach. Das zweite Buch (*Der Aufbau der Wirklichkeit beim Kinde*, 1937), galt der Objektseite an der Intelligenzentwicklung des Säuglings, der Entstehung eines Gegenstandsbewußtseins, den Fortschritten in der Raum- und Zeiterfahrung und den Vorstellungen von Ursache und Wirkung. – Die Entwicklung des Kleinkindes zwischen anderthalb und vier bis fünf Jahren ist Thema eines dritten Buches (*Nachahmung, Spiel und Traum*, 1945), in dem Piaget unter anderem das Zusammenspiel von Vorstellung und Denken untersuchte. Damit schloß er eine weitere Lücke seiner Untersuchungen aus den zwanziger Jahren.

Durch das Studium der Säuglings- und Kleinkindentwicklung sah sich Piaget veranlaßt, seine früher vertretenen Ansichten über die späteren Entwicklungsphasen zu revidieren. Diese Neuorientierung erstreckte sich über mehrere Jahre. Sie umfaßte vor allem vier Schwerpunkte: Erstens wandte sich Piaget, wie erwähnt, verstärkt den biologischen Fundamenten der Erkenntnis zu. Zweitens erkannte er, daß Säuglinge und Kleinkinder schon lange vor dem Einsetzen des primären Spracherwerbs Verhaltensweisen zeigen, die sich nicht auf physiologische Rei-

Abb. 3: Jean Piaget mit Frau und Kindern (Archives Jean Piaget)

fungsprozesse allein zurückführen, sondern auf sehr frühe kognitive Prozesse schließen lassen. Mehr noch, zwischen der vorsprachlichen Entwicklung und den darauf aufbauenden späteren Entwicklungsphasen, die er aus seinen bisherigen Untersuchungen kannte, entdeckte er eine gewisse Parallelität: Bevor das Kind bestimmte Zusammenhänge, etwa das räumliche Verhältnis zwischen zwei Gegenständen, sprachlich auszudrücken vermag, muß es gelernt haben, sie in seinem Verhalten zu berücksichtigen. Bei der sprachlichen Entwicklung unterlaufen ihm dabei analoge Irrtümer wie bei der Entwicklung des motorischen Verhaltens. Diese Entdeckung veranlaßte Piaget zu der Vermutung, daß sich wesentliche Entwicklungssequenzen auf verschiedenen Stufen zyklisch wiederholen.

In diesem Kontext wurde Piaget drittens darauf aufmerksam, daß man nicht nur bei Säuglingen, sondern auch bei Kindern jeglicher Altersstufe aus der Manipulation konkreter Gegenstände Rückschlüsse auf die zugrunde liegende Denkweise ziehen kann. Wie sich zeigte, sind Kinder im Alter von 7 oder 8 Jahren an imstande, bestimmte logische Aufgaben (vor allem Klassifikationen und Reihenbildungen) zu lösen, vorausgesetzt, es steht ihnen anschauliches Material zum Manipulieren zur Verfügung. Aber bei denselben Aufgaben versagen sie, wenn sie sie rein verbal oder abstrakt ausführen sollen oder wenn das Anschauungsmaterial fehlt. Dazu sind sie erst drei, vier Jahre später imstande ... Zwischen der Periode der Vorstellungs- und der Symboltätigkeit (Alter: zwischen 2 und 7 Jahren), in dem die Kinder noch bei logischen Aufgaben jeder Art versagen, und dem Auftreten der Fähigkeit zu formallogischem Denken (Alter: ab 11 oder 12 Jahre) gibt es also, wie Piaget nun erkannte, eine Zwischenstufe, auf der die Kinder nur in konkreten Situationen logisch kohärent – das heißt in „konkreten Operationen" – denken. Den Übergang von der Stufe der konkreten zu derjenigen der formalen Operationen deutete er also ähnlich wie den Fortschritt von der Säuglings-Entwicklung (0 bis 1½ Jahre) zur darauffolgenden Phase des primären Spracherwerbs und der ihm zugrunde liegenden Symboltätigkeit (1½ bis 6 Jahre).

Viertens wandte sich Piaget der Frage zu, wie sich das kindliche Handeln und Denken auf den verschiedenen Stufen organisiert. Die Beobachtung, daß sich Kleinkinder mit Vorliebe an Konfigurationen orientieren, erweckte bei ihm ein Interesse für die Gestaltpsychologie Wertheimers und Köhlers, motivierte ihn aber auch zu eigenen Untersuchungen über die kognitiven Systeme, „Ganzheiten" oder, wie Piaget sie später nannte, „Strukturen", die das kindliche Denken leiten. Sein Hauptanliegen war die säuberliche Unterscheidung zweier Arten von Ganzheiten: der „Konfigurationen" oder „Gestalten", die Forschungsgegenstand der Gestaltpsychologie sind – bei ihnen ist das Ganze mehr als die Summe der Teile –, und jener Ganzheiten oder Kompositionen, die sich aus Elementen zusammensetzen und nicht von der Anordnung ihrer Teile abhängig sind: die logisch-mathematischen Operationssysteme. Piaget zählte die Gestalten zu den „niederen Formen des Gleichgewichts" (1952, 30), die additiven Kompositionen zu den höheren, denn sie allein bilden die Organisationsform des logischen Denkens. Dagegen sind die „Wahrnehmungsstrukturen nicht additiv und folgen den Gesetzen der Gestalt" (1952, 39). Piaget wollte herausfinden, in welcher Beziehung die Gestaltgesetze zu den Gesetzen der Intelligenz stehen und wieweit diese an jenen beteiligt sind. Zu diesem Zweck veranstaltete er zusammen mit Marc Lambercier eine umfangreiche Untersuchungsreihe über das Ausmaß, in dem sich während der kindlichen Entwicklung verschiedene Arten optischer Täuschungen einstellen und wieder zurückbilden. – Ergebnis: Die Regulierung der Wahrnehmungstätigkeit läßt sich nicht auf die Intelligenz zurückführen, wird aber mit zunehmendem Alter von dieser beeinflußt.[42]

Zunehmendes Engagement innerhalb und außerhalb der Universität

Die Erforschung der Säuglingsentwicklung (mit all den dazu erforderlichen Beobachtungen und Aufzeichnungen) wäre ohne die tätige Mithilfe von Frau Piaget-Châtenay kaum möglich gewesen: Weder konnte Piaget sich der Forschung und Lehre am Rousseau-Institut entziehen, um seine Kinder dauernd zu beobachten, noch hielt er sich während der Zeit, da seine Kinder klein waren, überhaupt permanent in Genf auf: 1925 – vier Monate nach der Geburt seiner ersten Tochter – folgte er dem Ruf auf einen Lehrstuhl in seiner Geburtsstadt Neuenburg, wo er Psychologie, Wissenschaftsgeschichte und Soziologie lehrte. 1929 gab er diese Tätigkeit zwar wieder auf, aber nur, um in Genf eine zunächst außerordentliche (und später ordentliche) Professur für die Geschichte des wissenschaftlichen Denkens anzutreten. Er behielt sie bis zum Jahr 1939 bei. 1929 übernahm er außerdem das Amt des Stellvertretenden Direktors und vier Jahre später das des Direktors am Rousseau-Institut, das 1933 als Institut für Psychologie und Erziehungswissenschaften in die Genfer Universität integriert wurde.

Ebenfalls von 1929 an (und bis 1967) leitete er das Internationale Büro für Erziehung in Genf. Als Plattform zur ,,vergleichenden Pädagogik" bot ihm diese Institution Gelegenheit, ähnliche analytische Verfahrensweisen anzuwenden wie in der Psychologie. Piaget organisierte die jährlichen Konferenzen und schrieb danach die zusammenfassenden Schlußberichte. Es gelang ihm im Lauf der Jahre, die Zahl der an den jährlichen Konferenzen vertretenen Regierungen von vier (Deutschland, Polen, Ecuador und der Kanton Genf) auf fünfundvierzig zu erhöhen. Sein Engagement begründete er damit, daß diese Institution dank ihrer zwischenstaatlichen Organisation dazu beitrug, die pädagogischen Methoden allgemein zu verbessern und diejenigen Methoden, ,,die dem Geist des Kindes besser angepaßt waren", international zu verbreiten (1952, 35). Während des Zweiten Weltkriegs verlagerte sich die Tätigkeit des Erziehungs-Büros auf den Versand von Bildungsliteratur an Kriegsgefangene. Nach dem Krieg nahm Piaget am Treffen der Erziehungsminister aus den alliierten Ländern teil, wo die Verfassung der UNESCO formuliert wurde. Wie er in seiner Autobiographie berichtete, hat ihn dieses Amt ,,viel Zeit gekostet", die er lieber auf die Kinderpsychologie verwendet hätte; doch habe er dabei ,,viel über die Psychologie des Erwachsenen gelernt" (1952, 36).

Weniger auffällig gestaltete sich Piagets Mitgliedschaft im Direktorium der Genfer Niederlassung des von Th. W. Adorno und M. Horkheimer geleiteten Frankfurter Instituts für Sozialforschung, unmittelbar nachdem Hitler zum Reichskanzler ernannt worden war.[43]

Piagets Aktivitäten nahmen in Zukunft noch weiter zu: 1936 bis 51 unterrichtete er Experimentalpsychologie und Soziologie an der Universität Lausanne. 1940–43 stand er als Präsident der Schweizerischen Gesellschaft für Psychologie vor und gab die *Schweizerische Zeitschrift für Psychologie* mit heraus. Beim Tode Claparèdes (1940) wurde er dessen Nachfolger als Psychologieprofessor, als Direktor des Laboratoriums für Psychologie und (bis 1980) als Herausgeber der Zeitschrift *Archives de Psychologie.* – Wie wirkte sich diese vielfältige Arbeitsbelastung auf Piagets Familie und auf die Kinder aus?

„Die [Kinder] haben eine ausgezeichnete Erziehung genossen – dank der Tatsache, daß ich mich überhaupt nicht darum gekümmert habe. *Für die Erziehung war meine Frau zuständig – ich habe meine Kinder vor allem beobachtet.* (...) Als sie schulpflichtig wurden, waren die Lehrer erstaunt, es mit durchaus normalen Schülern zu tun zu haben. Sie waren der Überzeugung, ich hätte meine Kinder irgendwelchen traumatisierenden Experimenten unterzogen."[44]

Von den Betroffenen ist zu dieser Frage keine Stellungnahme bekannt geworden. Jedenfalls scheint sich der Familienvater eigentlich nur am Wochenende Zeit zur Muße genommen zu haben: etwa zum sonntäglichen Familienausflug oder gemeinsamen Spaziergang, solange die Kinder noch klein waren.

Die Zusammenarbeit mit Bärbel Inhelder und Alina Szeminska

Im Jahr 1937 lud Piaget eine Studentin, die 1933 bei ihm eine hervorragende Diplomarbeit über die Entwicklung des kindlichen Verständnisses der physikalischen Mengenerhaltung geschrieben hatte, zum sonntäglichen Spaziergang mit ein und schlug ihr vor, gemeinsam ein Buch zum Thema ihrer Diplomarbeit zu schreiben. Die Studentin hieß Bärbel Inhelder (geb. 1913). Vier Jahre später wurde die Monographie über *Die Ent-*

wicklung der physikalischen Mengenbegriffe beim Kinde (1941 a) veröffentlicht. Sie bildete den Ausgangspunkt für eine jahrzehntelange Zusammenarbeit.

B. Inhelders Doktorarbeit über die Diagnostik der Erhaltungsbegriffe bei Schwachsinnigen,[45] die zwei Jahre später erschien, leitete eine lange Reihe von Arbeiten ein, die seither auf den Grundlagen der Entwicklungspsychologie Piagets erschienen sind. In den fünfziger und sechziger Jahren übernahm Bärbel Inhelder immer mehr die Leitung bei experimentellen Untersuchungen, deren Ergebnisse sie zusammen mit Piaget veröffentlichte.[46] Mit seinem Werk ist ihr Name enger verbunden als jeder andere, die Zusammenarbeit währte über vierzig Jahre, bis zu Piagets Tod.

Zusammen mit einer anderen Mitarbeiterin, Alina Szeminska, brachte Piaget 1941 ein weiteres Buch heraus – *Die Entwicklung des Zahlbegriffs beim Kinde* (1941). Im Anschluß an die Studien über Menge und Zahl erforschte er die Ontogenese verschiedener physikalischer Anwendungen des Quantitätsbegriffs: die kindliche Auffassung von Bewegung, Geschwindigkeit, Beschleunigung und Zeit. Darüber erschienen 1946 zwei Bücher. Der erste Anstoß zu diesen Untersuchungen soll bei einer Tagung über Philosophie und Psychologie in Davos von Albert Einstein ausgegangen sein, der sich dafür interessierte, ob die Intuition der Geschwindigkeit „von den Intuitionen der Dauer abhänge oder nicht".[47] – Ein etwas weiter abliegendes Thema bearbeiteten Piaget und Inhelder schließlich in einer gemeinsamen Studie über den kindlichen *Zufallsbegriff* (1951).

Ebenfalls mit B. Inhelder zusammen (A. Szeminska war während der Kriegsjahre in einem Konzentrationslager in Polen inhaftiert) nahm Piaget in den vierziger Jahren umfangreiche Untersuchungen über das Raumverständnis und die Geometrie des Kindes in Angriff. Die Ergebnisse wurden in den beiden Bänden *Die Entwicklung des räumlichen Denkens beim Kinde* und *Die natürliche Geometrie des Kindes* (beide 1948) veröffentlicht. An der Entstehung dieser Bücher war eine Vielzahl weiterer Mitarbeiter beteiligt, darunter Hans Aebli (geb. 1923), dessen Doktorarbeit *Psychologische Didaktik* (1951, deutsch

Abb. 4: Jean Piaget mit Bärbel Inhelder (Archives Jean Piaget, Foto B. P. Mayor)

1963) die Reihe der auf Piagets Ansatz aufbauenden deutschsprachigen Arbeiten eröffnete.

Der Zusammenhang zwischen logischen Operationen und der sozialen Kooperation

Neben seinen experimentellen Arbeiten begann Piaget in den vierziger Jahren damit, die Denkgesetze, die der kindlichen Intelligenz zugrunde liegen, zu formalisieren. Dabei ließ er sich von dem französischen Mathematiker-Team inspirieren, das unter dem Namen Nicolas Bourbaki ein umfassendes Werk über die Grundstrukturen der verschiedenen mathematischen Disziplinen publiziert hatte. Den mathematischen Begriff der „Gruppe“ übertrug Piaget auf das Terrain der Denkpsychologie, verwendete ihn aber nicht immer streng in der exakten mathematischen Bedeutung. Zusätzlich führte er den Begriff der „Gruppierung" ein, um die „konkreten Operationen" logisch zu charakterisieren. Die drei Bücher, in denen er das logische Skelett des kindlichen Denkens freilegte (sie erschienen zwischen 1942 und 1952), gehören zum Schwierigsten, was er geschrieben hat.

Eine der interessantesten Fragen in diesem Zusammenhang galt dem Vergleich zwischen den logisch-mathematischen „Operationen" und der sozialen „Kooperation". Die Fähigkeit zur bewußten Zusammenarbeit tritt bei den Kindern im gleichen Alter auf wie die Fähigkeit zu elementaren logischen oder mathematischen Operationen, was Piaget zu der Vermutung veranlaßte, daß zwischen einer Operation und der Kooperation mehr als nur ein etymologischer Zusammenhang bestehe. – Aber welcher?

„Muß man sagen, daß das Kind die rationalen Operationen beherrschen lernt, weil die soziale Entwicklung es zur Kooperation fähig macht, oder muß man umgekehrt annehmen, daß diese individuell erworbenen logischen Fähigkeiten es zur Kooperation führen und es ihm erlauben, die Anderen zu verstehen?" (1945a, 158)

Im Frühwerk hatte Piaget die Entwicklung des logischen Denkens von der Kooperation her zu erklären versucht, in den vierziger Jahren neigte er stärker dazu, das Fundierungsverhältnis von Kooperation und Logik umzukehren. Die Entwicklung der „Gruppierungen" – lautete seine Antwort (ebd. 168) – steuert beide. Es wäre einseitig zu behaupten, die soziale Kooperation erkläre die Entstehung der Fähigkeit zur Ausführung logischer Operationen, denn umgekehrt sei auch die Fähigkeit zur Zusammenarbeit in ihrer Entwicklung von der Ausbildung einer bestimmten Art geistiger Operationen abhängig.

– Und Piagets eigene Kooperation mit seinen Assistenten und Studenten? Zu den Studenten unterhielt er ein gutes und in vielen Fällen ein väterlich-herzliches Verhältnis. Darüber kursieren noch heute einige Anekdoten: Beispielsweise hatte eine Studentin vergessen, sich rechtzeitig das Testat zu besorgen, und klingelte vor Piagets Privathaus in Pinchat. Der Professor saß, hinter Büchern versteckt, in seinem Arbeitszimmer und sagte:

„Treten Sie ein, Sie kriegen Ihr Testat, aber da Sie nun schon einmal hier sind, nehmen Sie doch eine Tasse Tee und ein Stück Kuchen."[48]

Über Piagets Prüfungsstil berichtete ein ehemaliger Schüler:

„Jedes mündliche Examen war ein Augenblick wahrhaften Ideenaustauschs, allerdings sehr kurz, aber doch intensiv genug, daß man als Student den Eindruck bekam, man entdecke einen neuen Aspekt im Denken Piagets und lerne ihn gewissermaßen besser kennen."[49]

Unduldsam war der Professor freilich gegenüber jeder Art von Konformismus und intellektueller Trägheit. Kurz nachdem Piaget als Nachfolger des Philosophen C. Merleau-Ponty an der Sorbonne seine Lehrtätigkeit aufgenommen hatte (1952), stürzte ihn ein Student in Verlegenheit. Er hatte Piagets Kurse nicht besucht und nicht einmal gemerkt, daß der Dozent gewechselt hatte. Nun reichte er eine Arbeit mit vehementer Piaget-Kritik ein. Piaget über diesen Vorfall: „Die Arbeit war nicht sehr gut, aber ich habe ihm eine gute Note geben müssen."[50]

1950 erschien die dreibändige *Introduction à l'épistémologie génétique* (deutsch: *Die Entwicklung des Erkennens*). In diesem Werk faßte Piaget, der sich ursprünglich für seine entwicklungspsychologische Arbeit nur fünf Jahre vorgenommen hatte, alle bisherigen Untersuchungen zu einer „Synthese" zusammen, von der er seit fast dreißig Jahren geträumt hatte. Er verglich die geistige Entwicklung des Kindes mit der Wissenschaftsgeschichte – in seinen Vorlesungen von 1929 bis 1939 hatte er dazu den Grundstein gelegt – und zog die Quintessenz der bisherigen Arbeiten zur Biologie, zur Soziologie und zur Erkenntnistheorie im allgemeinen. In dem 1950 geschriebenen Teil seiner Autobiographie äußerte sich Piaget über seine Motivation zu dieser Trilogie: „Es war Zeit abzuschließen" (1952, 42). In Wirklichkeit fiel das Werk ziemlich genau in die Mitte seiner Schaffenszeit; im Rückblick liest es sich wie eine Vorschau auf das, was in der Zukunft noch kommen sollte.

Internationale Verpflichtungen

Um die Mitte der vierziger Jahre entfaltete Piaget nach verschiedenen Richtungen eine internationale Tätigkeit. Auf die Bitte von H. Piéron hin hielt er 1942, als Paris von den deutschen Truppen besetzt war, eine Reihe von Vorträgen am Collège de France und bekundete auf diesem Wege seine Solidarität mit den französischen Kollegen. Die Vorlesungen wurden 1947 unter dem Titel *Psychologie der Intelligenz* veröffentlicht.

Bei der Gründung der UNESCO im Spätherbst 1945 wurde Piaget von der Landesregierung zum Präsidenten der Schweizer UNESCO-Kommission bestimmt. An den Konferenzen von Beirut, Paris und Florenz leitete er die Delegation der Schweiz. Später wurde er Mitglied des Exekutivrats. Im Auftrag der UNESCO entstanden mehrere Schriften: *Das Recht auf Erziehung in der gegenwärtigen Welt* (1950), eine Einführung in ausgewählte Werke des Pädagogen J. A. Comenius (1957), *Erkenntnistheorie der Wissenschaften vom Menschen* (1970) und *Die Zukunft unseres Bildungssystems* (1971).

1952 wurde Piaget an die Pariser Sorbonne berufen, und bis 1963 pendelte er regelmäßig zwischen Genf und Paris. Mit dieser Aufgabe wuchsen seine Verpflichtungen noch weiter. Im Zusammenhang mit seinem Engagement an der Sorbonne wurde Piaget zu einer seiner interessantesten Reisen eingeladen: Nachdem er 1953–54 an die amerikanische Universität in Princeton eingeladen war (Bringuier [3], 201), besuchte er im April 1955 zusammen mit zwei französischen Kollegen die Sowjetunion.[51]

Exkurs zu Piagets Arbeitsweise

Piaget wurde immer wieder gefragt, wie er neben seinen vielen Beschäftigungen (Internationales Erziehungsbüro, UNESCO, Universität, Herausgebertätigkeit usw.) überhaupt noch Zeit zum Schreiben finde:

„Das verdanke ich in erster Linie der außergewöhnlichen Qualität der Menschen, und insbesondere der Frauen, die mit mir zusammengearbeitet haben (...). Ich verdanke es auch einem besonderen Zug meines Charakters. Grundsätzlich bin ich ein ängstlicher Mensch, den allein die Arbeit erleichtern kann" (1952, 41).

Journalisten gegenüber antwortete er mitunter kurz und bündig: Zum Schreiben sei er gekommen, weil er „nicht Piaget lesen mußte!"[52]

Als amerikanische Studenten ihn fragten, wie er, der die Kreativität der Kinder untersucht habe, seinerseits zu seinen Ideen gekommen sei, nannte er drei sich ergänzende Devisen:

„Die erste: nichts lesen, was auf dem Gebiet, mit dem man sich gerade beschäftigt, geschrieben worden ist, die Lektüre soll erst im nachhinein erfolgen. Die zweite Methode: soviel wie möglich aus den angrenzenden Gebieten lesen; für das Studium der Intelligenz sind das natürlich die Biologie einerseits, die Mathematik und die Logik andrerseits usw., das Gebiet der Soziologie inbegriffen und alles, was den Gegenstand, mit dem man sich beschäftigt, umgibt. Und die dritte Methode: Man muß einen Prügelknaben haben. Mein Prügelknabe ist der logische Positivismus" (Bringuier [3], 189f.).

3. Reifezeit und Spätwerk

Die fünfziger Jahre und die Gründung des „Centre"

Nachdem Piaget in den vierziger Jahren das Verhältnis zwischen den logischen Operationen und der sozialen Kooperation neu bestimmt hatte, wandte er sich in den fünfziger Jahren dem Verhältnis zwischen der kognitiven Entwicklung und der Entwicklung der Gefühle zu. Diesem Programm galten die Vorlesungen, die der Schweizer 1952–54 an der Pariser Sorbonne hielt. Stufe um Stufe arbeitete er Parallelen zwischen der intellektuellen und der emotionalen Entwicklung heraus und setzte sich bei diesem Anlaß ausführlich mit der Psychoanalyse auseinander. In den Gefühlen, Emotionen und Stimmungen (die er unter dem Begriff „affectivité" zusammenfaßte) sah Piaget die Triebfeder und in der Intelligenz die Steuerung des Handelns. In den Einzelheiten deckte er aber wesentlich komplexere Zusammenhänge auf: Manche Gefühle beispielsweise sind kognitiv überformt, manche ändern sich im Lauf der Entwicklung. Selbst eine Theorie des vernünftigen Wollens entwarf er in den Grundzügen: Der Wille, lehrte er, ist eine Art von Operation – eine ,,affektive Operation", die Handlungen bewertet und die Wertungen so miteinander verrechnet, daß eine rationale Entscheidung möglich wird. – Diese Vorlesungen bilden eine der sorgfältigsten, facettenreichsten und zugleich spannendsten Einführungen, die Piaget in sein Werk gegeben hat. Sie wurden von der Sorbonne als Typoskript herausgebracht, aber weder als Buch veröffentlicht noch in eine andere Sprache übersetzt.

Das vielleicht wichtigste Ereignis in seiner wissenschaftlichen Laufbahn fiel in die Mitte der fünfziger Jahre: Piaget konnte mit der finanziellen Hilfe der amerikanischen Rockfeller-Stiftung ein Zentrum für genetische Erkenntnistheorie (Centre internationale d'épistémologie génétique) in Genf eröffnen (1965, 44ff.).[53] Gleichzeitig gründete er eine Zeitschrift: die *Etudes d'épistémologie génétique (Studien zur genetischen Erkenntnistheorie).* Das ,,Centre" bildete den institutionellen Rahmen für die interdisziplinäre Zusammenarbeit, die sich Piaget schon lange gewünscht hatte.

Für die Mitarbeit in Genf engagierte er Psychologen, Physiker, Philosophen, Logiker, Mathematiker, Kybernetiker, Linguisten, Biologen und Embryologen. Manche wirkten jeweils ein Jahr lang bei den empirischen Untersuchungen aktiv mit, andere wiederum nahmen nur an den abschließenden Tagungen teil. Einige der Eingeladenen begeisterten sich so sehr für das Genfer Forschungsprogramm, daß sie für viele Jahre Piagets wissenschaftliche Weggefährten wurden.

Mit jedem Jahr setzte sich das ,,Centre" neue Forschungsschwerpunkte. Von September bis Juni wurde in mehreren unabhängigen Gruppen eine Reihe von empirischen Untersuchungen durchgeführt. Jeden Montagvormittag fand in einem gemeinsamen Seminar eine Besprechung der Vorgehensweisen und der Ergebnisse statt, und ein fünftägiges ,,Symposium" Ende Juni bot abschließend die Gelegenheit, die wichtigsten Ergebnisse der Jahresarbeit noch einmal zu sichten, theoretisch aufzuarbeiten und zu diskutieren. – Von der Gründung des

„Centre" bis zu Piagets Tod erschienen sechsunddreißig Bände der *Etudes* und danach weitere zwei.

Unter den langjährigen Mitarbeitern erfreuten sich der belgische Philosoph Léo Apostel und der argentinische Physiker Rolando Garcia Piagets besonderer Hochschätzung. Beide waren (vielleicht ein Zufall) Schüler des Philosophen Rudolf Carnap (1891–1970), und beide hatten sie ihren ursprünglichen Standpunkt, den logischen Empirismus, durch die Begegnung mit Piagets Werk revidiert.[54] L. Apostel war Mitte der fünfziger, R. Garcia Anfang der siebziger Jahre zur Genfer Forschungsgruppe gestoßen, und beide leisteten vor allem theoretische und historische Arbeit, Apostel auf dem Gebiet der Logik, Garcia auf demjenigen der Naturwissenschaften. Was Empiristen an Piaget fasziniert, zugleich aber auch manchen von ihnen zu einer Änderung der Überzeugung veranlaßt haben mag: „Piaget hat mit empirischen Mitteln den Empirismus widerlegt",[55] indem er im Experiment zeigte, daß die menschliche Erkenntnis weder auf die Sinneswahrnehmung noch auf Wahrnehmung und Sprache allein zurückgeht, sondern ebensosehr auf konkretes Tun und Handeln.

Die bekanntesten Namen, die sich mit der Arbeit am „Centre" verbanden, sind: D. Berlyne und J. Bruner (Psychologie), E. W. Beth (Logik), F. Gonseth (Mathematik und Philosophie), Th. Kuhn (Wissenschaftsgeschichte), A. Naess (Philosophie und Ökologie), S. Papert (Mathematik, Psychologie und Kybernetik), I. Prigogine (Physik), C. H. Waddington (Embryologie) und P. Weiß (Biologie). Der Harvard-Philosoph W. v. O. Quine war Mitglied des „Centre"-Komitees und der Philosoph und Wissenschaftstheoretiker K. G. Hempel Beiratsmitglied der *Etudes.* – Die interdisziplinären Diskussionen am „Centre" schilderte ein Mitarbeiter mit den Worten:

„Wenn ein Biologe in Anwesenheit eines Physikers spricht, kommt dieser auf Ideen, die er möglicherweise vorher nie gehabt hat. Also unterbricht er plötzlich den Biologen, um etwas zu sagen, was in drei von vier Fällen vielleicht völlig fehl am Platze ist. Aber in einem Viertel der Fälle ergibt sich eine Brücke, und die Sache wird klarer. (...) Piaget, der [während einer längeren Debatte mit historischen Exkursen] die ganze Runde gleichsam mit dem Hirtenstab dirigiert hat, ohne viel zu sagen, wendet sich auf einmal an den Historiker: ‚Hören Sie, könnten Sie uns nicht in 14 Tagen ein Exposé über diese historische Persönlichkeit vorlegen?' – Und jedermann freut sich, in diesem Augenblick dabei zu sein" (Bringuier [3], 115f.).

Ein anderer Mitarbeiter ergänzte:

„Piaget denkt in sehr starken Einheiten. Er tauscht seine Gedanken nicht in Kleingeld um. Er hat Ideen zu zentralen Problemen, aber er gliedert sie nicht in Teile, die für den uneingeweihten Gesprächspartner klein genug sind" (ebd. 120).

Es ist vielleicht charakteristisch, daß der Begründer des „Centre" von seinen Mitarbeitern „patron" genannt wurde: Zu den meisten Assistenten hatte er ein väterliches Verhältnis, die jungen Damen begrüßte er in französischer Herzlichkeit durch Kuß oder Umarmung. – Wie ehemalige Mitarbeiter berichteten, brachte Piaget allen Mitarbeitern – Assistenten wie Forschern – „gleichen Respekt und gleiches Wohlwollen" entgegen und stellte an jeden hohe Anforderungen.

„Er verstand es sehr gut, seine Mitarbeiter auszuwählen. So wie er selbst unermüdlich arbeitete, forderte er auch von ihnen einen Einsatz, der seiner eigenen Forschungsarbeit und seiner ununterbrochen wachen Neugierde fast vergleichbar war."[56]

„Er erinnerte sich immer genau, wer wir waren, und informierte sich über das, was wir machten. Auch hatte er einen enormen Humor und war in dieser Hinsicht unschlagbar! Man darf jedoch nicht vergessen, daß er dieses außerordentlich offene Temperament nur gegenüber Personen zeigte, die ihn interessierten. Es gibt aber auch Leute, mit denen er nie gesprochen hat."[57]

Unter den Kollegen, denen die Umgangsformen des „patron" zu schaffen machten, war der Harvard-Psychologe Jerome Bruner (geb. 1915) vielleicht der prominenteste. – Hier ein Ausschnitt aus seinen Erinnerungen an Jean Piaget:

„Mit ihm zusammensein hieß, ein Teil von ihm sein. Es war schwierig, sich über die eigenen Ideen auszusprechen, ohne auf die seinigen Bezug zu nehmen. Von ihm ging eine Wirkung aus, daß viele um ihn herum sich wie rebellische Söhne fühlten, wenn ihre Ideen von den seinen abwichen (...). Zwar war Piaget gegenüber divergierenden Ansichten keineswegs respektlos. Ich habe ihn niemals ablehnend erlebt, wenn ihm jemand ernsthaft und im Geist des Austauschs eine Idee vorbrachte. Aufmerksamkeit und faires

Gehör verlieh er jedoch nur demjenigen Teil einer Idee, der seine eigene Denkweise berührte; nur dieser Teil wurde angenommen, oder es wurde wenigstens Einigkeit darüber hergestellt, daß keine Einigkeit bestand. Aber bei jenen anderen Teilen, die seine eigenen Überzeugungen nicht berührten, wie etwa bei dem Gedanken, daß die Sprache die Ausbildung des Denkens beeinflußt, konnte er nicht zuhören."[58]

Der fast zwanzig Jahre jüngere amerikanische Psychologe empfand das Verhältnis zu Piaget als eine Art „Vater-Sohn-Beziehung", die mehr Ambivalenz als Autonomie und Unabhängigkeit erzeugte, so daß Bärbel Inhelder zwischen den beiden vermitteln mußte. Immerhin widmete J. Bruner eines seiner wichtigsten Bücher, die *Studien zur kognitiven Entwicklung* (1966), dem älteren Kollegen zum 70. Geburtstag. Die Feierlichkeiten fanden im Hotel Ukrayina in Moskau statt. Bruner schrieb später über dieses Ereignis:

„Die Dinner-Party war auf eine recht steife Weise formal (...). Es war offensichtlich, daß Piaget das Buch nicht sonderlich schätzte. Roman Jakobson rettete den Tag mit witzigen Anekdoten".[59]

Piaget hat das Buch rezensiert, und zwar in einer Weise, die Bruners Ahnung bestätigte.[60]

Vielleicht ist es Piaget nie ganz gelungen, die Gefahr des Autismus, vor der er sich schon als Jugendlicher gefürchtet hatte, völlig zu bannen. Jedenfalls stimmte er dem amerikanischen Psychiater Anthony bei, der von ihm behauptet hatte, er sei viel zu narzißtisch, um auf Einwände zu hören (Bringuier [3], 83f.). Andererseits besaß Piaget die seltene Begabung, Wissenschaftler, die ihn heftig kritisiert hatten, zur Zusammenarbeit zu gewinnen. Der spektakulärste Fall spielte sich mit dem belgischen Logiker W. E. Beth ab: Beth hatte auf Veranlassung des in Freiburg (Schweiz) lehrenden Logik-Historikers J. M. Bochenski eine scharfe Kritik an den Piagetschen Formalisierungen des kindlichen Denkens publiziert.[61] Piaget wandte sich daraufhin mit einem Brief an seinen Kritiker und schlug ihm vor, sich zusammenzusetzen und ein gemeinsames Buch zu schreiben. Beth willigte nach einigem Zögern ein. 1961 erschien das Buch *Epistémologie mathématique et psychologie* (EEG XIV).

Streiflichter auf Piagets Lebensweise

Nach dem Abschluß des jährlichen Symposiums, Ende Juni, reiste Piaget jeden Sommer für mehrere Wochen in die Berge. Um ungestört zu bleiben, suchte er sich einen Ort, wo ihn niemand kannte – eine einsame Alp in der deutschsprachigen Schweiz. Elektrischer Strom fehlte, Piaget arbeitete bis zum Dunkelwerden und begann den Tag mit Sonnenaufgang. Hier redigierte er die Untersuchungsprotokolle seiner Mitarbeiterinnen und Mitarbeiter und bereitete ihre Publikation in den *Etudes* oder in gesonderten Büchern vor. Auf der Alp entstand ein ansehnlicher Teil seines umfangreichen Werks, und zwar laut einer autobiographischen Notiz ,,auf improvisierten Tischen" (1952, 41). Die engsten Mitarbeiter wurden hie und da in die Berge eingeladen. B. Inhelder, die viele Schriften mitredigierte, richtete sich eine benachbarte Hütte ein.

Piagets Leben ging ganz in der Arbeit auf. Der Aufenthalt auf der Alp unterschied sich von dem in der Stadt einzig durch die bessere Luft, die größere Abgeschiedenheit und häufigere Spaziergänge, die Piaget immerhin auch in Genf unternahm:

> ,,Nach einem mit anderen verbrachten Vormittag beginne ich jeden Nachmittag mit einem Spaziergang, auf dem ich ruhig meine Gedanken sammle und ordne und danach zu meinem Arbeitstisch bei mir zu Hause auf dem Lande zurückkehre" (1952, 41).

Jeden Samstagnachmittag unternahm Piaget, der nahe der französischen Grenze wohnte, mit einem uralten Modell von Fahrrad kleine grenzüberschreitende Exkursionen. Pfeife, Baskenmütze und Rucksack gaben der Gestalt des Radwanderers etwas Unverwechselbares. In späteren Jahren erleichterte die Rosette der französischen Ehrenlegion – Dokument einer von Piagets zahlreichen Ehrungen – das Passieren der Zollstellen. Den Weg zur Genfer Universität legte der Professor während Jahrzehnten ebenfalls mit seinem bevorzugten Fortbewegungsmittel, dem Fahrrad, zurück. Er ließ sich nicht davon beeindrucken, daß immer mehr Studenten motorisiert zur Vorlesung kamen, und stellte sein ,,Velo" unbeirrt zwischen den Automobilen seiner Schüler ab. Einmal wurde der Radfahrer mit Baskenmütze und Pfeife am Palais des Nations, dem Genfer Sitz der UNO, vom Portier vehement abgewiesen; doch der vermeintliche Clochard zog vor dem verblüfften Wärter einen Diplomatenpaß aus der Tasche ...

Wie er im hohen Alter einmal rückblickend bekannte, ist Piaget nicht öfter als viermal ins Kino gegangen. – Immerhin hielt er die Abende frei. Meistens gab er sich zum Ausklang des Tages der Lektüre hin. Er nahm sich vor allem Romane vor, mit besonderer Vorliebe Marcel Proust, dessen Hauptwerk, *Auf der Suche nach der verlorenen Zeit,* er wieder und wieder las. Was ihn daran besonders faszinierte: „Prousts Werk ist als Erkenntnistheorie hervorragend". Vor allem begeisterte ihn die Art und Weise, wie Proust eine Person „durch eine Reihe von aufeinanderfolgenden Perspektiven rekonstruiert" (Bringuier [3], 28). Piaget erwog sogar, eine Schrift über die Erkenntnis-Psychologie Prousts zu schreiben.

Sein tägliches Arbeitspensum bemaß der Genfer Gelehrte nicht in Stunden, sondern in Seiten: Mit großer Regelmäßigkeit schrieb er jeden Tag deren vier bis fünf (Bringuier [3], 27). Bei Konferenzen pflegte er sich für einige Zeit zurückzuziehen, um das obligate Pensum zu Papier zu bringen, freilich ohne darüber jemals eine Sitzung zu versäumen. Piaget zeigte sich nicht nur gewissenhaft, er war auch die Pünktlichkeit in Person. Auf Bahnhöfen, Flughäfen und bei Verabredungen war er vor dem Termin zur Stelle, und im Flugzeug setzte er sich so, daß er als erster aussteigen konnte. – Er sei eben drei Wochen zu spät geboren worden und habe diese Zeit später nie wieder eingeholt, begründete er einmal schalkhaft diese Gewohnheit (Bringuier [3], 19).

Diese Exaktheit in zeitlichen Belangen stand aber in großem Kontrast zur räumlichen Organisation der häuslichen Wohn- und Arbeitssphäre. Der Zustand von Piagets Arbeitszimmer beeindruckte uneingeweihte Besucher immer wieder tief:

„Büchertürme am Boden; auf den Tischen formen sich Bücher, Ordner, Manuskriptbündel und Zeitschriften zu sanften Hügeln, Schulterhöhe etwa; vor dem hochlehnigen Lederfauteuil bleibt ein taschentuchgroßer Raum – ordentliches Taschentuch, mehr nicht – für Schreibunterlage und

Papier frei. Irgendwo hat er Platz für das Telefon gefunden. Das Kabel verliert sich in Papierpolstern; auf die Fauteuillehne hat er mit vielfach verknoteten Bindfäden ein Rückenkissen geschnürt; vielleicht, daß alles Alltägliche hier nur Notlösungen verdient."[62]

„Läßt man den Blick etwas umherschweifen, so fällt er auf eine Teekanne, eine Bowle, ein Tabakgefäß, die aus diesem reglosen Tumult auftauchen, und auf einige alte Hüte, deren Farbe durch die Bergluft verblaßt ist" (Bringuier [3], 11).

Darauf angesprochen, kommentierte Piaget dieses Tohuwabohu:

„Wie Bergson gezeigt hat, gibt es keine Unordnung! Wohl aber zwei Arten von Ordnung: eine geometrische und eine vitale. Meine Ordnung ist eindeutig von der vitalen Art. Die Dossiers, die ich benötige, liegen je nach der Häufigkeit ihres Gebrauchs in Reichweite meiner Hände" (Bringuier [3], 15).

Einem Journalisten erzählte Piaget einmal freimütig, daß er zwischen 1969 und 1975 seinen Schreibtisch, ja sein Zimmer, nur ein einziges Mal aufgeräumt habe ... Die Mitbewohner des Hauses respektierten diese Verhältnisse, niemand rührte an die Manuskripte.

Der Psychologe Wolfgang Metzger, der in den fünfziger Jahren anläßlich einer Tagung in Genf von Piaget zum Essen eingeladen worden war, dachte zwei Jahrzehnte später mit einer Mischung von Bewunderung und Schmunzeln an dieses Ereignis zurück:

„Wir fanden in einem etwas verwilderten Garten ein Haus, das von Kletterpflanzen völlig zugewachsen war, und hatten darin eine Mahlzeit von der Fröhlichkeit, die man aus fast jedem Bild des großen alten Mannes leuchten sieht. Eine Frau war nicht da, ich weiß nicht mehr aus welchem Grund. Sie wurde von zwei heranwachsenden Kindern erfolgreich vertreten, die ununterbrochen mit Auftragen und Abräumen beschäftigt waren. (...) Aber das Hauptergebnis dieses Festes war, daß der Kinderpsychologe von Genf (...) sich selbst durch alle die Jahre ein ungetrübt kindliches Herz bewahrt hatte.

Vor allem gehörte dazu überall, außer in dem Raum, in dem wir tafelten, die Unordnung, in der Kinder sich so wohl fühlen. Öffnete man versehentlich eine Tür in Richtung Küche, so reichten dort Stapel gebrauchten Geschirrs bis zur Decke (...) Mit Sicherheit aber erinnere ich mich an den Höhepunkt des Zusammenseins, als der Gastgeber irgend etwas in seiner Hosentasche zu suchen begann. Denn, außer einem halben Dutzend Ta-

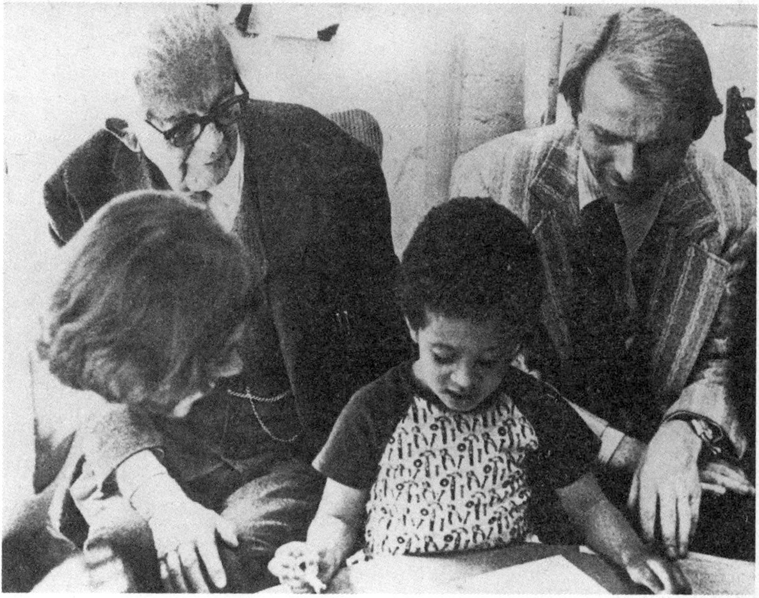

Abb. 5: Jean Piaget mit Mitarbeitern (Archives Jean Piaget)

bakspfeifen mit Zubehör, breitete er dabei so ziemlich alles aus, was man aus der Tasche eines munteren Achtjährigen vom Bindfaden bis zum Taschenmesser zutage fördern kann. Es fehlten nur der Frosch und der Regenwurm."[63]

Die sechziger Jahre

Piagets Mitarbeiterstab war in den sechziger und siebziger Jahren am größten. Während der besten Zeiten arbeitete er mit 60 bis 80 Assistenten und mit einem Teil der bis zu 400 Studenten zusammen, die sich bei ihm eingeschrieben hatten. Die Beteiligung der Studenten an der Forschungsarbeit erfolgte treu nach der Devise, derzufolge dem Denken und Erkennen das Handeln zugrunde liegt.

In die sechziger Jahre fielen zwei große empirische Untersuchungsreihen, die eine über *Vorstellung und inneres Bild* (1966a) und die andere über die Entwicklung des *Gedächtnisses* (1968a). Parallel dazu schrieb der Siebzigjährige das zweifellos bedeutendste Werk seiner Reifezeit: *Biologie und Erkenntnis* (1967). Dieses Buch leitete eine Neuorientierung in der Problemstellung ein: Piaget wandte sich nun vor allem den Steuerungs- und Entwicklungsmechanismen des Erkennens zu. Die Analyse der kognitiven Strukturen unter statischem (synchronischem) Aspekt konnte als im wesentlichen abgeschlossen gelten und wurde in die diachronische Sichtweise eingearbeitet. So traten kybernetische Erklärungsmodelle an die Stelle der logisch-algebraischen Formalisierungen, mit denen er zwanzig Jahre früher die Gruppen- und Gruppierungs-Strukturen der Intelligenz verdeutlicht hatte.

Nebenbei brachte Piaget ein paar Sammlungen früherer Aufsätze heraus, so vor allem Arbeiten zur Psychologie, zur Pädagogik und zur Soziologie.[64] Schließlich schrieb er zwei Bücher von überwiegend theoretischem Interesse – *Weisheit und Illusionen der Philosophie* (1965) und die Einführung in den *Strukturalismus* (1968).

Der enorme Umfang, den das Oeuvre Piagets und seiner Mitarbeiter inzwischen erreicht hatte, ließ eine faßliche Einführung immer dringlicher erscheinen. In den Vereinigten Staaten erfüllte von 1963 an J. H. Flavells Darstellung der Piagetschen Theorie[65] diese Aufgabe. Piagets Leitidee eines aktiven Subjekts wurde durch Flavells Buch für die behavioristische Psychologie Amerikas, die das menschliche Verhalten als ein System von Reaktionen (responses) auf äußere Reize (stimuli) zu erklären versuchte, zur Herausforderung. 1970 wurden aus Piagets eigener Feder gleich drei verschiedene Einführungen in die Entwicklungspsychologie publiziert (1970, 1970a, 1970b).

Aber damit sind noch immer nicht alle wichtigen Schriften genannt: 1967 erschien ein 1340 Seiten starker Sammelband (1967a), an dem neunzehn Autoren der verschiedensten Disziplinen mitarbeiteten – vom Physiker De Broglie über den Marxisten L. Goldmann bis zu den Spezialisten für künstliche Intelligenz S. Papert und B. Mandelbrot. 1970 folgte ein von der

UNESCO herausgegebener Sammelband über die wichtigsten Forschungsrichtungen in den Sozial- und Humanwissenschaften. Seinen Beitrag – die Einleitung und zwei Kapitel – veröffentlichte Piaget kurz darauf in Buchform (1972).

Eine große Arbeitsbelastung war die Herausgabe der *Etudes*, die Piaget 1955 zugleich mit dem „Centre“ begründet hatte. Seit 1957 erschienen jährlich zwischen einem und vier dicken Heften dieser Zeitschrift. Die ersten Bände waren teilweise programmatischer Natur und teilweise der Auseinandersetzung mit dem logischen Empirismus gewidmet. Eine Nummer (1957) enthielt einen mehr als hundertseitigen Aufsatz Piagets, worin er seine Gleichgewichtstheorie am Beispiel der Mengeninvarianz-Experimente darstellte. Es folgten vier Hefte zur Theorie des Lernens, sieben über logisch-mathematische Themen, dann vier über Raum und Zeit und eines über Erkenntnistheorie und Kybernetik. Zwischen 1968 und 1973 füllten empirische Untersuchungen zu verschiedenen Einzelproblemen acht weitere Nummern. Der Schwerpunkt lag auf physikalischen Themen wie dem Ursache-Wirkung-Verhältnis oder der Kraftübertragung.[66]

Ehrungen

Piagets Arbeit war zu dieser Zeit längst international anerkannt. Bereits 1936 hatte er von der Harvard-Universität anläßlich der Feierlichkeiten zu ihrem dreihundertjährigen Bestehen einen ersten Doktortitel honoris causa verliehen bekommen (1952, 41), und zehn Jahre später war ihm von seiten der Pariser Sorbonne dieselbe Ehrung zuteil geworden. 1960 war der Genfer Gelehrte achtfacher Ehrendoktor – unter anderem von je einer Universität in der Dritten Welt (Rio de Janeiro) und im Ostblock (Warschau) – und 1975 kumulierten sich diese Ehrungen bis auf dreißig.[67]

Die wohl merkwürdigste Anerkennung wurde Piaget von der italienischen Universität in Sassari (1970) zuteil: ein Doctor honoris causa in „Medizin und Chirurgie“, der ihn berechtigte, in ganz Italien zu praktizieren, und dies, obgleich er – wie er in seiner Autobiographie humorvoll gestand – „nicht einmal in der Lage wäre, einen Furunkel zu öffnen“ (1976a, 42).

Den größten Erfolg aber hatte er nach Erscheinen des Buches von J. Flavell (vgl. S. 58) in den Vereinigten Staaten: Allein 1970 ehrten ihn zwei der prominentesten Hochschulen: Yale und Columbia, ferner die Jesuiten-Hochschule in Washington. Als erster Ausländer erhielt Piaget sogar den Preis der amerikanischen Gesellschaft für Psychologie (1969). 1970 wurde die „Jean Piaget Society“ gegründet (mit Sitz in Philadelphia), die seither alljährlich einen Kongreß zu einem Thema des Piagetschen Werks durchführt.

In Genf existiert seit den frühen siebziger Jahren das Jean-Piaget-Archiv (Rue Saussure 6, direkt gegenüber dem Genfer Universitätsgebäude). Es sammelt sämtliche Werke des Genfer Gelehrten (inklusive Übersetzungen), die Ergebnisse aller Forschungsarbeiten, die durch seinen Ansatz in Gang gebracht worden sind, sowie die gesamte Sekundärliteratur.

Die siebziger Jahre

In den letzten Lebensjahren spitzten sich Piagets Fragestellungen noch einmal zu. Ein neues Programm, im Buch *Biologie und Erkenntnis* (1967) vorbereitet, galt den Prinzipien und Gesetzmäßigkeiten, denen Entwicklungsprozesse gehorchen. Piaget untersuchte sie zugleich auf drei verschiedenen Ebenen: 1. der Ebene des praktischen Verhaltens und der Denkoperationen,[68] 2. der geistigen Reflexion und des Bewußtseins[69] und 3. der biologischen Organisation. Hier widmete er allein zwei Bücher dem Projekt, Lamarcks Auffassung der erblichen Übermittlung phänotypischer Organveränderungen auf neodarwinistischer Grundlage zu refomulieren.[70]

Während der sechziger und siebziger Jahre legte Piaget einen Teil seiner Ämter nieder. „Ich bin alt und müde, zudem mit vielfältigen Aufgaben belastet“,[71] lautete der erste Satz des Schreibens, mit dem er im Dezember 1967 als Präsident des Internationalen Erziehungsbüros in Genf demissionierte. 1971 wurde er emeritiert.

Abb. 6: Jean Piaget in den letzten Lebensjahren (Archives Jean Piaget, Foto C. Brulhart)

Die Reisetätigkeit nahm vorerst allerdings nicht ab. Von den zahlreichen Vortrags- und Diskussionsverpflichtungen im Ausland seien nur zwei erwähnt: 1970 eine Vorlesungsreihe, die Piaget an der Columbia-Universität hielt, und 1975 die Debatte mit N. Chomsky (geb. 1928) über die Frage, ob und inwiefern die Sprachfähigkeit angeboren ist. Auch sein Engagement am Genfer ,,Centre" führte er unvermindert weiter. In mehrere Kleiderschichten gehüllt, die seiner Silhouette etwas Massives gaben, präsidierte er die Montag-Sitzungen von einem thronartigen lederbezogenen Holzstuhl aus.

,,Es war, wie wenn die ganze Wärme seines Körpers aufgesogen worden wäre durch ein Gehirn, das sich im Zustand dauernden Kochens befand, wie es die Rauchspiralen symbolisierten, die von seiner Pfeife aufstiegen."[72]

Zur Feier des 80. Geburtstags im August 1976 schlugen die Mitarbeiter vor, daß der ,,patron", der in seinem Leben noch nie eine Prüfung in Psychologie abgelegt hatte, das 1975 erschienene Buch über die *Äquilibration* vor einer internationalen, aus Mitarbeitern und Studenten zusammengesetzten Jury verteidigen sollte. Der Jubilar fand diese Idee ,,charmant und humorvoll" (1976a, 43), und auch der Rektor der Genfer Universität ließ sich für den Einfall gewinnen. Aber die Bedenken derer, die den Plan als zu wenig seriös empfanden, überwogen. Die Zeremonie wurde zwar durchgeführt (und ihr Ergebnis publiziert[73]), aber nicht im offiziellen Rahmen der Universität. Piagets Kommentar:

,,Ich werde also ohne ein wirkliches Diplom sterben und das Geheimnis der Lücken meiner Ausbildung mit mir ins Grab nehmen" (1976a, 43).

In seinen letzten Lebensjahren wurde sich der Entwicklungspsychologe mehr und mehr darüber klar, daß er mit seiner Theorie der Erkenntnisentwicklung ein Programm verfolgte, mit dem sich 150 Jahre früher (allerdings rein spekulativ) schon Hegel befaßt hatte. 1977 ließ er sich von einem seiner Mitarbeiter Teile aus Hegels *Phänomenologie des Geistes* ins Französische übersetzen. Eine Reihe von Begriffen, die für ihn wichtig geworden waren, wie „Reflexion", „Abstraktion", „Negation der Negation", „Widerspruch" und „Dialektik" gehören schon zum Grundwortschatz des Hegelschen Denkens. Obwohl Piaget diese Begriffe nicht immer eindeutig und jedenfalls anders gebrauchte als Hegel, galten dem Thema „Dialektik" die Arbeiten des „Centre" in den Jahren 1977/78. Auch die Titel der letzten Forschungsprojekte am „Centre" verraten eine große Nähe zu fachphilosophischen Fragestellungen. 1978/79 war „Die Logik der Bedeutungen" und 1979/80 „Die Entwicklung rationaler Begründung" auf dem Programm.

Der Sommer 1980

Das Lebenswerk des Genfer Psychologen war dem organischen und geistigen Leben gewidmet; die Reflexion auf den Tod hatte darin keinen Platz. Im Alter gestand er jedoch den vertrautesten Mitarbeitern eine gewisse Unsicherheit und Angst vor dem Sterben ein. Wie früher arbeitete und schrieb er aber gegen diese Angst an...

Das 25. Symposium des „Centre" fand 1980, alter Gewohnheit gemäß, Ende Juni statt. Piagets Gesundheit war angeschlagen. Schon im Jahr zuvor hatte er einen Lungenabszeß erlitten, und seit Mitte Mai traten Zirkulationsstörungen auf. Das Symposium mußte aus diesem Grund abgekürzt werden. Immerhin nahm der „patron" am Festessen teil, mit dem das Ende des Forschungsjahres gefeiert wurde. Bis zum Sommer 1979 war er im Anschluß an das Symposium regelmäßig für einige Wochen in die Berge gefahren. Im Sommer 1980 ließ sein Gesundheitszustand eine solche Reise nicht mehr zu, und Anfang Juli drängte sich sogar ein Klinikaufenthalt auf.

In diese Zeit fiel noch einmal ein für Piagets Lebenswerk bedeutendes Ereignis: In den siebziger Jahren hatte er mit dem argentinischen Physiker und Wissenschaftshistoriker Rolando Garcia ein Gemeinschaftswerk in Angriff genommen: einen Vergleich zwischen der Wissenschaftsgeschichte und der geistigen Entwicklung des Kindes. Piaget war mit seinen Kapiteln über die Intelligenz-Entwicklung beim Kind längst fertig, als er bettlägerig wurde. Garcias Ausarbeitung der wissenschaftsgeschichtlichen Kapitel zog sich dagegen in die Länge. Doch am letzten Tag, den Piaget bei klarem Bewußtsein verbrachte, überreichte ihm Garcia seinen Text ... In dem Gemeinschaftswerk ging es nicht um den Nachweis, daß die Entwicklung des Einzelindividuums die Entwicklung der Menschheits- oder Wissenschaftsgeschichte rekapituliert – eine These, an der Piaget jahrzehntelang festgehalten hatte. Das Ziel war bescheidener und wohl zugleich realistischer: Die Verfasser arbeiteten diejenigen Tendenzen und Mechanismen der kognitiven Entwicklung heraus, von denen sich zeigen läßt, daß sie ebenso in der Entwicklung des Kindes wie in der Geschichte der Naturwissenschaften am Werk sind – beim Kind auf der Ebene der Handlung und in der Wissenschaft auf der Ebene der theoretischen Durchdringung und Verbegrifflichung des Handelns. Auch wenn das Buch erst drei Jahre später erschien (1983), hatte sein Initiator doch die Fertigstellung des Manuskripts noch bei klarem Bewußtsein erlebt.

Am Vormittag des 16. September starb Piaget im Alter von 84 Jahren in einer Genfer Privatklinik.[74]

In den Nachrufen der Tagespresse wurde der Verstorbene mit so unterschiedlichen Denkern wie Comte, Einstein, Freud, Rousseau und Sokrates verglichen. Die Genfer Universität beklagte ihren bedeutendsten Gelehrten seit Calvin.

Am Nachmittag des 18. September fanden sich im Genfer Universitäts-Auditorium, das Piagets Namen trägt, 800 Personen zu einer Trauerfeier zusammen, darunter Repräsentanten der Genfer Regierung und der Universitätsleitung. Auf Wunsch des Verstorbenen wurde auf eine religiöse Zeremonie und sogar auf eine Ansprache verzichtet. Die Trauerfamilie war anwesend, blieb aber im Hintergrund. Unterbrochen von längeren Pausen schweigender Andacht, sang der Universitäts-Chor Händel, Bruckner, Mendelssohn und Mozart.[75]

Die Musik hatte in Piagets Leben, wenn auch in diskreter Weise, eine wichtige Rolle gespielt. Seine Vorliebe hatte Mozart gegolten, von dessen Kompositionen er einmal sagte, sie vereinigten die Annehmlichkeiten der Musik Bachs und Wagners: Bach rege durch den strengen Bau seiner Werke die Denktätigkeit an, Wagner fordere zum Mitgehen auf und stimuliere die

Gefühle – „Bach, c'est pour le cerveau, Wagner pour les tripes" – und für Mozart gelte beides (Bringuier [3], 184)...

Das eigene Werk vereinigte in gewisser Weise dieselben zwei Seiten: eine hochgradig intellektuelle und bis ins feinste durchkonstruierte Theorie auf der einen Seite, das einfühlende und mitgehende Beobachten des geistigen Lebens auf der anderen Seite. Piaget hatte vom Menschen das Bild eines kreativen, erfinderischen Wesens gezeichnet, das sich nicht entwickelt, indem es denkt und reflektiert, sondern indem es handelt und sich engagiert. Es ist sein Ideal gewesen,

„Kind zu bleiben bis zum Ende. Die Kindheit ist das eigentliche Stadium der Kreativität" (Bringuier [3], 170). – „Alles, was man dem Kind beibringt, kann es nicht mehr selber erfinden oder entdecken" (ebd. 96f., 191).

II. Das theoretische Werk

Piaget war ein interdisziplinärer Grenzgänger, sein Werk ist vielschichtig und facettenreich. Wer seine Arbeiten im Zusammenhang studiert, sieht sich einer Vielzahl fächerübergreifender Fragestellungen gegenüber. Die Schwerpunkte bilden biologische, entwicklungspsychologische und philosophische Forschungsperspektiven.

Im biologischen Teil des Werks steht der Zusammenhang zwischen der Erkenntnis und Lebensprozessen allgemein im Zentrum (1967; 1974; 1976). Die entsprechenden Schriften berühren sich mit der Evolutionsbiologie, der Vererbungslehre, der Embryologie und mit der Verhaltensforschung. Im philosophischen Teil stehen Geltungs- und Wahrheitsfragen des menschlichen Wissens im Vordergrund (1950 I; 1961a; 1970). Hier liegen die erkenntnistheoretischen Akzente des Piagetschen Werks, und hier ist der Abstand zur Empirie am größten. Am umfangreichsten ist der entwicklungspsychologische Teil mit den Hunderten von Untersuchungen, die Piaget und seine Mitarbeiter über Verhalten und Denkweise von Kindern und Heranwachsenden in verschiedenen Altersstufen durchgeführt haben.

Die Entwicklung der Gefühle und Emotionen, aber auch des zwischenmenschlichen Verstehens, hat Piaget nur am Rande mitberücksichtigt. Sein Werk ist deswegen oft als einseitig kritisiert worden. Daß er sich vor allem auf die intellektuelle Entwicklung konzentriert hat, versteht sich als Konsequenz aus seiner erkenntnistheoretischen Fragestellung: Sein Ziel war es nicht so sehr, den Menschen, als vor allem die Entwicklung der naturwissenschaftlichen Denkweise selber mit naturwissenschaftlichen Methoden zu erforschen. Seine entwicklungspsychologischen Arbeiten haben somit für die Erkenntnistheorie eine ähnliche Bedeutung wie das Studium der Wissenschaftsgeschichte, als deren Ergänzung er sie denn auch schon früh betrachtet hat.[1]

1. Die Fragestellung

Eine der Kernthesen Piagets lautet: Entwicklung und geistiges Wachstum verdanken sich der aktiven Auseinandersetzung des Subjekts mit seiner Umgebung. – Aber auch sein eigenes Werk ist nicht zuletzt durch aktive Auseinandersetzung gewachsen – Auseinandersetzungen mit verschiedenen psychologischen, erkenntnistheoretischen und biologischen Theorien. Diese bieten einen ersten Leitfaden durch die verschiedenen Dimensionen von Piagets Fragestellung.

Piagets Theorie in Abgrenzung zu den Verhaltenswissenschaften

Bekanntlich lernen Kinder das eine früher, das andere später. Der primäre Spracherwerb setzt im Alter zwischen ein und zwei Jahren ein, zählen lernen Kinder dagegen kaum vor dem fünften oder sechsten Lebensjahr. Die Entwicklungspsychologie erforscht, in welchem Entwicklungsalter der Mensch bestimmte Lernfähigkeiten erwirbt, und die genetische Erkenntnistheorie sucht nach einer Erklärung für die Reihenfolge, in der sich die verschiedenen kognitiven Fähigkeiten aufbauen. Während bei den Tieren die Bindung von Lernprozessen an bestimmte Perioden („sensible Phasen") weitgehend durch Reifung erklärt werden kann, ist beim Menschen die Kopplung bestimmter Lernprozesse an Entwicklungsphasen noch auf andere Faktoren zurückzuführen: teils auf soziale, teils aber auch auf interne kognitive Faktoren, die Piaget unter dem Begriff der „Äquilibration" (Streben nach einem inneren Gleichgewicht) zusammengefaßt hat. Daß sich Fähigkeiten zu unterschiedlichen Zeitpunkten ausbilden, ist im einfachsten Fall die Folge davon, daß später erworbene Kompetenzen die früheren voraussetzen, so wie erst lesen lernt, wer schon sprechen kann.

Mit seinem Ansatz hat sich Piaget einerseits gegen die behavioristische Psychologie und ihre Hoffnung gewandt, man könne einem Kind im Prinzip jederzeit beibringen, was immer man wolle, und andererseits gegen die neodarwinistisch inspirierte Forschungshypothese der Verhaltensbiologie (Ethologie), alles Verhalten und alle Erkenntnis beruhe auf angeborenen Fähigkeiten. Diese Disziplinen sind etwa gleichzeitig mit Piagets genetischer Erkenntnistheorie entstanden. Der Behaviorismus geht auf J. B. Watson (1878–1958) und B. F. Skinner (geb. 1904) zurück, die Verhaltensforschung auf K. Lorenz (geb. 1903), N. Tinbergen (geb. 1907) und K. von Frisch (1886–1982). In ihren Grundannahmen sind sich die beiden Forschungsrichtungen entgegengesetzt.[2] Das Programm des Behaviorismus ist die Erforschung von Lernprozessen unter streng kontrollierten Bedingungen, das Programm der Verhaltensbiologie die Erforschung artspezifischer tierischer Verhaltensweisen. Die Verhaltensbiologen nahmen ursprünglich an, das Verhalten sei weitgehend instinktgesteuert und also angeboren, und schenkten entsprechend den tierischen Lernprozessen lange Zeit kaum Beachtung. Umgekehrt die Behavioristen: Im Glauben, jedes für ein Tier wahrnehmbare Signal könne durch Abrichtung zu einem verhaltensauslösenden Reiz werden, maßen sie der Untersuchung erblicher Verhaltensdispositionen zunächst keine große Bedeutung bei. Zwischen den beiden Programmen hat zwar eine Annäherung stattgefunden – die Behavioristen mußten anerkennen, daß es bei der Lernfähigkeit erbliche Festlegungen gibt, und die Verhaltensforscher untersuchen neben dem angeborenen auch erlerntes Verhalten –, aber in ihrem Credo sind beide Forschungsrichtungen unvereinbar geblieben: Nach der einen ist die Lernkapazität eines Individuums vorwiegend durch die inneren Möglichkeiten der Spezies bestimmt, nach der andern vor allem durch die Einflüsse der äußeren Umgebung.

Anders als die Verhaltensbiologen führte Piaget die Abhängigkeit der Lernbereitschaft von Entwicklungsstadien nicht ausschließlich auf Vererbung und Reifung zurück, und anders als die Behavioristen hielt er nicht viel vom Einfluß konditionierten Lernens auf die geistige Entwicklung des Kindes. Mit seinem Programm gab er den beiden Traditionen die gemeinsame Antwort,

> „daß die Umwelt auf allen (...) Stufen eine grundlegende Rolle spiele, aber als zu erobernder Gegenstand und nicht als formende Kausalität. Die Ursache wäre somit, und wiederum auf allen Stufen, in den endogenen Aktivitäten des Organismus und des Subjekts zu suchen" (1974, 78).

Ein Beispiel, das in der Verhaltensforschung bereits bekannt war, als Piaget seine Kritik formulierte: Lerndispositionen sind erblich, aber der Lernprozeß selbst kann sich an Vorbildern orientieren, die die Umgebung anbietet. Piaget hat sich vor allem gegen die erkenntnistheoretischen Folgerungen gewandt, die die Verhaltensbiologen und Behavioristen aus ihren Forschungsergebnissen über tierisches Verhalten gezogen haben. Seine Kritik an K. Lorenz trifft zum Teil auch die evolutionäre Erkenntnistheorie, einen Ableger der Verhaltensbiologie. Der zentrale Einwand lautet: Die Frage nach der Erkenntnis-Entstehung ist nicht identisch mit der Frage nach der Entstehung erblicher Erkenntnisfähigkeiten, und die Antwort kann sich nicht im Hinweis auf den stammesgeschichtlichen Anpassungsprozeß des Homo sapiens erschöpfen. Wäre das logisch-mathematische Denken bei den Menschen angeboren und erblich[3] – ähnlich wie bei den Tieren die Instinkte –, dann hätte es nur für die menschliche Spezies Geltung – seine Gültigkeit wäre weder universal noch zwingend.

Außerdem ist zum Zeitpunkt der Geburt die logisch-mathematische Denkfähigkeit noch gar nicht vorhanden. Aus dem Spektrum angeborener Verhaltensweisen, das beim Menschen im Unterschied zu den meisten höheren Tierarten erheblich eingeschränkt ist, lassen sich die Gesetze der logisch-mathematischen Operationen nicht entfernt verständlich machen.

Die Frage nach den angeborenen Eigenschaften der menschlichen Intelligenz behandelte Piaget mit großer Vorsicht. Ein Teil dessen, was traditionellerweise der Vererbung zugeschrieben wird, erweist sich bei näherem Hinsehen als Ergebnis der Intelligenzentwicklung im frühesten Kindesalter; und schließlich ist nicht alles, was „angeboren“ ist, auch „vererbt“, denn schon die Embryonalentwicklung kann durch äußere Faktoren beeinflußt werden.

Piagets Standpunkt unterscheidet sich von demjenigen der evolutionären Erkenntnistheorie aber in noch grundlegenderer Weise: Will man den Anpassungsbegriff konkret anwenden, bedarf man handhabbarer Kriterien. Eine richtige Erkenntnis paßt nicht einfach zur Realität wie das Hemd zur Hose oder der Schlüssel zum Schloß. Anpassung ist ein Prozeß, den zu verstehen wir noch weit entfernt sind.[4] Der Begriff der evolutionären Anpassung ist zur Erklärung der menschlichen Erkenntnisfähigkeit viel zu arm, solange man ihn nicht weiter bestimmt: Zeigt sich die Angepaßtheit einer Spezies nur daran, ob und wie zahlreich sie überlebt, so sind offenbar Moskitos an ihre Umwelten von Afrika bis Lappland ausgezeichnet angepaßt. Daraus folgt aber für die menschliche Erkenntnis – nichts. Piaget hat sich nicht damit begnügt, Erkenntnis als eine besondere Form von Anpassung zu betrachten, sondern nach den Steuerungs- und Gleichgewichtsprozessen gefragt, die einerseits der biologischen Anpassung und andrerseits der Intelligenz zugrunde liegen (1974).

Entschiedener als gegen die neodarwinistisch orientierte Verhaltensbiologie hat sich der Genfer Psychologe gegen den Behaviorismus gewandt. Die Vertreter dieser Schule begreifen den Menschen – wie alle lebenden Organismen – als komplizierten mechanischen Apparat, der auf äußere Reize in einer festgelegten Weise reagiert. Piaget kritisierte vor allem zwei Punkte: Organismen sind erstens aktiv, und in dieser Aktivität liegt zweitens nichts Mechanisches, der Reiz (stimulus) ist nicht einfach die Ursache der Reaktion (response). Was für das behavioristische Experiment zutreffen mag, gilt keineswegs für das Leben allgemein: Lebewesen sind nicht lediglich durch ihre Umgebung manipuliert, die Initiative für Lernen und Erkennen liegt durchaus nicht immer in der Außenwelt.

Piagets Einwände reichen an die Grundlagen des Behaviorismus: Zwischen Reiz und Reaktion besteht ein Wechselverhältnis, denn die Reizbeantwortung ist ein organisierter, sich selbst regelnder Prozeß mit Eigendynamik, auch wenn er unbewußt abläuft. Organismen reagieren nie auf alle Reize, sondern treffen eine Selektion zwischen Reizen von unterschiedlicher Wichtigkeit. Außerdem reagiert ein und derselbe Organismus auf ähnliche Reize nicht immer gleich, und schließlich findet bei höheren Organismen eine Entwicklung der Reaktionsweisen selber statt, die nicht durch die Umgebung gesteuert wird. Nicht erst die Instinkte und die erworbenen Verhaltensweisen bei höheren Tieren lassen auf kognitive Prozesse schließen. Schon auf dem Niveau der einzelligen Lebewesen (Protozoen) können erfahrungsbedingte Verhaltensänderungen, also Lernprozesse und ein primitives Gedächtnis, beobachtet werden. Piaget zog daraus den Schluß, daß auf allen Stufen des animalischen Lebens eine kognitive Dimension existiert (1967, 63).[5] Selbst das Bewußtsein ist, wie Piaget annahm, im Tierreich ein „ziemlich verbreitetes Phänomen" (1967, 48). – Diese Thesen belegen nicht zuletzt auch seine Distanz zur Auffassung eines Descartes (1596–1650), der die Tiere als komplizierte Maschinen betrachtete, oder eines Lamettrie (1709–1751), der diese Sichtweise auch auf den Menschen übertrug.

Piaget ging nicht nur aus theoretischen Gründen mit dem Behaviorismus ins Gericht, sondern auch aus Gründen der Forschungspraxis und der Pädagogik: Es ist nicht die Aufgabe des Unterrichts, den Kindern etwas beizubringen, sondern sie zum Mittun und zum Selbermachen anzuregen. Das Kind soll aktiviert, nicht konditioniert oder programmiert werden, und das gelingt nur, wenn man seine natürlichen Neigungen genau kennt, an seine Interessen anknüpft und seine Phantasie mobilisiert. – Es kommt darauf an,

> „daß der Schüler jeden Tatbestand, den er sich aneignen soll, von sich aus neu findet oder doch zumindest nachvollzieht und nicht einfach nur übernimmt" (1971, 78).

Für die psychologische Forschung plädierte Piaget dafür, die Methode reiner Verhaltensbeobachtung mit dem Studium des Bewußtseins und der Bewußtwerdung zu verbinden (1965, 174f.) – einem Verfahren, das für den Behaviorismus tabu geblieben ist. Bewußtsein, Reflexion und Abstraktion sind denn in seinem Werk durchaus zentrale Begriffe.

Piagets Kritik am Empirismus und am Apriorismus

Die Erkenntnistheorie ist traditionellerweise eine philosophische Disziplin. Die erkenntnistheoretische Grundfrage lautet: Wie ist wahre (objektive) Erkenntnis möglich? Sie dürfte so alt sein wie die Erkenntnistheorie selbst. Im Gegensatz zum Mittelalter, wo nach den Bedingungen metaphysischer (religiöser) Erkenntnis gefragt wurde, rückte in der Neuzeit die Frage nach den Bedingungen wissenschaftlichen Erkennens in den Vordergrund. Kant stellte die Frage zwar noch in beiden Richtungen, aber die Tradition, die sich an Kant anschloß, interessierte sich vor allem für seine Analyse der Bedingungen naturwissenschaftlicher Erkenntnis. Auch bei Piaget spielt im erkenntnistheoretischen Teil des Werks die Reflexion auf die Bedingungen wahrer Naturerkenntnis eine wichtige Rolle: Wie läßt sich verstehen, daß Disziplinen wie die Mathematik oder Geometrie, deren Gegenstände (Zahlen, ausdehnungslose Punkte, ideale Kreise usw.) in der Natur nirgends vorkommen, uns dennoch bei der Naturerklärung gute Dienste leisten? Wie ist es zu erklären, daß sich in einigen Fällen eine Theorie geradezu als im vorhinein angepaßt erwiesen hat, wie etwa die nichteuklidische Geometrie Riemanns, die erst mit der allgemeinen Relativitätstheorie eine empirische Anwendung gefunden hat?[6]

Wo sich Piaget mit den Antworten auseinandersetzte, die in der philosophischen Tradition auf die erkenntnistheoretische Grundfrage gegeben worden sind, hat er sich meist auf pointierte Andeutungen beschränkt, in denen er verschiedene Erkenntnistheorien einander antithetisch gegenüberstellte, um den eigenen Standpunkt daraus im Sinne einer „Synthese" zu entwikkeln. Seiner Darstellung zufolge sind beispielsweise die Vertreter der empiristischen und der aprioristischen (oder konventionalistischen) Schulen in zwei entgegengesetzte Einseitigkeiten verfallen: Für die Empiristen (Piaget hatte vor allem J. Locke und D. Hume im Auge) beruht die Erkenntnis teils auf einer Art Abbildung der Realität in Vorstellungen und teils auf der Verknüpfung dieser Vorstellungen durch Assoziationen. Die Intelligenz bleibt in beiden Fällen passiv, die Assoziationen vollziehen sich wie von selbst.[7] – Im Gegensatz zu den Empiristen führten aprioristische und konventionalistische Denker (Piaget hatte hier teilweise Kant und teilweise den französischen Philosophen und Mathematiker H. Poincaré im Auge)[8] die Erkenntnis auf die aktive Tätigkeit des erkennenden Subjekts zurück und schrieben diesem einen kategorialen Apparat zu, der die Erfahrung überhaupt erst ermöglicht, also nicht selbst auf Erfahrung zurückgeht.

Am Empirismus kritisierte Piaget, daß er die Aktivität des Subjekts unterbewerte und die logisch-mathematischen Erkenntnisse mit ihrer Allgemeingültigkeit und Notwendigkeit nicht zu erklären vermöge: Daß 2+2=4, ist nicht eine Erfahrungstatsache, die auch ganz anders ausfallen könnte: Die logisch-mathematischen Wahrheiten sind von der äußeren Wirklichkeit unabhängig. – Piaget stand viel eher auf der Seite Kants, und er ging sogar soweit, ihn als „Vater von uns allen" zu bezeichnen (1965, 271). Er stimmte mit dem deutschen Philosophen darin überein, daß bestimmte grundlegende Begriffe (Piaget sprach von Schemata oder von Strukturen) an der Entstehung der Erkenntnis beteiligt sind, und führte die Allgemeinheit und Notwendigkeit von Logik und Mathematik auf sie zurück. Wie Piaget gegen Kant einwandte, ist dieses kognitive Instrumentarium aber erstens nicht von der Erfahrung unabhängig, sonst bliebe unverständlich, wieso es sich in den Naturwissenschaften erfolgreich anwenden läßt. Zweitens unterliegt es einer Entwicklung, und die reinen Verstandesbegriffe oder Kategorien, die Kant dem Menschen zusprach, markieren nicht den Ausgangs-, sondern den Endpunkt dieser Entwicklung: Zur Beantwortung der Frage, wie Erkenntnis möglich sei, reicht der Hinweis auf ein Arsenal von Verstandesbegriffen nicht aus. Die Frage, warum der Mensch nicht in ganz anderen Kategorien denkt, läßt sich nur im Rückgriff auf die Entwicklung des menschlichen Verstandes adäquat erörtern. Kant hat in seiner Philosophie das kindliche Erkenntnisvermögen aber nicht berücksichtigt.

Die Frage nach den Bedingungen wahrer Erkenntnis scheint sich also nicht beantworten zu lassen, ohne daß man zugleich die Entstehung der Erkenntnis mit ins Auge faßt. Piagets erkenntnistheoretische Grundfrage lautet daher nicht: Wie ist objektive Erkenntnis möglich? Sondern: Wie ist sie faktisch möglich geworden, wie ist sie entstanden und wie entsteht sie immer wieder von neuem? (1970b, 7–15) – Piagets Absicht war es, diese Fragen nicht durch philosophische Reflexion zu beantworten, sondern experimentell, also mit naturwissenschaftlichen Mitteln.

Piagets Auseinandersetzung mit der biologischen Abstammungslehre

Wie zu den verschiedenen Erklärungen des Verhaltens und der Erkenntnis, hat Piaget auch zu den Theorien der biologischen Evolution Stellung genommen. Auch hier grenzte er sich gegen zwei miteinander konkurrierende Erklärungsprogramme ab: die Theorie Lamarcks und die (an Darwin, De Vries und Weismann sich anschließende) Tradition des „Neodarwinismus". Lamarckismus und Neodarwinismus verhalten sich zueinander in ähnlicher Weise antithetisch wie auf der Verhaltensebene Ethologie und Behaviorismus und auf der Erkenntnisebene Empirismus und Apriorismus. Piaget skizzierte auch in diesem Fall eine Möglichkeit, die konträren Auffassungen durch eine „Synthese" zu überwinden.

Nach der Auffassung Lamarcks geht der Artenwandel darauf zurück, daß phänotypisch erworbene Organveränderungen an die Nachkommen vererbt werden, während nach der (heute allgemein anerkannten) neodarwinistischen Erklärung diejenigen Mutationen, die besonders taugliche Individuen hervorbringen, die größten Chancen haben, an die Nachkommenschaft weitervererbt zu werden. Die allmähliche Wandlung der Arten beruht also auf Mutation und Selektion.

Abgesehen davon, daß sich Lamarcks Annahme empirisch nie

hat nachweisen lassen, leidet sie an einer rein theoretischen Schwäche: Der Organismus erscheint ihr zufolge wie ein Stück Wachs, das sich beliebig formen und verformen läßt (1950 III, 94–101). Die relative Stabilität der Arten bleibt unter dieser Voraussetzung unerklärlich – ähnlich wie nach der empiristischen Erklärung der zeitlose Notwendigkeitscharakter von Logik und Mathematik unverständlich bleibt oder nach dem Behaviorismus die Unmöglichkeit, einem Tier durch Konditionierung beliebige Verhaltensweisen beizubringen. – Immerhin ist Piaget als Gymnasiast eine Zeitlang Anhänger der Lamarckschen Theorie gewesen. Noch vor Studienbeginn verwarf er sie zwar, doch bekannte er sich auch nicht voll zum Neodarwinismus, dessen Erklärung ihm zu undifferenziert erschien. Vor allem vermißte er an der Mutationstheorie (die er teils mit dem erkenntnistheoretischen Standpunkt Kants und teils mit dem Konventionalismus H. Poincarés verglich)[9] eine überzeugende Erklärung derjenigen Phänomene, deren Entstehung auf eine Auseinandersetzung zwischen Organismus und Umwelt hindeutet: Wie bilden sich beispielsweise Hornhäute an den Fußballen von Straußenembryos? Und welche Ursache haben konvergierende Entwicklungen in der Evolution – etwa die Bildung des Linsenauges bei mehreren völlig verschiedenen Tierarten?

Seinen eigenen Vorschlag zur Erklärung solcher Phänomene verband Piaget mit dem Stichwort „Phänokopie“: Ziel dieses Vorschlags war es, die Faktoren Zufallsmutation und Selektion durch den Hinweis auf die Aktivität der Organismen zu ergänzen. Eine Selektion der „günstigen“ Mutationen findet diesem Vorschlag zufolge nicht nur durch das äußere Milieu statt, sondern auch durch das „innere Milieu“ des Organismus selbst. Dieses „innere Milieu“ stellte sich Piaget als eine Hierarchie von Regelkreisen vor, die die Auseinandersetzung des Organismus mit der Umwelt steuern.

Mit der neodarwinistischen Lehre stimmte Piaget also in zwei Punkten überein. Erstens, es gibt genotypische und phänotypische Veränderungen: Veränderungen, die auf die Auseinandersetzung des Organismus mit der Umwelt zurückgehen (phänotypische Variationen), sind nur in einem bestimmten Maß möglich, das genetisch festgelegt ist. Diese Veränderungen schlagen sich im genetischen System nicht nieder, sie werden nicht vererbt. Zweitens, die letzte Ursache der Artenvariation (Veränderung des Genotyps) liegt bei den Mutationen. Doch ging Piaget mit einer entscheidenden Zusatzüberlegung über den neodarwinistischen Grundgedanken hinaus: Nimmt man an, daß Gene mit großer Häufigkeit mutieren und die Wirkung der einzelnen Mutationen nur über ein hierarchisch aufgebautes organisches Steuersystem zur Geltung kommen kann – ein System, das zugleich den Lebensprozeß des Organismus in seiner Umwelt regelt – so erscheint die Hypothese nicht unplausibel, daß von dieser Auseinandersetzung abhängt, ob und wie sich die Mutationen im einzelnen auswirken. Werden sie durch das innere Milieu entsprechend „kanalisiert", so entsteht mit einer gewissen Wahrscheinlichkeit früher oder später eine „Kopie" des Phänotyps durch den Genotyp (1974, 11) – die „Phänokopie".

„Wenn der neue Genotyp das letzte Ergebnis von Konflikten und Interaktionen zwischen dem Organismus und der Umwelt darstellt (...), so ist der Faktor, der die Anpassung hervorbringt, nicht die Umwelt als solche, sondern eben und immer die Aktion, die der Organismus auf sie ausübt" (1974, 73).

Dieser Vorschlag ist zweifellos spekulativ.[10] Die Beteiligung des Organismus am Anpassungsprozeß läßt sich empirisch nicht direkt nachweisen, was Piaget darauf zurückführte, daß sie sich nur über lange Zeiträume hinweg bemerkbar macht (1950 III, 99).

Wie diese Überlegungen zeigen, hat sich Piaget für die Frage, wie etwas Neues entsteht, keineswegs nur auf der Erkenntnisebene interessiert. Auch hat er auf keiner Ebene den Zufall oder die Wirkung äußerer Einflüsse allein als Erklärung gelten lassen.[11] Bis in die tiefsten Schichten der biologischen Organisation hinunter insistierte er auf der lebendigen Aktivität, allerdings ohne näher anzugeben, wie sich diese Aktivität positiv bestimmen läßt. – Die Vermutung liegt nahe, daß in Piagets Behandlung dieser Frage seine frühe Lektüre von Bergsons „Schöpferischer Entwicklung" ihren Niederschlag gefunden hat.

Zwischen Piagets Ausführungen zur Phänokopie und seiner Erkenntnistheorie besteht eine Reihe von Analogien: Die Erfahrungswissenschaften entstehen genauso durch Auseinandersetzung intelligenter Subjekte mit der Realität, wie Phänotypen aus dem Zusammenspiel von Erbfaktoren (Genen) und Umwelt entstehen. Und der Genbestand ist gegen Einflüsse der Umwelt genauso abgeschirmt, wie Logik und Mathematik vor einer erfahrungsbedingten Widerlegung sicher sind. Piaget zog die Parallele sogar noch weiter: So wie die Erbfaktoren in letzter Instanz die Auseinandersetzung des Lebewesens mit der Umwelt steuern, so ,,reflektieren" und steuern Logik und Mathematik die Koordinationen des menschlichen Handelns. Der Sinn dieser zentralen These dürfte verständlicher werden, wenn wir uns nun Piagets Erkenntnistheorie im einzelnen zuwenden.

2. *Erkenntnis und Entwicklung*

Entwicklung als Konstruktion

Piaget hat seine Erklärung der Entstehung von Erkenntnis – vielleicht etwas mißverständlich – als ,,Konstruktivismus" bezeichnet. Beruhte der Wissenserwerb ausschließlich auf einer Konstruktion, so gliche er einer Erfindung; beruhte er umgekehrt auf einer bloßen Abbildung oder ,,Widerspiegelung", so hätte er, da das Original (die Wirklichkeit) ja erst durch das Abbild bekannt wird, etwas von einer Entdeckung. Zumindest den logisch-mathematischen Erkenntnissen liegen aber, wie Piaget ausdrücklich betont hat, weder Erfindungen noch Entdeckungen zugrunde: Eine Erfindung setzt eine freie Wahl voraus, sie könnte auch zu anderen Resultaten führen – die mathematischen Gesetze sind jedoch zwingend, also nicht frei wählbar. Und entdecken kann man nur, was schon existiert (1967, § 20 IV).

> ,,Wo aber und wie hat die imaginäre Zahl seit aller Ewigkeit oder auch nur, seit es menschliches Denken gibt, existiert?" (1967, 325)

Zahlen sind Rechenergebnisse, und wer das Resultat von Operationen zu metaphysischen Realitäten aufbauscht, spricht (nach einem von Anatole France stammenden Vergleich), als ob er sagen wollte:

„Ehe es Füße gab und ehe es Hinterteile gab, ruhte der Tritt in den Hintern seit aller Ewigkeit in Gott" (1967, 326 Anm.).

Faßt man die logisch-mathematischen Erkenntnisse aber als Konstruktionen, wodurch unterscheiden sie sich dann von Erfindungen? – Piagets Antwort:

„Die Konstruktion der logisch-mathematischen Strukturen hat man sich nicht als eine Entwicklung vorzustellen, die auf unvorhersehbare Weise äußere Elemente integriert, sondern als etappenweise endogene [= von innen stammende] Entfaltung, bei der die für eine Etappe charakteristischen Kombinationen einerseits als Kombinationen neu sind, andererseits aber doch nur aus schon in der vorangegangenen Etappe vorhandenen Elementen bestehen" (1967, 326).

Statt von Konstruktion hat Piaget denn auch häufig von Rekonstruktion gesprochen – einer Rekonstruktion allerdings, deren Basis selbst das Ergebnis weiter zurückliegender Kombinationen und Rekonstruktionen ist.

Soll diese Rekonstruktion nicht „blind" erfolgen, sondern unter gezieltem Rückgriff auf die vorhandenen Elemente, so muß es eine Art von innerem Sinn geben, der diese Rekonstruktion lenken hilft, so wie Empfindung und Wahrnehmung die Körperbewegung steuern helfen. Piaget nannte diese Steuerungsinstanz „Reflexion". Kognitive Akte haben also einen konstruktiven (operativen) und einen reflexiven (figurativen) Aspekt:[12] Um zählen zu können, müssen wir die gezählten Elemente auseinanderhalten, sei es, indem wir uns eine Reihe wachsender Gegenstandskollektionen, Gegenstände in einer Rangfolge oder Strecken verschiedener Längen vorstellen, oder sei es, indem wir die Zahlen schlicht in Ziffern symbolisieren. Es gibt also keine logisch-mathematischen Operationen ohne Vorstellung – auch wenn die Vorstellung nur im einfachsten Fall bildhaft bleibt.

Piagets Erklärung der Herkunft der logisch-mathematischen Strukturen

Wie läßt sich nun im Kontext eines solchen Konstruktivismus die Übereinstimmung zwischen dem logisch-mathematischen Rahmen der Erkenntnis und ihren empirischen Inhalten erklären? Eine Möglichkeit wäre,

> „daß die Inhalte auf die Rahmen zurückwirken, und daß so die zu erklärende Anpassung durch progressives Ausprobieren zustande kommt" (1967, 350).

Diese Möglichkeit hat Piaget aber zurückgewiesen, da andernfalls der Unterschied zwischen Physik und Mathematik nur graduell wäre, die mathematischen Wahrheiten sich also je nach der physikalischen Theorie ändern könnten. Seine Erklärungen gehen in eine andere Richtung. Die logisch-mathematischen Strukturen stammen nicht aus der Objekterfahrung, sondern

> „aus den allgemeinen Koordinationen des Verhaltens, aus den nervösen Koordinationen und so fort bis hin zu den allgemeinsten organisierenden Funktionsweisen des Lebens" (1967, 350).

Logik und Mathematik sind also deswegen auf die Realität anwendbar, weil sie sich aus jenem Steuerungssystem entwikkelt haben, das die Auseinandersetzung des Organismus mit der Realität regelt:

> „Die lebende Organisation ist (...) die eines Austauschsystems, und der Terminus ‚Organisation' bezeichnet nur den inneren Aspekt eines in kontinuierlicher Anpassung begriffenen Systems. Das bedeutet nicht, daß die Organisation eine Verdoppelung oder ein Abbild der Umwelt ist (...). Es bedeutet aber, daß die Organisation auf allen Stufen nur im Einklang mit der Umwelt funktionieren kann: die Übereinstimmung zwischen Mathematik und Erfahrung ist nur ein – wenn auch besonders interessanter – Sonderfall dieses ständigen Einklangs." (1967, 353)

In diesen Sätzen liegt auch Piagets Antwort auf die Frage, weshalb sich Mathematik und Logik im Unterschied zu den Naturwissenschaften nicht durch Erfahrung widerlegen lassen.

Das Problem von Geltung und Entwicklung

Bei seinen empirischen Untersuchungen über die Entwicklung ließ sich Piaget durch Fragen wie die folgenden leiten:

„Welches sind die Normen der Subjekte? Sind sie konstant, oder entwikkeln sie sich mit dem Alter? Durch welche Prozesse kommt das Subjekt dazu, sich an Normen gebunden zu fühlen? Sind diese Prozesse auf allen Altersstufen dieselben oder verändern sie sich?“ (1965, 242f.)

Gegen dieses Programm wurde der Einwand vorgebracht, es beruhe auf einer Verwechslung von Fragen der Erkenntnis-Genese und Fragen der Geltung. Die Aufgabe der Erkenntnistheorie sei es, die Bedingungen wahrer Erkenntnis zu ermitteln, Piaget habe aber keine Kriterien dafür angegeben, wann eine Erkenntnis den Charakter wahren Wissens trage, sondern lediglich untersucht, in welchem Alter Menschen welche Annahmen für wahr halten. Außerdem seien Entwicklungsfragen für das Wahrheitsproblem nicht direkt von Bedeutung. Die Stärke dieses Einwands geht aus der Tatsache hervor, daß logische und mathematische Erkenntnisse, auch wenn sie sich entwickeln, nicht heute wahr und morgen falsch sind.

Auf diese Einwände läßt sich jedoch zweierlei erwidern: Erstens ist sich Piaget des Problems durchaus bewußt gewesen, das sich mit der gegenseitigen Annäherung von Fragen der faktischen Genese und Geltungsfragen stellt, und er hat daher gefordert, daß die Untersuchung der Entstehung und Entwicklung des Denkens durch eine logische Analyse ergänzt werden müsse.[13] Die logische Methode läßt sich auf die historisch-genetische ebensowenig reduzieren wie umgekehrt diese auf jene. Diese Methoden sind parallel nebeneinander zu verfolgen, denn es gilt beides: „Jede Entstehung geht von einer Struktur aus und mündet in eine Struktur“. „Doch umgekehrt hat jede Struktur eine Genese“ (1964, 268, 270). Das Studium von Entwicklungsprozessen kann schon deswegen nicht zu ausreichenden Antworten auf Geltungsfragen führen, weil Entwicklungen niemals bei nichts beginnen:

„Wir kennen in der Psychologie keinen absoluten Anfang, und die Entstehung von Strukturen erfolgt stets von einem Ursprungszustand her, der unter Umständen selbst eine Struktur enthält“ (1964, 266).

Zweitens will die genetische Erkenntnistheorie nicht herausfinden, wie bestimmte Personen auf bestimmte Ideen gekommen sind, sondern wie sich die menschliche Erkenntnis im Laufe ihrer Entwicklung organisiert. Und dieser Frage brauchte man nur dann keine Beachtung zu schenken, wenn die Entwicklung der Erkenntnis nichts weiter wäre als eine Anhäufung von Faktenwissen, wenn also Kinder lediglich weniger wüßten als Erwachsene, ihre Denk- und Erkenntnisprozesse aber von gleicher Natur wären wie die der Erwachsenen. Diese Annahme trifft jedoch, wie Piaget gezeigt hat, keineswegs zu: Für die intellektuelle Entwicklung ist es charakteristisch, daß ein Mensch die Dinge immer wieder anders sieht als zuvor. Selbst die Strategien der Begründung und die Kriterien der Wahrheit bleiben nicht immer dieselben. Mehr noch: Ganz kleine Kinder unterscheiden überhaupt noch nicht zwischen wahr und falsch.

Das kindliche Vorstellungs- und Denkvermögen verändert sich also von Stufe zu Stufe in grundlegender Weise, wobei ein Bewußtsein von der früheren Art zu denken normalerweise nur in Bruchstücken, wenn überhaupt, vorhanden ist. Die Erkenntnis macht gleichsam Mutationen durch – ähnlich wie sich Tier und Pflanzenarten durch Mutationen grundlegend verändern können. Th. Kuhn hat an ähnliche Vorgänge in der Wissenschaftsgeschichte erinnert und sie als ,,Paradigmenwechsel" und ,,wissenschaftliche Revolutionen" bezeichnet.[14] Will man die Gültigkeit, die für einen Menschen seine Erkenntnisse haben, beurteilen, so kann man also von seinem Entwicklungsniveau gerade nicht absehen. Ähnliches gilt für die philosophische Erkenntnis- oder Wahrheitstheorie: Sie muß bestimmte Annahmen darüber machen, wie sich Erkenntnisse bilden, und setzt insofern eine genetische Erkenntnistheorie voraus. – Aus philosophischer Sicht mag man zwar bedauern, daß Piaget keine hinreichenden Kriterien dafür angegeben hat, wann man sinnvollerweise sagen kann, ein Lebensprozeß oder eine Verhaltensweise schließe eine Erkenntnis in sich, und wann eine Erkenntnis als wahr zu betrachten ist. Aber auch von der philosophischen Erkenntnistheorie sind diese Fragen bisher keineswegs befriedigend beantwortet worden.

Aus dem Blickwinkel einer Theorie der Erkenntnisentwicklung stellt sich in diesem Zusammenhang allerdings ein zusätzliches Problem: Piaget hat nicht nur die Annahme einer über allen Wissenschaften schwebenden Erkenntnis abgelehnt, sondern auch die Auffassung einer unabhängig vom Entwicklungsstand der Erkenntnis vorgegebenen absoluten Wirklichkeit zurückgewiesen.[15]

„Keine der Wirklichkeiten, die der [menschliche] Geist im Laufe der intellektuellen Entwicklung aufgebaut hat, ist absolut und entspricht endgültig der Wirklichkeit. Aus dieser Sicht ist die von der heutigen Wissenschaft aufgebaute Realität genauso eine Etappe wie die von der griechischen Wissenschaft oder vom primitiven Denken oder vom Kind aufgebaute Realität usw." (1924a, 601f.).

Piagets genetischer Relativismus[16]

Wie Piaget erinnerte, hat jede wissenschaftliche Theorie, von der Antike bis zur Gegenwart, versucht, ein Absolutes zu finden. Doch habe sich dieses Absolute von einer Theorie zur nächsten immer wieder verändert – eine von allen Bezugssystemen unabhängige absolute Wahrheit sei nicht gefunden worden (1950 I, 95f.). Auch bei den Prinzipien der Erkenntnisse liege die Vermutung nahe, daß sie nicht „absolut absolut" („absolument absolus") seien:

„Sie sind absolut bezüglich einer gegebenen Gesamtstruktur, geben aber bei deren Integration in neue Strukturen ihrerseits zu neuen Überschreitungen Anlaß" (1967a, 1269f.).

Der „relativ absolute" Charakter der formalen Prinzipien genüge aber den Erfordernissen der Wissenschaft und biete zudem den Vorteil, für weitere Entwicklungen offen zu sein.

Piaget war jedoch kein „Relativist" in dem Sinn, daß er die verschiedenen stufenspezifischen Weltbilder gleichberechtigt nebeneinander hätte stehen lassen. Vielmehr nahm er an, daß ihre Abfolge durch „Entwicklungsgesetze" regiert werde, von denen er hoffte, daß sie sich in Zukunft immer besser bestimmen lassen würden.[17]

Eine ganz andere Frage ist es, ob die kognitive Entwicklung in allen Kulturen parallel verläuft oder ob die Entwicklungsrichtung in verschiedenen Kulturen differiert. Piaget verhielt sich dieser Frage gegenüber abwartend. Er war offen für die Möglichkeit, daß sich in China zur Zeit, als die altchinesische Wissenschaft ihren Höhepunkt erreicht hatte, das kindliche Denken anders entwickelt haben könnte (Bringuier [3], 150). Sollte sich eine Annahme dieser Art bestätigen, dann hieße das, daß die bei europäischen Kindern ermittelte Stadienfolge nicht allgemeingültig ist. Damit wäre der Gedanke unabweisbar, daß alle Wahrheiten nicht nur historisch, sondern auch kulturell relativ sind. – Für die Gegenwart jedenfalls konnte Piaget darauf hinweisen, daß das kindliche Denken auch in anderen Kulturbereichen dieselbe Stufenfolge durchläuft. Abweichungen gibt es nur in der Entwicklungsgeschwindigkeit, nicht aber in der Entwicklungsrichtung.[18]

Die Zirkelstruktur der Erkenntnis

Da die Entwicklung der Wissenschaften gleichsam in der Verlängerung der Kindheitsentwicklung liegt (Bringuier [3], 140), macht die genetische Erkenntnistheorie nicht nur Aussagen über das kindliche Denken, sondern auch über das Denken der Erwachsenen. Für die genetische Erkenntnistheorie, die mit zu den Wissenschaften gehört, ergibt sich daraus ein Dilemma:

> „Entweder kann sich die genetische Analyse über ihr Referenzsystem nicht Rechenschaft geben, was die Schaffung einer allgemeinen Erkenntnistheorie ausschließt, oder sie kann es nur mittels eines Zirkelschlusses, da in diesem Fall die genetische Analyse auf einem Bezugssystem beruht, das von ihr abhängt" (1950 I, 45).

Piaget hielt die zweite Lösung für richtig: Die genetische Erkenntnistheorie befindet sich in einer Art hermeneutischem Zirkel, der sich weder vermeiden noch aufbrechen läßt. Dieser Zirkel ist ein „Spezialfall des Zirkels von Subjekt und Objekt" (ebd.). Wir können – das ist die eine Seite des „Subjekt-Objekt-Zirkels" – nichts über die Realität aussagen, ohne dabei auf früher gebildete Erkenntnisse zurückzugreifen. Der anderen

Seite des Zirkels zufolge haben wir aber unsere Erkenntnisse in der Auseinandersetzung mit eben der Realität gewonnen, die wir erkennen wollen (1950 III, 263).

Ein ähnlicher Zirkel liegt schließlich schon im Aufbau der Erkenntnis-Strukturen: Die Vorstellung entsteht mit der Handlungsregulierung, das operative Denken dient der Verarbeitung unserer Vorstellungen usf. Piaget sah hier einen „scheinbar paradoxen Prozeß" am Werk, denn jedes kognitive System wird von Regulierungen gesteuert, deren Aufbau sich erst durch diese Regulationstätigkeit vollendet (1975, 43 und 177).

3. Zur Psychologie der Erkenntnisfunktionen

Die Begriffe „Struktur", „Gleichgewicht", „Selbstregulierung"

Diese drei Begriffe bilden die wichtigsten Knotenpunkte in dem Band, das die biologische, die entwicklungspsychologische und die philosophische Dimension in Piagets Werk miteinander verknüpft.

> „[Eine Struktur ist] ein System mit Ganzheitsgesetzen oder -Eigenschaften" (1964, 265), „ein System von Transformationen, das als System (im Gegensatz zu den Eigenschaften der Elemente) eigene Gesetze hat und das eben durch seine Transformationen erhalten bleibt oder reicher wird (...). Eine Struktur umfaßt die drei Eigenschaften Ganzheit, Transformationen und Selbstregelung" (1968, 8).

Strukturen in diesem Sinn sind gegliederte Teile eines Organismus oder seines Verhaltensrepertoires oder auch des menschlichen Erkenntnisvermögens.

Mit dem Strukturbegriff hängt der des Gleichgewichts eng zusammen. Obwohl dieser Begriff Assoziationen an Mechanik und Chemie wachrufen mag, unterscheidet sich das kognitive Gleichgewicht, dessen Erhaltung die Aufgabe der Intelligenz ist, ebenso vom mechanischen wie vom chemischen und biologischen Gleichgewicht (1954, 44f.): Beim mechanischen sind die Gleichgewichtsbedingungen konstant, beim chemischen können sie sich ändern, doch lassen sich diese Änderungen durch ausgleichende Variationen im nachhinein wieder rückgängig machen. Bei den biologisch-physiologischen Gleichgewichtsformen (oder „Homöostasen" in der Terminologie des Physiologen W. B. Cannon) sind Steuerungsprozesse im Spiel, die es dem Organismus erlauben, auf Veränderungen der Gleichgewichtsbedingungen und auf Störungen, die die Konstanz des inneren Milieus gefährden (wie Hunger, Durst, Kälte usw.), nicht erst im nachhinein zu reagieren, sondern sich schon vorher auf sie vorzubereiten. Viele Lebewesen treffen Vorsorge, um Bedürfnisse, die in der Zukunft auftreten, befriedigen zu können. Das kognitive Gleichgewicht zeichnet sich vor dem biologischen durch die Fähigkeit aus, mögliche Störungen im voraus zu erkennen und ihr Eintreten durch entsprechende Maßnahmen zu verhindern: Der Mensch baut Dämme, damit die Flüsse nicht über die Ufer treten.

Auf der Ebene von Intelligenz und Erkennen hat das Gleichgewichtsmotiv aber noch eine andere Bedeutung. Nach Piagets Darstellung ist die Intelligenz ein System zusammenwirkender Tätigkeiten, die ständig miteinander abgestimmt, ins Gleichgewicht gebracht werden müssen. Von diesem Gleichgewicht hängt ab, daß der Mensch kohärent handelt und daß seine Erkenntnisse ein stimmiges Ganzes ergeben. Die Intelligenz entwickelt sich aufgrund einer inneren Tendenz, die Gleichgewichtsbedingungen laufend zu verbessern: Die kognitive Entwicklung ist ein Äquilibrationsprozeß (von „équilibre" = Gleichgewicht).

Mit dem Gleichgewichtskonzept hat Piaget schon vor 1920 gearbeitet, und in den dreißiger Jahren ergänzte er es durch den Begriff „Organisation", zu dem später das Stichwort „Selbstregulierung" hinzukam – beides Begriffe, die auch in Informatik und Kybernetik eine wichtige Rolle spielen. Nicht zufällig haben sich mehrere Fachleute der „Computer Science" eng mit dem Genfer „Zentrum für genetische Erkenntnistheorie" verbunden.

Organismus und Intelligenz sind selbstregulative Systeme – worauf schon die Annahme organischer und kognitiver Gleichgewichtsprozesse hindeutet. Die Steuerung dient dazu, das Systemgleichgewicht zu bewahren oder bei einer Gleichgewichtsstörung wiederherzustellen und womöglich zu verbessern. Organismus und Intelligenz sind zur Umgebung hin offene Systeme, sie stehen mit ihr in ständigem Austausch. Dieser Austausch ist im Kern asymmetrisch, denn die physikalische Umwelt nimmt nicht ebenso aktiv daran teil wie das Lebewesen. Der Organismus paßt sich an die Umwelt an, nicht umgekehrt.

„Leben ist im wesentlichen Selbstregelung" (1967, 27) – und zwar auf allen Stufen: Die Pflanze bildet ein physiologisches System, das sich durch Aufnahme und chemische Umwandlung von Mineralstoffen am Leben erhält. Beim Tier wird das organische System durch ein System von Verhaltensweisen mit angeborenen Regulationen ergänzt und überlagert. Beim Menschen sind die Instinkte bis auf Residuen verschwunden bzw. (in Piagets Sprache) „zerbrochen", die Intelligenz hat sie beerbt. Die Verhaltensregulierung ist flexibler geworden und hat kognitive Entwicklungs- und Lernprozesse in großem Stil ermöglicht, die in zwei Richtungen weisen: Einerseits erschließt sich das Bewußtsein wesentliche Aspekte der Umwelt, mit der sich der Mensch auseinandersetzt. Die Erfahrung im Umfang mit der Natur bildet das Fundament der Naturwissenschaften. Andererseits werden wesentliche Aspekte der Verhaltensregulation selber bewußt und einer begrifflichen Rekonstruktion durch das Denken zugänglich. Auf dieser Rekonstruktion beruht in letzter Instanz das logisch-mathematische Denken (1967, § 23, III, IV).

Grundsätzlich hat Piaget in der Äquilibration den Vorgang gesehen, durch den sich die Erkenntnisstrukturen aufbauen. Wo er sich in seinem Werk diesem Prozeß in den Einzelheiten zuwandte, und insbesondere in weiten Teilen seines empirischen Werks, ließ er jedoch keinen Zweifel daran, daß die Äquilibration aus einer Vielfalt zusammenwirkender Prozesse besteht. Zu den wichtigsten gehören Assimilation und Akkommodation, die reflektierende Abstraktion (abstraction réfléchissante), die Bewußtwerdung (prise de conscience) und die Dezentrierung (décentration). Diesen Prozessen wenden wir uns im folgenden zu.

Assimilation, Akkommodation, Schema

Piaget ist davon ausgegangen, daß es eine Art „Grundfunktion" des Lebens gebe, die der ganzen Vielfalt von Erscheinungen, die das Leben hervorgebracht hat, zugrunde liege und auch den Schlüssel zum Verständnis des Zusammenhangs zwischen geistigen und physiologischen Lebensprozessen liefere. Diese elementare Funktion sah er in der Assimilation im Zusammenspiel mit der Akkommodation.[19]

Ursprünglich meint assimilieren soviel wie körperfremde Stoffe chemisch in körpereigene umwandeln: Pflanzen assimilieren das Kohlendioxid der Luft sowie Wasser und bilden daraus Zucker oder Stärke, wobei sie zugleich durch Photosynthese Sauerstoff ausscheiden. Die physiologische Assimilation dient also unmittelbar der Selbsterhaltung des Organismus – wo Leben ist, da ist Assimilation. Zur Aufrechterhaltung dieser Funktion ist eine gewisse Anpassungsfähigkeit – Akkommodation – Voraussetzung, denn die äußeren Lebensbedingungen sind nie ganz konstant.

Indem Piaget den biologischen Assimilations-Begriff auf das Verhalten und das Erkennen übertrug, gab er ihm eine neue Bedeutung: Auf der Ebene der Physiologie ist die Assimilation eine Funktion von Organen, auf der Verhaltensebene die Funktion eines Schemas (bzw. eines Systems von Schemata). Ein Schema ist das Muster, nach dem sich ein Reflex oder eine Verhaltensweise (beim Baby etwa die Saugtätigkeit, beim Erwachsenen die Begrüßung durch Händedruck) vollzieht. Die aktuelle Tätigkeit läuft zu einer bestimmten Zeit an einem bestimmten Ort ab, sie kann wiederholt und auf neue Situationen übertragen werden. Das Schema ist dagegen nicht von raumzeitlicher und materieller Natur. Es zeigt sich an der Art und Weise, wie sich die Tätigkeit abspielt, oder – weniger direkt – an ihrer Funktion oder Aufgabe.

Im Gegensatz zu Freud, aber auch zu vielen Behavioristen, die das Ziel einer Tätigkeit in der Spannungsabfuhr und im Erreichen eines Ruhezustandes vermuteten, sah Piaget in ihr einen Selbstzweck: Jedes Schema trägt in sich das Bedürfnis, aktiviert und geübt zu werden. Dadurch verändert es sich allmählich und entwickelt sich weiter. Nach ein, zwei Monaten saugt ein Kind nicht mehr gleich wie unmittelbar nach der Geburt...

Anders als bei der physiologischen Assimilation, wird ein Gegenstand durch Assimilation an ein Verhaltensschema nicht chemisch umgewandelt und zu einem körpereigenen Stoff verarbeitet, sondern in den Anwendungsbereich des Schemas integriert. Daß wir einen Gegenstand an ein Handlungsschema assimilieren, heißt also nichts anderes, als daß wir die betreffende Handlung erfolgreich an diesem Gegenstand ausführen. Es gibt Schemata, deren Anwendung den Gegenstand unverändert läßt – ein Objekt ergreifen oder verschieben –, und solche, bei denen er in bestimmter Weise transformiert wird – Brot schneiden, Holz hacken.

Mit zunehmender Übung passen sich die Schemata den wechselnden Situationen an, was Piaget als Akkommodation bezeichnet hat. Schon der angeborene Saug-Reflex muß sich an die mütterliche Brust akkommodieren. Die Akkommodation ist nicht eine einfache Reaktion auf gewisse Reize, sondern eine Variation des Verhaltens. Die Variationsfähigkeit der Schemata ist ein deutlicher Hinweis darauf, daß selbst einfachste Reaktionen keine rein mechanischen Prozesse sind – die Biologie sich also nicht auf Physik reduzieren läßt. Auf der physiologischen Ebene liegt die Akkommodation der Organ-Differenzierung zugrunde, und auf der Verhaltens-Ebene ist sie der Ursprung von Lernprozessen.

> „Man kann in Assimilation und Akkommodation ohne weiteres die praktische Entsprechung dessen sehen, was später Deduktion und Erfahrung sein werden: die Tätigkeit des Geistes und der Druck der Wirklichkeit" (1941 b, 42).

Schemata sind also flexibel und wandlungsfähig, ein und dasselbe Schema kann in verschiedenen Situationen auf unterschiedliche Weise angewendet werden: Wenn wir eine Stecknadel aufheben, vollziehen wir andere Bewegungen und aktivieren andere Muskeln, als wenn wir eine Bleikugel aufheben. Jedes

Schema hat einerseits gleichsam seine Geschichte (Genese), und diese Geschichte kann von Mensch zu Mensch verschieden sein. Piaget hat bei einem seiner Kinder beobachtet, wie sich im Laufe einiger Tage aus dem Schema des Schlagens das Schema des Heranholens von Gegenständen herausgebildet hat (1936, Bb 157, 158). Bei manchen Kindern ist die Bewegung des Schlagens umgekehrt der Vorläufer von Schiebemanövern. Zum Schema gehört andererseits eine innere Organisation, die ihm eine relative Stabilität verleiht und verhindert, daß es sich bei jeder Gelegenheit beliebig verwandelt (1967, § 12 II). Der Anwendung der Schemata sind aber auch prinzipielle Grenzen gesetzt: Der Mensch wird sich nie wie ein Eichhörnchen im Baum oder wie eine Gemse im Fels bewegen.

Intelligenz als Gleichgewicht zwischen Assimilation und Akkommodation

Piaget stellte Assimilation und Akkommodation manchmal als zwei einander entgegenwirkende Funktionen dar: Die Assimilation wird durch den Organismus oder das erkennende Subjekt gesteuert, wogegen sich die Akkommodation nach den Erfordernissen der Umwelt richtet. Nach dieser Vorstellung können Assimilation und Akkommodation zueinander in ein Gleichgewichtsverhältnis treten. Bevor dies der Fall ist, entbehrt das Denken einer inneren Konsequenz und Logik, es ist – in Freuds Terminologie – vom Lustprinzip beherrscht. Sobald Assimilation und Akkommodation sich aber die Waage halten (nach Piaget geschieht dies im Alter zwischen 6 und 8 Jahren), tritt an seine Stelle das Realitätsprinzip – das Kind paßt sich an die Gegebenheiten der Umwelt an.

Die Frage, woran man erkennen kann, daß sich Assimilation und Akkommodation im Gleichgewicht befinden, bleibt bei Piaget letztlich unbeantwortet. Bald brachte er die Umkehrbarkeit des operativen Denkens (1924, 174–184), bald das Symbolspiel (1945, 352) und bald die angepaßte Intelligenz (1936, 14–17; 1947, 14) mit diesem Gleichgewicht in Verbindung.[20] Wenn er die Intelligenz manchmal geradezu als Anpassung definierte, darf man dies nicht so verstehen, als ob jemand um so intelligenter wäre, je besser er sich den Zwängen oder Imperativen seiner Umwelt akkommodiere. Diese Interpretation widerspricht nicht nur Piagets pädagogischem Credo, daß das Kind am besten lernt, wenn es selber seine Erfahrungen macht und sich äußeren Zwängen gerade nicht unterwirft, sie läuft auch einer zentralen These seines theoretischen Werks zuwider: Die primäre Aufgabe der Schemata ist die Assimilation, die Akkommodation übt dabei nur eine Hilfsfunktion aus.

Sensorische, affektive und operative Schemata

Motorische Schemata haben eine sensorische Komponente, die mit der Beschaffenheit der Gegenstände wechselt (die Türklinke fühlt sich anders an als der Schlüsselbund). Bei der Empfindung sind wir scheinbar relativ passiv, und wir nehmen nur einen Bruchteil aller auf uns einströmenden Reize bewußt auf. Differenziertes Hören und Sehen setzt jedoch eine Aktivität voraus, die von der unbewußten Reizverarbeitung über die Steuerung der Aufmerksamkeit bis hin zur bewußten Interpretation reichen kann.

Piaget hat den Schema-Begriff auch auf die Wahrnehmungs-Tätigkeit übertragen (1966a, 479). Beispielsweise hängt es von den Wahrnehmungsschemata ab, ob wir einen entfernten Gegenstand hinsichtlich seiner Größe richtig einschätzen und ob wir ihn aus unterschiedlichen Perspektiven wiedererkennen. Die Wahrnehmungs-Aktivität unterliegt altersbedingten Veränderungen, die mit der Intelligenz-Entwicklung allerdings nur locker zusammenhängen (1961). Ähnliches gilt von den übrigen Sinnen: Auch sie entwickeln und differenzieren sich mit der Erfahrung: Ein musikalisch gebildeter Hörer wird ein Konzert höher schätzen als ein ungebildeter, ein Feinschmecker ein raffiniertes Gericht mehr genießen als ein kulinarischer Banause. Aber niemand wird mit einem perfekt ausgebildeten Musikgehör geboren, ebensowenig wie als Feinschmecker oder als Weinkenner.

Selbst von affektiven Schemata hat Piaget gesprochen (1945,

263–270). Damit meinte er weniger eine spezielle Art von Schemata als einen besonderen Aspekt am Verhalten. Die Aktivierung eines Schemas ist von einem Gefühl der Lust oder Unlust, der Freude, der Anstrengung, der Befriedigung oder Frustration usw. begleitet. Wiederholte Aktualisierungen desselben Schemas können jedoch, je nach Situation, von unterschiedlichen Gefühlen begleitet sein, affektive und motorische Schemata sind also nicht streng miteinander gekoppelt.

Auch Tätigkeiten höherer Entwicklungsstufen werden durch Schemata gesteuert. So kann man auch hinter einem Begriff oder einer Operation ein kognitives Schema sehen: Wenn wir einen Vogel als Ente erkennen, assimilieren wir ihn an den entsprechenden Begriff, und wenn wir die Gegenstände einer Kollektion zählen, wenden wir ein elementares mathematisches Schema an. Bezeichnenderweise hat Piaget den Assimilations-Begriff in solchen Zusammenhängen aber kaum jemals verwendet. Operationsschemata (einen Kreis zeichnen, eine Gleichung ausrechnen) folgen bestimmten Regeln, und Regeln wendet man an, man assimiliert nichts an sie. Auch der Akkommodationsbegriff ergibt bei Regeln keinen rechten Sinn, denn eine veränderte Regel ist nicht eine besser angepaßte, sondern eine neue Regel.

Auf Theorien sind die Begriffe Assimilation und Akkommodation besser anwendbar als auf Operationen. Nichts hindert zu sagen, eine Tatsache werde von einer Theorie assimiliert, wenn sie sich im Rahmen dieser Theorie erklären läßt. Zum Beispiel ist die Oxidationstheorie der Phlogistontheorie überlegen, weil sie den Vorgang der Verbrennung besser erklärt (1967, § 12 V). Modifiziert oder erweitert man eine Theorie in solcher Weise, daß sie neue Fakten erklärt, dann akkommodiert man sie an diese Fakten.

Operative Schemata bei Piaget und die Kategorien bei Kant

Zwischen Piagets Begriff der operativen Schemata und dem Kantischen Begriff der Kategorien besteht eine gewisse Verwandtschaft. Die Kategorien sind „reine Verstandesbegriffe“, die in die Vielfalt der Sinneseindrücke Ordnung bringen und sie zu einer einheitlichen Erfahrung verbinden. Nach Kant haben wir die Kategorien nicht durch Erfahrung erworben, da sie diese umgekehrt erst möglich machen. In Kants Sprache: sie sind a priori und gehen aller äußeren Erfahrung voraus. Von den Kategorien unterscheiden sich die Schemata bei Piaget aber in einer wesentlichen Hinsicht: Sie bilden sich erst durch Übung und durch Erfahrung aus und sind entwicklungsfähig.

Doch haben auch nach Piaget zumindest einige Schemata trotz ihrer Entwicklungsfähigkeit einen apriorischen Charakter. Oder anders formuliert: Bestimmte Schemata, die unsere Erfahrungen steuern und strukturieren, also ähnlich wie die Kantischen Kategorien einen apriorischen Charakter haben, bauen sich erst im Lauf der Entwicklung auf.[21] Piaget dachte dabei vor allem an das Schema der Gegenstandspermanenz, dem bei Kant die Kategorie der Substanz (als Träger wechselnder Zustände) entspricht, und an das Schema der Mengenerhaltung (vgl. S. 123 und S. 145ff.). Das ein- bis zweijährige Kind weiß im Unterschied zum Säugling im Alter von vier Monaten, daß ein Gegenstand, der aus dem Gesichtsfeld verschwunden ist, irgendwo weiterexistiert, und das 7jährige Kind weiß im Unterschied zum 5jährigen, daß es von dem Saft, den man aus einem Gefäß in ein anderes umgießt, am Ende gleichviel gibt wie am Anfang. Ähnlich den Kantischen Kategorien garantieren die Schemata der Beharrlichkeit in der Zeit und der quantitativen Erhaltung, sobald sie fertig ausgebildet sind, die Objektivität und Einheitlichkeit der Erfahrung.

Kant selbst hat in seinem Frühwerk betont, das Apriori dürfe nicht mit dem Angeborenen verwechselt werden. Er sagte sogar ausdrücklich, die Kategorien sowie unsere räumlich-zeitliche Anschauung der Dinge seien „unzweifelhaft erworben, freilich nicht von der Empfindung der Gegenstände (...) abstrahiert (...), sondern von der Tätigkeit der Seele selbst, welche nach ewigen Gesetzen ihre Empfindungen ordnet".[22] Während die Vertreter der evolutionären Erkenntnistheorie die Begriffe „a priori" und „angeboren" einander gleichsetzen, stellte sich Piaget direkt in die Nachfolge des frühen Kant, wenn er erklärte, die logisch-mathematischen Begriffe, die die Organisation unserer Erfahrung ermöglichen, würden durch eine Abstraktion besonderer Art – die reflektierende Abstraktion – aus den Koordinationen unseres Tuns aufgebaut und seien also in einem Prozeß innerer Erfahrung erworben.

Das Zusammenspiel von Reflexion und Abstraktion

Wie schon J. Locke (1632–1704) betont hat, unterscheidet sich der Mensch vom Tier durch die Fähigkeit zur Abstraktion.[23] Dasselbe gilt erst recht für die Fähigkeit zur Reflexion des eigenen Tuns – einer Tätigkeit, in der Locke neben der Sinneswahrnehmung (sensation) die zweite Quelle unserer Erfahrungen gesehen hat.[24]

Die Bedeutung von Reflexion und Abstraktion für die Entstehung der Erkenntnis ist schon in der Antike gesehen worden.[25] Die Begriffe selbst stammen aus dem Mittelalter. Auf die Reflexion wurde die Selbsterkenntnis und auf die Abstraktion die empirische Begriffsbildung zurückgeführt. Mit seiner Erklärung, die apriorischen Begriffe seien durch Abstraktion aus der Tätigkeit der Seele gewonnen (Anm. 22), hat Kant den Abstraktions-Begriff in wesentlicher Hinsicht erweitert. Aber erst Fichte und Hegel haben Abstraktion und Reflexion miteinander in Verbindung gebracht.[26] Zwischen Piagets Konzeption einer reflektierenden Abstraktion und den idealistischen Erkenntnistheorien besteht insofern eine enge geistige Verwandtschaft.[27]

Wörtlich heißt „Reflexion“ Rückwendung. In der Alltagssprache sagen wir oft, wir reflektieren über etwas, wenn wir uns etwas überlegen. Betrifft uns das Thema der Überlegung selber und vergegenwärtigen wir uns unsere Beziehung oder Einstellung dazu, so vollziehen wir eine Rückwendung auf uns selbst, eine „Reflexion“ im philosophischen Sinn des Wortes: Wir achten auf unser eigenes Tun, unsere Gedanken, Vorstellungen und Gefühle. – Piagets Untersuchungen machen deutlich, daß Menschen (Erwachsene wie Kinder) viel häufiger „reflektieren“, als man gemeinhin vermuten könnte: In vielen Fällen „reflektieren“ wir, ohne uns darüber Rechenschaft zu geben.

,,Abstrahieren" bedeutet zunächst soviel wie eine sinnlich wahrnehmbare Eigenschaft oder einen Aspekt aus einem Gesamtzusammenhang isolieren. Abstrahieren wir den Farbton eines Blattes, so behalten wir sein individuelles Grün zurück. Um zum Begriff ,grün' zu gelangen, bedarf es eines zweiten Schrittes: der Verallgemeinerung – der Begriff ,grün' steht für eine ganze Klasse von Farbtönen, die an den verschiedensten Gegenständen auftreten. Isolierung und Verallgemeinerung sind also die beiden Schritte derjenigen Abstraktion, die zur Bildung empirischer Begriffe führt. Piaget unterschied von dieser gewöhnlichen oder (wie er sie auch nannte) empirischen Abstraktion die sogenannte reflektierende Abstraktion. Auch sie führt zu Begriffen, setzt aber bei Aspekten oder Eigenschaften von Handlungen oder Operationen an – etwa bei Handlungs- und Operationsregeln oder – Vorschriften, Verfahrensweisen, Gesichtspunkten der Beziehungsbildung usw. Die meisten logischen und mathematischen Begriffe verdanken sich solchen reflektierenden Abstraktionen.[28] Eine empirische Abstraktion führt zu einer Feststellung, die reflektierende Abstraktion geht tiefer und führt zum Verstehen (1977, Kap. XVI).

Die reflektierende Abstraktion hat aber noch eine ganz andere Wirkung: Ihr verdankt sich im wesentlichen der Aufbau der kognitiven Strukturen. Konstruktion und Reflexion wirken in ihr zusammen: Durch reflektierende Abstraktion werden bestimmte Verhaltens- oder Erkenntnisstrukturen auf eine höhere Stufe gehoben (,,projiziert").[29] Die entsprechenden Komponenten werden in einer Abstraktion festgehalten (1974, 88) und ,,einer geistigen Reorganisation" unterzogen (1974, 88). Diese ,,Reflexion" und ,,Rekonstruktion" schreitet im allgemeinen nur langsam voran. Wer weiß, wie man etwas tut, merkt im allgemeinen auch, wann ihm ein Fehler unterläuft. Diesem ,,enaktiven " Wissen[30] oder ,,know how" folgt die Fähigkeit, die angewandten Regeln oder Schemata anzugeben, oft erst viele Jahre später – sie setzt eine reflektierende Abstraktion voraus: Lange bevor sich Kinder mit der Grammatik ihrer Muttersprache auseinandersetzen, entwickeln sie einen Sinn für richtiges und falsches Sprechen (,,Sprachgefühl"); das Studium der

Grammatik hat die Bewußtwerdung der in Wort- und Satzbildung intuitiv angewandten Regeln zum Ziel. Ebenso brauchen Kinder, um zählen zu können, kein Bewußtsein der Operationen zu haben, die den Umgang mit Zahlen regeln. Wer aber Zahlentheorie treiben will, muß in der Lage sein, sich diese Operationen zum Zweck einer Analyse bewußt zu machen. Dasselbe läßt sich auch von der Logik sagen: Die Verbindungswörter ,,und", ,,oder", ,,wenn-so", ,,weder-noch" usw. können für logische Verknüpfungen von Sätzen, also für bestimmte Operations-Regeln oder -Schemata stehen. Wer einen wenn-so-Satz bildet, braucht sich die logischen Regeln, denen die Satzverknüpfung gehorcht, nicht ausdrücklich vor Augen zu führen. Um aber gültige Schlußfolgerungen von ungültigen sicher zu unterscheiden, muß man sich über die aussagenlogischen Verknüpfungsregeln Rechenschaft ablegen.

Piagets Ausführungen zur reflektierenden Abstraktion bieten wohl den besten Leitfaden durch die psychische Entstehungsgeschichte der menschlichen Denk- und Erkenntnisfunktionen. Von einer ,,reflektierenden Abstraktion" sprach er erstmals um die Mitte seiner Schaffenszeit, als er sich dem Vergleich zwischen der individuellen Intelligenzentwicklung oder Psychogenese und der Geschichte des abendländischen Denkens, speziell des mathematischen und naturwissenschaftlichen Denkens, zuwandte (1950 I–III). In seinen späteren erkenntnistheoretischen Werken (vor allem 1961 a, 1967, 1968, 1974 und 1975) räumte er ihr neben der Äquilibration eine immer wichtigere Stellung ein. Empirisch untersuchte er sie allerdings erst in den siebziger Jahren (1977).

Die reflektierende Abstraktion als eine Verhaltensregulierung, die zur Bewußtwerdung führt

Wie ordnet sich die reflektierende Abstraktion in die Stufenleiter zwischen organischer Regulation und bewußtem logisch-mathematischem Denken ein? Piaget hat vermutet (1967, 341, 350), daß auf allen Stufen der geistigen Entwicklung reflektierende Abstraktionen vorkommen: Selbst auf der Ebene der organischen Regulierungen sah er analoge Prozesse am Werk.[31] Von diesen unterschied er die reflektierende Abstraktion als eine Regulierung höherer Ordnung, eine „Regulierung von Regulierungen" (1975, 43), von der er annahm, daß sie die Regulierungen erster Ordnung zu Bewußtsein bringt. Diese Auffassung wird zwar auf der biologischen und der Verhaltensebene vielleicht nicht allgemein überzeugen, doch im kognitiven Bereich läßt sie sich weitgehend bestätigen: Auf jeder Entwicklungsstufe werden die Regulierungen der vorhergehenden Stufe durch reflektierende Abstraktion bewußt. Mit einer Ausnahme: Piaget hat offen gelassen, ob und wieweit dieser Reflexionsprozeß schon auf der Säuglingsstufe von einer Bewußtwerdung begleitet wird (1977, 6).

Die reflektierende Abstraktion ist also nach der einen Seite mit den organischen Regulationen und nach der anderen mit den Prozessen der Bewußtwerdung verwandt. Genauso wie bei der reflektierenden Abstraktion, wird auch bei der Bewußtwerdung „auf höherer Ebene das rekonstruiert, was in anderer Gestalt auf der unteren Ebene bereits vorhanden ist" (1971 a, 38 f.).

Soweit die reflektierten Aspekte der eigenen Tätigkeit überhaupt zu Bewußtsein kommen, bleibt zu fragen, als was sie bewußt werden. Es ist leichter, auf die Eigenschaften der materiellen Wirklichkeit aufmerksam zu werden als auf Aspekte der eigenen Geistestätigkeit. Diese sind uns oft nur unzureichend bewußt, und so kann der Fall eintreten, daß wir sie gleichsam in die Außenwelt „projizieren". Bei Kindern im Vorschulalter geschieht dies sogar recht häufig: Sie halten Träume für reale Ereignisse, die im Schlafzimmer stattfinden, oder denken, man sehe es einem Gegenstand an, wie er heiße. Angesichts eines geneigten Glases behaupten sie, der Wasserspiegel stehe im rechten Winkel zur Gefäßwand, obwohl er in Wirklichkeit horizontal steht.[32] Selbst bei Schulkindern hat Piaget immer wieder festgestellt, daß sie zu beobachten glaubten, was sie verstanden: Sie meinten beispielsweise, wahrnehmen zu können, daß eine Kugel, die auf eine Reihe von anderen Kugeln aufprallt und deren letzte in Bewegung versetzt, ihren Impuls übertrage, indem sie die mittleren Kugeln bewege, was in Wirklichkeit nicht der Fall ist.[33] – Solange die Kinder nicht begreifen, was sie wahrnehmen, glauben sie, sie nehmen wahr, was sie begreifen.

Und der Erwachsene? Selbst für den Wissenschaftler ist es nicht immer leicht, sich über die Natur von Dingen Rechenschaft zu geben, die er nicht wahrnehmen kann, aber dennoch für wirklich hält. Wer ausdehnungslosen Punkten, Fernwirkungen oder Wahrscheinlichkeiten Realität zuschreibt, bevölkert das Universum mit Gegenständen, deren wirkliche Heimat eine Theorie ist.

Piaget hat nicht vor der Behauptung zurückgeschreckt, die empirische Abstraktion setze durchwegs eine reflektierende Abstraktion voraus: Es gibt keine reinen Tatsachen, denn alle Beobachtung ist von theoretischen Prämissen durchsetzt, wie beispielsweise an unserem Umgang mit Meßgeräten und an der Auswertung von Experimenten deutlich wird (1970, 125; 1974, 88). – Für Piagets Behauptung spricht aber auch ein noch elementares Beispiel:

„Noch niemand hat einen Berg oder auch nur ein Tintenfaß von allen Seiten zugleich ‚gesehen' oder in einer gleichzeitigen Gesamtansicht ihre verschiedenen Ansichten (von oben, von unten, von Ost und von West, von innen und von außen usw.) verglichen. Um diese individuellen Realitäten als wirkliche Objekte wahrnehmen zu können, muß man das, was man sieht, notwendigerweise durch das, was man weiß, ergänzen" (1936, 196).

Der „naive" Realismus, mit dem wir leben, erklärt sich daraus, daß wir auf das Ergebnis unserer sinnlichen und geistigen Tätigkeiten früher aufmerksam werden als auf diese Tätigkeiten selbst.

„Wenn man (...) einmal begriffen hat, in welchem Maße jeder konkrete Gegenstand eine unabsehbare Reihe von geometrischen, kinematischen, kausalen usw. Erarbeitungen voraussetzt und folglich das Produkt einer ganzen Reihe von Intelligenzakten darstellt, kann man nicht mehr bezweifeln, daß das eigentlich ‚Bezeichnete' der Wahrnehmung oder ihr Objekt eine *intellektuelle Realität* ist" (1936, 196).

Wo bleibt dann aber die materielle Realität? – Ist Piagets Standpunkt am Ende „idealistisch"? Wie schwierig diese Frage zu beantworten ist, zeigt folgende Anekdote: Als Piaget bei einem Besuch der Moskauer Akademie der Wissenschaften

(April 1955) von sowjetischen Psychologen gefragt wurde, ob er glaube, daß ein Gegenstand existiere, bevor er erkannt werde, antwortete er:

„Als Psychologe denke ich, daß das Subjekt einen Gegenstand nur erkennt, indem es auf ihn einwirkt und ihn partiell umwandelt. So weiß ich nicht, was der Gegenstand ist, bevor ich ihn erkenne."

Darauf wollte einer der Anwesenden wissen, ob Piaget der Behauptung zustimme, daß die Welt existiere, bevor sie erkannt werde. – Seine Antwort:

„Die Erkenntnis setzt eine Tätigkeit des Gehirns voraus; nun ist das Gehirn ein Teil des Organismus, der selbst ein Teil der Welt ist ... Also kann ich Ihnen zustimmen."

Die sowjetischen Psychologen berieten sich eine Weile und teilten dann ihre Ansicht mit: „Piaget ist kein Idealist".[34]

Ein „Materialist" (als Gegenstück zum Idealisten) ist Piaget allerdings noch weniger gewesen: Dem Marxschen Satz, das Sein bestimme das Bewußtsein, widerspricht seine Überzeugung, daß jede Erkenntnis von Seiendem eine Bewußtseinsleistung voraussetzt. – Idealismus und Realismus (oder Materialismus) sind gleichsam zwei Sprachen, die gleichzeitig gesprochen werden müssen, wenn es um die Klärung des Problems der Beziehungen zwischen Geist und Wirklichkeit geht: Der Realismus ist zuständig, wenn die Entstehung der Operationen aus der physiologischen und psychologischen Organisation nachgezeichnet werden sollen, und der Idealismus, wenn es zu erforschen gilt, wie das logisch-mathematische Denken die Wirklichkeit erarbeitet (1941 b, 46 f.).

Denken und Bewußtsein

Piaget und seine Mitarbeiter haben eine größere Reihe von empirischen Untersuchungen darüber angestellt, wie wir uns in Handlungs- und Problemlösungssituationen der äußeren Umstände und des eigenen Handlungsverlaufs bewußt werden. Sie hielten beispielsweise Kinder dazu an, eine kurze Strecke auf allen Vieren krabbelnd zurückzulegen, und befragten sie anschließend über die Reihenfolge, in der sie die Arme und die Beine bewegten. Es zeigte sich, daß selbst Erwachsene sich bei dieser Aufgabe schwer taten. Oder sie forderten ihre Probanden dazu auf, eine Kartonschachtel mit einer Kugel zu treffen, die sie zuvor an einem Faden im Kreis schwingen sollten, und befragten sie anschließend darüber, in welcher Stellung sich Kugel und Faden befanden, als sie diesen losließen, um die Kugel ins Ziel zu lenken. Kinder unter 6 Jahren begriffen noch nicht, daß die Kugel tangential wegfliegt. Auch wenn sie die Handlung völlig korrekt durchführten, die Schachtel also erfolgreich trafen, stellten sie sich vor, sie hätten den Faden losgelassen, als er auf die Schachtel wies, und nicht eine Viertelsumdrehung vorher. Zur Beschreibung ihrer Handlungsweise benützten die Kinder stets das begriffliche Instrumentarium, das ihnen zur Verfügung stand, und paßten ihre Vorstellungen daran an. Das begriffliche Wissen hinkte ihrem „Handlungswissen" deutlich hinterher.

Experimente dieser Art regen zu einer Reihe von Fragen an: Worauf richtet sich beim Handeln die Aufmerksamkeit? Wieweit richtet sie sich auf den Gegenstand der Handlung und wieweit auf das eigene Tun? Welches sind die Umstände, die zur Bewußtwerdung führen? Welchen Beitrag leistet die Bewußtwerdung zum Gelingen einer Handlung? Wann liefert das bewußte Tun bessere Resultate und wann das spontane oder routinemäßige Handeln?

Mehrere Bücher sind im Zusammenhang mit diesen Fragestellungen entstanden (1974 a–c). In einem dieser Werke (1974 a) untersuchte Piaget die Bedeutung von Widersprüchen und Unstimmigkeiten bei der Bewußtwerdung – eine Untersuchung, mit der er sich in die Nähe zu Problemstellungen der dialektischen Philosophie von Hegel über Marx bis zu Mao tse Tung begab. Diese Nähe beruht allerdings auf Zufall, denn Piaget war weder durch Hegel noch durch den dialektischen Materialismus beeinflußt und behielt zu ihnen trotz aller Anerkennung in prinzipiellen Fragen[35] zeitlebens ein distanziertes Verhältnis (1980, 223 ff.).[36]

Bruchstückhaft in seinem Werk verstreut findet man aber auch Ausführungen von theoretischer Natur über das Bewußtsein – oder besser: Ausführungen darüber, was das Bewußtsein nicht ist. Einerseits bildet es keine vom Verhalten abgelöste Sphäre, sondern stellt einen Aspekt des Verhaltens dar (1965, 171, 198). Die mit einem Verhaltensablauf verbundenen Empfindungen und Wahrnehmungen sind zweifellos bereits rudimentäre Formen von Bewußtsein. Das Bewußtsein ist aber andererseits „kein Nebenprodukt physiologischer Vorgänge" (1965, 195) und läßt sich also nicht auf biologische Prozesse reduzieren: Denn im Unterschied zu den physiologischen Prozessen, die dem Gesetz der Kausalität unterliegen (ein Vorgang A verursacht einen anderen B), ist das Bewußtsein die „Fähigkeit, Intentionen zu erzeugen und Bedeutungen zu verleihen" (1965, 201). Bedeutungen sind untereinander nicht durch eine physikalische Beziehung, sondern durch das logische Verhältnis der Implikation verknüpft: Die Bedeutung des Wortes „rot" schließt die des Wortes „Farbe" in sich. Aus diesen Gründen hielt Piaget die Ansicht, jedem Element des Denkens entspreche ein physikalisches Element in unserem Gehirn (die Lehre vom „psychophysischen Parallelismus"), für inadäquat (1967, 50).

Das menschliche Bewußtsein übersteigt auch die Möglichkeiten jedes technischen Apparats: Maschinen und Computer funktionieren mechanisch und elektromagnetisch, also nach dem Prinzip von Ursache und Wirkung. Sie können weder Absichten (Intentionen) hervorbringen noch Bedeutungen verstehen. Maschinen reagieren zwar auf Kontraste – der Thermostat beispielsweise ist auf bestimmte Temperaturkontraste geeicht –, doch die Fähigkeit, aus Kontrasten zusammengesetzte Muster mit Bedeutung auszustatten und sie zu interpretieren, bleibt dem menschlichen Bewußtsein vorbehalten.

Und das Denken? – So gründlich er die Wirkungen der Denktätigkeit untersucht hat, über ihre Natur äußerte sich Piaget nur aphoristisch. Mit Vorliebe zitierte er den Psychologen A. Binet: „Das Denken ist eine unbewußte Tätigkeit des Geistes".[37] Es liegt nahe, diese „Tätigkeit" mit der Steuerung des Tuns und der Aufmerksamkeit gleichzusetzen. Ihre Unbewußtheit läßt darauf schließen, daß das Bewußtsein keine ursprüngliche Gegebenheit ist. Piaget nahm den Begriff des Denkens also in einer sehr weiten Bedeutung, die alle kognitiven Prozesse – bewußte wie unbewußte – mit umfaßt. Willentlich gesteuertes Überlegen stellt dabei nur einen ausgezeichneten Sonderfall dar.

Bewußtwerdung

Nicht jedes Verhalten ist von gleich hoher Aufmerksamkeit begleitet, und wenn wir handeln, sind wir uns niemals aller Einzelheiten unseres Tuns bewußt. Infolgedessen schlug Piaget vor,

> „der Begriff eines als eine erste Tatsache aufgefaßten Bewußtseins [sollte] durch die Dynamik der ‚Bewußtwerdungen' ersetzt werden" (1965, 202).

Seine Ausführungen über diese Dynamik lassen sich in vier Thesen zusammenfassen:

Erstens: Nur handelnd machen wir Erfahrungen, nur über unser Tun gelangen wir zum Bewußtsein der äußeren Gegenstände und der eigenen Person: „Im Anfang war die Tat" (1960a, 79). Einen Sachverhalt machen wir uns bewußt, indem wir uns mit ihm auseinandersetzen, also die entsprechenden sensorischen, motorischen und operativen Schemata aktivieren.

Zweitens: Bewußtwerdungs-Prozesse folgen einem Gesetz („Gesetz der Bewußtwerdung"):[38] Solange wir auf keinen Widerstand stoßen, vollziehen wir Routine-Handlungen, ohne daß wir uns Einzelheiten unseres Tuns bewußt machen. Erst wenn sich Schwierigkeiten einstellen, erwacht das Bewußtsein. Die Aufmerksamkeit gilt dann zunächst „den einer Aktivität hinderlichen Umständen" (1965, 171), die gleichsam an der Handlungs-„Peripherie" auftreten. Die Bewußtwerdung richtet sich einerseits nach außen und erschließt die Eigenschaften der Dinge, andererseits erfaßt eine gleichsam nach innen gerichtete Bewußtwerdung die „immer intimeren Operationen der eigenen Aktivität" (1937, 341) und die Mechanismen der Handlungskoordination. Bis zum Zentrum der Regulationen, gleichsam dem „Ich"-Kern, stößt die Bewußtwerdung allerdings niemals vor.

Drittens: Bewußtwerdung hat nichts mit einer Illumination bereits vorhandener, aber bloß im Dunkeln liegender Inhalte zu tun: Wenn wir uns einer Handlungsfolge bewußt werden, rekonstruieren wir sie auf einer höheren Abstraktionsebene, sei es in der Vorstellung oder sei es sprachlich oder begrifflich. Dabei verändern wir die ursprüngliche Anordnung der Handlungselemente. In der Vorstellung wird das handlungsmäßige Nacheinander zu einem gleichzeitigen Nebeneinander. Im begrifflichen Denken werden ursprünglich bloß assoziativ verbundene Vorstellungselemente unter einem bestimmten Aspekt miteinander in Beziehung gebracht, also operativ (etwa nach Ursache und Wirkung, Mittel und Ziel, Mehr und Weniger) verknüpft. Diese Operationen machen wir uns wiederum bewußt, indem wir sie durch Operationen höherer Ordnung miteinander verbinden.

Viertens: Mit den Bewußtseinsprozessen steht die kognitive Verdrängung in engem Zusammenhang: Wir verdrängen diejenigen Bewußtseinsinhalte, die zu Vorstellungen, Begriffen oder Operationen von höherem Rang im Widerspruch stehen (1971a, 37). Anders als Freud bestand Piaget darauf, daß „die von der Zensur bewirkte Verdrängung niemals ohne Mitwirkung des Subjekts unbewußt" wird (1965, 172).

Mit den Prozessen der Bewußtwerdung verwandt sind die Erinnerungsbildung und die von Piaget als „Zentrieren" und „Dezentrieren" bezeichneten Prozesse.

Erinnerung

Das Gedächtnis ist nicht ein Datenspeicher und die Erinnerung nicht ein gezielter Griff ins gespeicherte Material. Die elementarsten Gedächtnisformen sind bewußtlos. Das Gedächtnis einer Tätigkeit ist das betreffende Schema selbst. Die Reaktivierung eines Schemas verbindet sich schon bei Babys von drei, vier Monaten mit einem Wiedererkennen, und das Wiedererkennen kann eine auf das betreffende Objekt bezogene Tätigkeit auslösen (1936, Bb 107b).

Anders als das Wiedererkennen, ist die Erinnerung von sensorischen und motorischen Akten unabhängig: Man erinnert sich an Vergangenes und Abwesendes. Die Erinnerung beruht (wie die Bewußtwerdung) auf einer Reproduktion wahrgenommener oder erlebter Qualitäten. Piaget führte die bildhafte Erinnerung auf eine zeitlich verschobene und verinnerlichte Nachahmung zurück.[39] Kleinere Kinder können in der Erinnerung allerdings nur Zustände bildhaft festhalten. Die Fähigkeit, Prozesse und Veränderungen im Gedächtnis zu rekonstruieren, setzt das begriffliche Denken voraus, und dazu sind Kinder erst ab dem Alter von sechs oder sieben Jahren in der Lage.

Dasselbe gilt von der Erinnerung an einfache Komplexe von Beziehungen: Auf die Aufforderung hin, zehn nach ihrer Länge geordnete Stäbchen, die ihnen eine Woche zuvor gezeigt worden waren, nach dem Gedächtnis zeichnerisch festzuhalten, fertigten die Versuchspersonen von Piaget und Inhelder Zeichnungen an, die ihrem je nach Alter unterschiedlichen begrifflichen Verständnis entsprachen. Die Jüngeren zeichneten die Stäbchen in Zweier- und Dreiergruppen, obwohl sie ihnen als fortlaufende Treppe gezeigt worden waren. – Das Kind behält also in Erinnerung, „was es begriffen hat, und nicht das, was es gesehen hat".[40] Bei den meisten Kindern war ein halbes Jahr später die Zeichnung der Stäbchen-Treppe (die ihnen in der Zwischenzeit nicht wieder gezeigt worden war) besser als das erste Mal: „Die intellektuellen Fortschritte des Schemas haben die Erinnerung mitgezogen".[41]

Zentrierung und Dezentrierung

Allgemein gesprochen, vollziehen wir eine Zentrierung, wenn wir die Aufmerksamkeit auf einen Punkt oder Aspekt konzentrieren. Zentrierungen finden ebenso im Denken wie in der Wahrnehmung statt. In der Wahrnehmung lassen sich beispielsweise die Feldeffekte auf Zentrierungen zurückführen.[42] Bei Rechtecken neigen wir leicht dazu, die langen Seiten zu überschätzen und die kurzen zu unterschätzen. Je länger die langen Seiten im Verhältnis zu den kurzen sind, desto mehr wächst die Täuschung (1966, 2. Kap. II).

Wenn wir im Denken etwas zentrieren, tendieren wir dazu, es

zu verabsolutieren. Indem wir unsere Aufmerksamkeit darauf richten, blenden wir zwangsläufig andere Daten aus. Wie die Zentrierung in der Wahrnehmung, führt auch die Verabsolutierung im Denken zu einer Verzerrung. Die Dezentrierung oder Relativierung ist gegenüber der Zentrierung oder Verabsolutierung das genetisch Spätere.

Wir dezentrieren, indem wir eine Zentrierung lockern. Diese Lockerung tritt dadurch ein, daß wir die Anzahl der Zentrierungen vervielfachen und Beziehungen zwischen ihnen herstellen: Das Gesichtsfeld oder der Bewußtseins-Horizont weitet sich. Wenn wir unsere Wahrnehmungen dezentrieren, geschieht es leicht, daß wir durch Überkompensation das Wahrnehmungsfeld erneut verzerren. Diese sekundären Täuschungen weisen auf eine Intelligenz-Tätigkeit hin, mit der wir den ursprünglichen Zentrierungen gegensteuern. Sie können (im Gegensatz zu den primären Täuschungen) mit dem Alter sogar zunehmen. Ein plastisches Beispiel dafür ist die Gewichtstäuschung:

„Vergleicht man zwei Schachteln von gleichem Gewicht, aber verschiedener Größe miteinander, so scheint die größere leichter zu sein, weil man eigentlich erwartete, daß sie schwerer sei. Dieser Irrtum ist mit 10 bis 12 Jahren größer als mit 5 bis 6 Jahren, weil die Antizipation [= Vorweganpassung an den erwarteten Sachverhalt] aktiver ist, und stark Debile, die überhaupt nicht antizipieren, zeigen keine solche Täuschung“ (1966, 2. Kap. II, Anmerkung).

Im kognitiven Bereich bedeutet dezentrieren soviel wie relativieren. Solange wir keine Alternativen kennen, verabsolutieren wir unsere eigenen Beurteilungsmaßstäbe. Mit der Berücksichtigung von Alternativen werden wir umgekehrt auf den eigenen Standpunkt, die eigenen Maßstäbe, die eigenen Denkgewohnheiten aufmerksam. Das schon einmal erwähnte „Gesetz der Bewußtwerdung“ (S. 101) hängt insofern mit einem „Gesetz der Dezentrierung“ eng zusammen (1962b, 13, 22).

Auch in der Geistesgeschichte spielen Dezentrierungen eine wesentliche Rolle:

„Jede Geschichte der Wissenschaften zeugt von Dezentrierungen: von den sogenannten primitiven Völkerstämmen, die durch ihre jahreszeitlichen

Feste den Lauf der Sterne zu regeln glaubten, oder vom Geozentrismus Aristoteles' bis Newton, der seine Raum- und Zeitmessungen noch für absolute Werte hielt, und bis Einstein, der uns von diesen letzten Zentrierungen befreit hat (den letzten bis zu den nächsten Dezentrierungen)" (1965, 181).

Der Egozentrismus

Häufiger als von Zentrierungsakten hat Piaget von einer geistigen Verfassung gesprochen, die er als „Egozentrismus" bezeichnete. In seiner allgemeinsten Bedeutung meint Egozentrismus soviel wie Befangenheit im eigenen Standpunkt. Diese Befangenheit hat zwei Seiten: Sie bringt eine „Deformation der Wirklichkeit in Funktion der [eigenen] Handlung und des eigenen Gesichtspunkts" mit sich (1945, 358), und sie gleicht dem Zustand der Selbstvergessenheit. In Piagets Worten:

„Aufgrund eines scheinbar paradoxen Mechanismus (...) kennt sich das Subjekt (...) in dem Moment am wenigsten, wenn es am meisten auf sich selbst zentriert ist" (1937, 12).

Diese zweite Seite ist oft mißverstanden worden. Einem häufigen Einwand zufolge ist es ungereimt, einen Zustand mangelnden Selbstbewußtseins Egozentrismus zu nennen.[43] Tatsächlich ist das Kind nicht mit der Tendenz eines erwachsenen „Egozentrikers" zu vergleichen, sich überall ins Zentrum zu stellen. Die Egozentrik des Kindes ist im Gegenteil Ausdruck einer mangelnden Reflexion. Dieser Reflexionsmangel manifestiert sich in einer unsicheren Grenzziehung zwischen subjektiv und objektiv.

Der kindliche Egozentrismus ist das wichtigste Leitmotiv in Piagets frühesten Büchern gewesen. Bis ins Jahr 1924 stellte er ihn vorwiegend am kindlichen Sozial- und Sprachverhalten dar. Ein Beispiel aus Piagets Beobachtungen mit Sechsjährigen:

„Manchmal kann man beobachten, wie ein Dutzend Kinder, jedes an einem Tisch oder in Gruppen zu zweit oder zu dritt, einfach vor sich hinredet, ohne sich um den Nachbarn zu kümmern" (1923, 26).

Dieses Verhalten ist in Wirklichkeit seltener, als Piaget die Leser seines Buches über Sprechen und Denken beim Kind

(1923) glauben machte. Doch sind seine ersten Ausführungen über den kindlichen Egozentrismus oft auch inhaltlich falsch verstanden worden.[44] Die Quintessenz seiner Thesen war jedoch nicht, daß egozentrische Kinder besonders selten mit anderen Menschen sprechen oder daß sie vorwiegend über sich selbst reden. Kleine Kinder sprechen durchaus mit anderen und über andere. Nur sind sie (trotz einem zuweilen erstaunlich hohen Einfühlungsvermögen in emotionaler Hinsicht) nicht in der Lage, sich verstandesmäßig in eine andere Person hineinzuversetzen. Wo es zu einem sprachlichem Austausch kommt, überwiegen Anweisungen, Mitteilungen, Zustandsbeschreibungen, während Erklärungen und Begründungen so gut wie fehlen (1923, 32f.).

In einer seiner bekanntesten Untersuchungen zum Egozentrismus legte Piaget den Kindern ein Pappmachée-Modell mit drei Bergen vor und setzte eine Puppe nacheinander an verschiedene Positionen rund um das Gebirgsrelief. Die Kinder wurden gebeten, aus einer Gruppe von Kärtchen mit den verschiedenen Ansichten der drei Berge dasjenige auszusuchen, das der Perspektive der Puppe entsprach. Bis zum 9. Lebensjahr ordneten die Kinder der Perspektive der Puppe mit Vorliebe das Bild zu, das zur eigenen Ansicht paßte. Dieses Verhalten ist für den Egozentrismus beispielhaft. Dagegen „dezentrierten" ältere Kinder ihre Vorstellung von den drei Bergen und ermittelten mit zunehmendem Erfolg zu jeder Position die entsprechende Perspektive.[45]

Piaget hat den Egozentrismus jedoch als ein umfassendes Phänomen beschrieben.[46] Beispielsweise manifestiert er sich in einer mangelhaften Unterscheidung zwischen Realität und Phantasie: Bald bewegt sich das Kind mehr in der Welt der eigenen Wunschvorstellungen und biegt die Wirklichkeit darauf zurecht (diese Haltung ist für das kindliche Symbolspiel charakteristisch), bald neigt es umgekehrt dazu, die Illusionen der eigenen Perspektive mit der Wirklichkeit zu verwechseln und die sozialen Regeln, die es kennt, der natürlichen Weltordnung zuzuschreiben – eine Neigung, die Piaget als Realismus bezeichnete (1924, 244; vgl. S. 130f.).

„Das Kind sieht oft nur, was es weiß. Es projiziert sein ganzes sprachliches Denken in die Dinge" (1924, 244).

Im Symbolspiel zentriert es sich selbst, im Realismus dagegen die äußere Wirklichkeit. In beiden Fällen besitzt es keine klare Vorstellung von der Beziehung, in der es zur äußeren Realität steht.

Aber nicht nur die Vorstellung der Beziehung zwischen sich und der Umwelt, sondern allgemein die Vorstellung von Beziehungen bereitet kleinen Kindern Schwierigkeiten. Besonders fasziniert war Piaget von ihrer Unfähigkeit, Beziehungen umzukehren:

„Ein Beziehungsurteil wie ‚Paul ist mein Bruder' setzt (...) mindestens zwei Gesichtspunkte voraus, den meinen (...) und den seinen, denn wenn das Urteil in den Mund von Paul gelegt wird, dann ändert es sich formal und wird ‚ich bin der Bruder von ...' usw. So ist es mit allen Beziehungsurteilen, die mindestens zwei Individuen miteinander verbinden" (1924, 215).

„Ein Objekt A, das links von B liegt, kann [für ein kleines Kind] unmöglich rechts von einem anderen Ding sein, da es, wenn es links liegt, diese Eigenschaft absolut hat, was jede Relation ‚rechts von' ausschließt" (1970, 48).

Mit fortschreitender Dezentrierung schwächt sich der Egozentrismus ab, und zwar sowohl im sozialen Verhalten wie in der räumlichen Vorstellung und im logischen Denken: Das Kind lernt, sich auf die Standpunkte anderer zu stellen, verschiedene Punkte im Raum aufeinander zu beziehen und die Schemata seines Tuns in einem Gesamtsystem zu koordinieren.

In seinem Frühwerk charakterisierte Piaget die Kooperation als den Gegenpol zum Egozentrismus. Wie er später präzisiert hat, bedeutet das nicht, daß der zum sozialen Austausch fähige Erwachsene gegen Rückfälle in eine egozentrische Haltung jederzeit gefeit wäre:

„Wenn ein Individuum A aus Versehen glaubt, daß ein Individuum B in derselben Art und Weise denkt wie A, und wenn es nicht fertigbringt, den Unterschied zwischen beiden Sichtweisen zu verstehen, dann ist das ganz sicher soziales Verhalten in dem Sinn, daß es einen Kontakt zwischen den beiden gibt, aber ich nenne ein solches Verhalten unangepaßt vom Standpunkt der Kooperation" (1962, 18).

Auf emotionalem Gebiet verraten sich egozentrische Tendenzen in ,,Reaktionen wie Eifersucht, Neid, Eitelkeit, die zweifellos universell sind" (ebd. 13).

Die Wiederholung des Egozentrismus auf jeder Stufe

Bis um die Mitte der dreißiger Jahre faßte Piaget den Egozentrismus als eine allgemeine Charakteristik des kindlichen Denkens auf, die er der mittleren von drei großen Entwicklungsperioden zuordnete (1924, 206; 1932, 32). Die erste Periode bezeichnete er etwas mißverständlich als ,,autistisch", während er die letzte nach dem ,,sozialisierten" oder ,,logischen" Denken benannte. Als er ein deutlicheres Bild von der Entwicklung des kindlichen Denkens gewonnen hatte, gelangte er zu einer veränderten Konzeption: Er interpretierte die Entwicklung zyklisch und unterschied dabei vier Stufen. Nach dieser neuen Konzeption erscheint die intellektuelle Entwicklung nicht mehr als fortgesetzte Dezentrierung, sondern als eine Folge von intellektuellen Neuorientierungen mit spezifischen anfänglichen Zentrierungen auf jeder Stufe, die später durch Dezentrierungen gelockert werden.[47]

Mit dieser Neukonzeption konnte Piaget eine Tatsache verständlich machen, die er als ,,vertikale Verschiebung" bezeichnete: Bestimmte Charakterzüge des kindlichen Denkens kehren in der Entwicklung auf verschiedenen Ebenen wieder. So hat beispielsweise ein 5jähriges Kind Schwierigkeiten, vor ihm liegende Gegenstände zu klassifizieren oder Stäbe der Länge nach zu ordnen. Ein 9jähriges Kind, das diese Aufgaben spielend bewältigt, scheitert jedoch, wenn es dieselbe Aufgabe ohne Anschauungsmaterial, rein sprachlich, lösen soll.

Piaget hat in seinem Egozentrismus-Konzept noch eine zusätzliche Differenzierung vorgenommen, ohne ausdrücklich auf sie hinzuweisen: Er unterschied eine stärkere und eine schwächere Form von Egozentrik. Die stärkere zeigt sich im Nichtwissen, daß sich die eigene Position überhaupt von jeder anderen unterscheidet, als ob das Kind glaubte, es vertrete einen universalen Standpunkt. Piaget sprach in diesem Zusammenhang von einer ,,einfachen Nichtdifferenzierung zwischen dem ego und dem alter" (1947, 182). In dieser Form kommt der Egozentrismus dem ,,adualistischen" Bewußtsein im Sinne J. M. Baldwins nahe. – Die schwächere Form von Egozentrismus manifestiert sich in der Unfähigkeit, den Standpunkt einer anderen Person im Kontrast zum eigenen richtig einzuschätzen. Sie kommt viel häufiger vor und dauert wesentlich länger als die generelle Nichtbeachtung von Standpunktunterschieden.[48] Sie verliert sich erst, wenn sich das Kind reflexiv auf sich selbst zurückwendet. Im Drei-Berge-Experiment (vgl. S. 106) entspricht dem starken Egozentrismus das Nichtbewußtsein eines Unterschieds zwischen der eigenen und der fremden Perspektive, dem schwachen die Unfähigkeit, diese Perspektiven (die nun auseinandergehalten werden) korrekt miteinander in Beziehung zu setzen, und der vollständigen Dezentrierung die korrekte Koordination der verschiedenen Perspektiven, einschließlich der eigenen, über die sich das Kind gleichsam in einer Rückwendung des Bewußtseins auf sich selbst Rechenschaft gibt. – Piaget benützte dafür, wie übrigens auch Hegel,[49] das Bild einer Umkehrung der Richtung des Bewußtseins,[50] und manchmal sprach er sogar von einer ,,kopernikanischen Wende".[51] Da sich diese Umkehrung in der kognitiven Entwicklung mehrmals wiederholt, verglich er diese gern mit einer Spirale.[52]

III. Das empirische Werk – die vier Stufen der Intelligenzentwicklung

Piaget hat die kognitive Entwicklung von der Geburt bis zum Alter von 16 Jahren in vier Stufen unterteilt. Nach den Kriterien, die er zur Unterscheidung dieser Stufen angegeben hat, soll gelten,

> „daß sie bei allen Versuchspersonen in einer konstanten Reihenfolge aufeinanderfolgen, daß jede durch eine Gesamtstruktur charakterisiert werden kann (und nicht nur durch eine dominierende Eigenschaft) und daß sich diese Strukturen gemäß ihrer Entwicklungsfolge einander wechselseitig integrieren" (1966a, 466).

Die Verhaltens- und Denkschemata der tieferen Stufen werden also in die höheren Stufen übernommen und in diese eingepaßt. Das bedeutet aber, daß die auf den frühen Stufen erworbenen Fähigkeiten auf den höheren Stufen nicht verloren gehen, sondern (wenn auch in veränderter Form) erhalten bleiben. – Ein Beispiel: Die Vorstellungs- und die Symboltätigkeit, die sich mit etwa 1½ Jahren ausbilden, haben anfangs einen spielerischen Charakter, und das Kleinkind unterscheidet nicht immer klar zwischen Wirklichkeit und Phantasie. Diese Unterscheidung gewinnt aber allmählich an Konturen, und mit zunehmendem Alter gelingt es dem Kind, sich nicht mehr nur Personen und Dinge, sondern auch Handlungen, Situationen, Gefühle, ja sogar logische Operationen und gedankliche Zusammenhänge vorzustellen und symbolisch zu repräsentieren.

Bei der Entwicklung gilt es, grundsätzlich zwei Aspekte zu unterscheiden: die stufenweise Reflektierung von Strukturen (1) und die Dezentrierung (2).

1. Es gibt verschiedene Arten oder Ebenen des Wissens: Das elementarste Wissen ist ein „Handlungswissen" – eine Art in-

tuitives, ,,unreflektiertes" Verstehen oder Können, das in der Regel erst viel später bewußtseinsmäßig durchdrungen oder (in Piagets Sprache) reflexiv rekonstruiert wird. Kinder finden ihren Schulweg, wobei sie sich an äußeren Merkpunkten orientieren, lange bevor sie sich die Aufeinanderfolge der Merkpunkte vorstellen können (erst die Kirche, dann die Kreuzung, dann die Rechtsbiegung usw.), und dies wiederum gelingt ihnen lange bevor sie imstande sind, einer anderen Person den Weg anhand einer Planskizze zu erklären, in der das zeitliche Nacheinander in ein geordnetes räumliches Nebeneinander übersetzt wird. Etwas tun können, sich vorstellen, was man tut, und das eigene Tun begrifflich (sprachlich) erfassen, erklären oder begründen, sind drei unterschiedliche Stationen in der Entfaltung der Intelligenz.

2. Piaget hat die geistige Entwicklung des Kindes und die Entwicklung der Naturwissenschaften als Prozesse der Dezentrierung beschrieben. Beim Kind entwickelt sich das Verständnis gleichsam auf der Ebene des Handelns, während die mathematischen Naturwissenschaften die der Handlung zugrunde liegenden unbewußten Begriffe reflektieren (Bringuier [3], 145). In beiden Fällen zeigt sich die Dezentrierung in einer Abfolge von Stadien.

Zunächst werden die Dinge selber und ihre inneren Beziehungen erarbeitet, danach die Beziehungen zwischen den Dingen und schließlich die Beziehungen zwischen ganzen Struktursystemen.[1] Ein Beispiel wäre die Abfolge der kosmologischen Weltbilder in der Geistesgeschichte: Der Standpunkt der Erde wurde zuerst verabsolutiert, später als bewegt, aber in einfacher Relation zur Sonne begriffen, und schließlich wurde auch das Sonnensystem als bewegliches Beziehungsgefüge im Universum erkannt. Ein Beispiel aus der Entwicklungspsychologie: Erst zentrieren Kinder den eigenen Standpunkt, danach setzen sie ihn mit anderen Standpunkten in Beziehung, und schließlich reflektieren sie räumliche oder zwischenmenschliche Bezugssysteme als ganze. Dem entspricht in der Entwicklung der Begriffsbildung, daß das Bewußtsein absoluter Begriffe dem der Beziehungsbegriffe vorhergeht. Auf die Frage, warum Holz schwimmt, antworten kleine Kinder, weil es (in einem absoluten Sinn) leicht sei, und nicht, weil es (relativ) leichter als Wasser ist. So antworten erst etwas ältere Kinder, und der gebildete Erwachsene wird auf das spezifische Gewicht als Verhältnis von Gewicht und Volumen hinweisen, was ein ganzes Beziehungssystem voraussetzt.

Wie hat man sich nun diese Entwicklung als Stufenprozeß vorzustellen? – Intuitives Verstehen kündigt den Aufbau neuer Schemata an, lange bevor diese Schemata selbst bewußt werden, und ihre Bewußtwerdung läuft mit dem Aufbau neuer Strukturen parallel, die ihrerseits lange Zeit „unreflektiert" bleiben. In gewisser Weise vollzieht sich die Entwicklung also im Krebsgang. Solange ein Kind über das, was es tut und durch sein Tun bewirkt, kein klares Bewußtsein hat, handelt es mit jener Mischung aus Unbefangenheit und Gefangensein im eigenen Standpunkt, die Piaget als Egozentrismus bezeichnet hat. Mit zunehmender „Reflexion" der Schemata nimmt der Egozentrismus ab. In abgeschwächter Form kann er jedoch andauern: Wenn sich ein Kind darüber klar wird, daß Dinge Namen haben, schreibt es diese unter Umständen wie Eigenschaften den Dingen selber zu. Es projiziert die Namen gleichsam in die Dinge, bevor es erkennt, daß sie etwas mit der Verständigung unter Menschen zu tun haben und den Gegenständen aufgrund von Konventionen beigelegt werden.[2]

Schematisch gesprochen, lassen sich auf allen Stufen drei Stadien unterscheiden, die einem starken Egozentrismus, einem schwachen Egozentrismus (Phase der kognitiven Projektion) und der vollständigen Dezentrierung mit Bewußtwerdung einer eigenen Tätigkeit entsprechen (vgl. S. 108f.). Im ersten Stadium betrachtet das Kind als absolut, was es im zweiten als relativ, d.h. von bestimmten Beziehungen abhängig, begreift. Im dritten Stadium lernt es schließlich, diese Beziehungen von beiden Seiten zu berücksichtigen und sie umzukehren. Auf der ersten Stufe wird diese Stadienfolge im motorischen Verhalten durchlaufen, auf der zweiten in der Vorstellungstätigkeit, auf der dritten im operativen, aber noch anschaulichen Denken und auf der vierten schließlich im abstrakten und formalen Denken.[3]

Die Fähigkeiten jeder dieser vier Stufen schließen die der früheren ein, was auch erklärt, weshalb sie „im Alter anscheinend in umgekehrter Reihenfolge verloren gehen“ (1962a, 15).

1. Intelligenz in der Wiege: Die sensomotorische Entwicklung (Geburt bis anderthalb oder zwei Jahre)

Allgemeines

In den ersten anderthalb Jahren nach der Geburt entwickelt sich so vieles in so kurzer Zeit wie später nie wieder: Das Baby löst sich physisch von seiner Mutter und baut zugleich Gefühlsbeziehungen zu den Eltern und anderen, ihm nahestehenden Personen auf. Es lernt sich fortzubewegen, erst krabbelnd oder sitzend, dann richtet es sich auf, und mit zwölf bis achtzehn Monaten lernt es die komplizierte Gleichgewichtsübung beherrschen, die die menschliche Gangart auszeichnet.

Als Piaget an seinen drei Kindern Schritt für Schritt die ersten Regungen der Intelligenz im Säuglingsalter verfolgte, achtete er auch auf die unscheinbarsten Veränderungen. Dadurch wurde er auf eine Reihe kaum beachteter geistiger Leistungen aufmerksam, die die Voraussetzung bilden für wesentliche kognitive Fähigkeiten, die später erworben werden. Als Erwachsene halten wir viele geistige Akte für selbstverständlich und einfach, weil wir uns nicht klar machen, wie sehr unsere früheren Erfahrungen sie prägen. So erkennen wir etwa die Dinge aus unterschiedlicher Perspektive und bei wechselnder Beleuchtung wieder, ohne uns die Kriterien, nach denen wir sie wiedererkennen, zu Bewußtsein zu bringen. Und wir zweifeln nicht daran, daß sie auch weiter existieren, wenn wir nicht hinblicken; über die Gründe dieser Gewißheit geben wir uns normalerweise keine Rechenschaft.

Selbst für das logische und wissenschaftliche Denken des Erwachsenen werden im zarten Babyalter, noch bevor der Spracherwerb einsetzt, die Fundamente gelegt: Das Kind von 18 Monaten stützt sich bereits auf die Ordnungsrelation, auf die Mittel-Zweck- und auf die Einschachtelungs-Beziehung. Es bildet sich erste Vorstellungen von Raum, Zeit und Kausalität (Ursache-Wirkungs-Verhältnissen), es hat ein Bewußtsein von sich selbst, und es weiß, daß es in einer Welt von Gegenständen lebt, die von den eigenen Handlungen unabhängig sind. Dieses ganze Wissen fehlt bei der Geburt. Für die Entwicklung in den ersten anderthalb Jahren besonders bedeutungsvoll ist die Koordination von Wahrnehmungstätigkeit und Motorik. Piaget bezeichnet die erste Entwicklungsstufe daher auch als Stufe der „Sensomotorik".

Rein äußerlich unterteilte er sie in sechs Stadien. Ihre Reihenfolge ist unumkehrbar, und kein Stadium kann übersprungen werden. Das zweite Stadium setzt das erste voraus, und jedes weitere baut auf allen vorhergehenden auf. Piagets Gliederung folgt den Verhaltensformen, die in den einzelnen Stadien neu auftreten: 1. Reflexe und angeborene Bewegungsmuster (Geburt bis 1 Monat), 2. erste Verhaltensgewohnheiten (1 bis 4 Monate), 3. Verhaltensweisen, die dazu dienen, interessante Schauspiele andauern zu lassen (4 bis 8 Monate), 4. Auftreten der praktischen Intelligenz, die sich in der Anwendung bekannter Verhaltensweisen auf neue Situationen äußert (8 bis 12 Monate), 5. Experimentelles Vorgehen und Entdeckung neuer Schemata, die sich als Mittel zur Erreichung bestimmter Zwekke eignen (12 bis 18 Monate), 6. Verinnerlichung der Verhaltensschemata und Beginn der Vorstellungstätigkeit (18 bis 24 Monate). Dieses letzte Stadium bildet den Übergang zur zweiten oder präoperativen Stufe. In einigen Darstellungen hat Piaget diese sechs Stadien zu drei Perioden zusammengezogen (die den S. 112 unterschiedenen entsprechen).

Die Altersangaben sind relativ: Es gibt individuelle Unterschiede im Entwicklungstempo einzelner Kinder, und selbst ein und dasselbe Kind kann je nach dem Kontext des Verhaltens zwei verschiedenen Stadien angehören (1937, 157). Besonders deutlich verändert sich von Stadium zu Stadium die Organisation der Bewegungen. Beispielsweise ist der Greifreflex angeboren, aber im fünften Stadium sieht die Greiftätigkeit ganz anders aus als kurz nach der Geburt, und zwar nicht nur feinmotorisch: Der Greifakt wird nun in komplexere Tätigkeiten integriert, das Kind bewegt sich zum gewünschten Objekt hin und ergreift es, um etwas mit ihm zu tun.

Die beiden ersten Stadien

Von Geburt an zeigt das Baby eine Reihe von Reflex-Tätigkeiten wie saugen, schlucken, greifen, die durch entsprechende Reize – interne und externe – angeregt werden: Es macht Saugbewegungen, wenn es die Brustwarze berührt oder wenn es Hunger hat. Piaget erwähnt ferner eine angeborene visuelle Reflextätigkeit (1936, 74).[4]

Die Mitgift des Neugeborenen erschöpft sich aber nicht in diesen Reflexen. Das Kind kann schreien, mit den Armen und Beinen strampeln, den Kopf hin- und herwenden und vieles andere mehr. Diese angeborenen und spontanen Tätigkeiten bilden organisierte Systeme in Miniaturform. Von allen späteren Entwicklungsetappen unterscheidet sich das erste Stadium durch das Fehlen von erlernten Verhaltensweisen. Da (von der Möglichkeit embryonalen Lernens abgesehen) Lernprozesse praktisch mit der Geburt einsetzen, ist das erste Stadium eigentlich von bloß hypothetischer Natur.

Das zweite Stadium ist durch die „ersten nicht mehr angeborenen Anpassungserscheinungen" gekennzeichnet (1936, 57). Nicht die ersten Lernprozesse selbst, sondern ihr sichtbarer Niederschlag in neuartigen Verhaltensweisen bildet nach Piaget das Kriterium für das zweite Stadium, das gegenüber dem ersten insbesondere zwei Arten von Neuerungen mit sich bringt: erste Verhaltensgewohnheiten und erste Koordinationen von motorischer Bewegung und Wahrnehmung.

Die ersten gewohnheitsmäßigen Verhaltensformen sind den konditionierten Reflexen verwandt und haben Lernprozesse zur Voraussetzung. Piaget nannte sie „primäre Zirkulärreaktionen" und charakterisierte sie als durch Übung weiterentwickelte einfache Organbewegungen, die sich selbst genügen, wie saugen, schauen, ergreifen usw. (1936, 163). – Ein Beispiel ist das Daumensaugen, eine Tätigkeit, die im ersten Stadium und gelegentlich schon gegen Ende der Embryonalentwicklung auftritt, aber ohne das Bedürfnis zur Wiederholung. Piagets Deutung dieser Verhaltensgewohnheiten unterscheidet sich nach der einen Seite von derjenigen der Behavioristen, für die das Daumenlutschen ein angeborenes Reflexverhalten ist, und nach der anderen von derjenigen Freuds, der angenommen hat, der Säugling setze in der Vorstellung Daumen und Mutterbrust gleich. Das Daumensaugen tritt, so Piagets Argument, mehr als ein Jahr vor der ersten Symboltätigkeit des Kindes auf. Bei den meisten Babys ist es aber auch nicht angeboren, sondern erworben. Angeboren ist nur der Saugreflex. Das Baby, das gewohnheitsmäßig am Daumen saugt, hat das Saugschema aber um die Bewegung des Daumens zum Mund erweitert, also zwei Tätigkeiten, die vorher einzeln vollzogen wurden, miteinander kombiniert oder koordiniert (1966, 1. Kap. I, 2). Komplizierter wird die Koordination, wenn nicht mehr nur der Daumen, sondern ein Gegenstand zum Mund geführt wird. Anfangs wird das Schema „ergreifen, was man sieht", nur aktiviert, wenn Hand und Gegenstand sichtbar sind. Im dritten Stadium kann die Hand und im vierten schließlich auch der Gegenstand verborgen sein, wenn das Schema ausgelöst wird.

Erste Koordinationen von Bewegungs- und Wahrnehmungs-Schemata – beispielsweise von Sehen und Ergreifen oder von Ergreifen und Lutschen – lassen sich aber schon im zweiten Stadium beobachten. Sehr früh schon koordiniert das Baby Hören und Sehen (1936, 90–97): Es wendet sich bei Geräuschen in Richtung der Schallquelle. Insbesondere sucht es nach dem Gesicht der Mutter, wenn es ihre Stimme hört.[5]

„Selbstverständlich faßt das Kind die Person eines Menschen noch nicht als Ursache der Stimme auf. Umgekehrt darf man aber auch nicht sagen, daß Klang und Sehbild bloß miteinander assoziiert seien. Vielmehr muß angenommen werden, daß sich die visuellen und die auditiven Schemata gegenseitig assimilieren: Das Kind sucht das Gesicht zu hören und die Stimme zu sehen" (1936, 95).

Zeugnis dieser wechselseitigen Assimilation ist nicht zuletzt das kindliche Lächeln beim Anblick eines menschlichen Gesichts – eine Reaktion, die sich gleichfalls erst ein paar Wochen nach der Geburt einstellt (1936, Bb 37).[6]

Drittes Stadium

Im dritten Stadium erwacht das Interesse für die Außenwelt. Das Baby lebt in diesem und dem folgenden Stadium in einer Welt von bewegten sensorischen Bildern („tableaux mouvants", „tableaux sensoriels"). „Ein sensorisches Gebilde" ist, wie das Beispiel der Koordination von Sehen und Hören deutlich macht, der „Kreuzungspunkt mehrerer Assimilationsströme" (1936, 150f.). Der Säugling erkennt diese Bilder wieder, wenn sie nach einer Phase der Abwesenheit zurückkehren, aber er schreibt ihnen keine Existenz zu, wenn er zu ihnen keinen Sinneskontakt hat. Selbst im Nahbereich, wo er Greifen und Wahrnehmen koordiniert, scheint er noch nicht zwischen „davor" und „dahinter" zu unterscheiden. Deswegen kommt er auch nicht auf die Idee, nach Gegenständen zu suchen, die er hinter einer Schirmwand verschwinden sieht.

Das Baby findet nun Spaß daran, interessante Phänomene, auf die es zunächst zufällig gestoßen ist, andauern zu lassen oder immer wieder neu zu erzeugen. Diese Tätigkeiten bezeichnete Piaget als „sekundäre Zirkulärreaktionen" (1936, 161). In dieser neuen Verhaltensweise liegt zweierlei: Zum einen löst sich die Außenwelt deutlicher von der Handlung los:

> „Bei den Zirkulärreaktionen, die wir ‚sekundäre' nennen wollen (...), liegen das Ziel und das Ergebnis des Handelns in der Außenwelt und verfolgt die Handlung den einzigen Zweck, dieses Resultat zu erhalten" (1936, 163).

Zum anderen richtet sich das Bewußtsein auf bestimmte Zwecke aus, die allerdings rasch wechseln können.

Zielgerichtetes (intentionales) Verhalten und Anpassung an die vorgefundene Wirklichkeit sind nach Piaget die charakteristischen Kennzeichen einer eigentlichen Intelligenzleistung. Die als Mittel dienenden Verhaltensweisen sind ihrem Zweck freilich oft noch nicht angepaßt. Kein Wunder, denn der Säugling versteht die Beziehung zwischen Mittel und Zweck noch genausowenig wie die von Ursache und Wirkung. Wenn er im Kinderwagen an einer Schnur zieht und dabei ein am Wagendach befestigtes Glöckchen erklingt, will er einfach diesen Effekt wiederholen, indem er erneut an der Schnur zieht. Dasselbe tut er aber auch, um interessante Ereignisse andauern zu lassen, die in keinem Zusammenhang mit der Schnur stehen. Piaget nannte dieses Verhalten „magisch-phänomenistisch" – „magisch", weil es an Zauberei erinnert, und „phänomenistisch", weil sich das Baby dabei vom unmittelbaren Eindruck einer Situation leiten läßt: Schwenkte Piaget beispielsweise zwei Meter vom Stubenwagen entfernt einen Gegenstand an einer Stange oder produzierte er, für das Kind unsichtbar, einige unerwartete Töne, so griff dieses, sobald er damit aufhörte, nach der „magischen Schnur" am Stubenwagen...[7]

Wie Piaget aufgrund seiner Beobachtungen vermutete, täuscht sich das Baby in diesem Stadium auch über die perspektivischen Wirkungen der eigenen Verlagerungen im Raum und hält scheinbare Verschiebungen und Veränderungen des Objekts für wirklich (1937, 161). Genausowenig gelingt es ihm, zwischen Positions- und Zustandsänderungen zu unterscheiden – in beiden Fällen wechselt einfach das sensorische Bild (vgl. 1937, 156ff.). – Mit diesem Argument wandte sich Piaget gegen die These des französischen Philosophen H. Poincaré (1854–1912), der Mensch unterscheide von Anfang an Zustands- und Positionsänderungen.[8] Zu den sprechendsten Belegen für seine Gegenthese gehören die Reaktionen, die Piaget an seinem Sohn beobachtete, wenn er ihm vor den Mahlzeiten die Milchflasche umgedreht hinhielt, so daß er den Sauger nicht sehen konnte:

> „Bis zu 0;9 hat Laurent sich verhalten, als wenn der Sauger, einmal verschwunden, nicht mehr existierte, anders ausgedrückt, als wenn das Objekt [die Flasche] keine ‚Kehrseite' hätte. Das systematische Umdrehen hat sich während dieser Periode nur gezeigt, wenn der Sauger einmal ganz oder zum Teil wahrgenommen war" (1937, Bb 78a).

Viertes Stadium

Im vierten Stadium gewinnt die Differenzierung zwischen den eigenen Tätigkeitsschemata und der Außenwelt an Konturen. Dies zeigt sich an den folgenden Verhaltensweisen: Wenn es ein bestimmtes Ziel verfolgt, sucht das Baby nun nach einem geeigneten Mittel und beseitigt störende Hindernisse (1936, Bb 122–126): Es bedient sich etwa der Hand einer anderen Person, um an einen gewünschten Gegenstand zu gelangen (1936 Bb 127, 128), oder hebt die Decke auf, unter der er versteckt worden ist. Als Mittel kommen vorerst nur Verhaltensweisen oder Schemata in Frage, über die das Baby schon verfügt (im folgenden Stadium wird es auch neue Verhaltensweisen erproben).

Ferner unterscheidet das Kind, anders als noch im dritten Stadium,[9] zwischen den Wirkungen seiner eigenen Kopf- oder Augenbewegungen und den Wirkungen von Verlagerungen der Gegenstände im Raum. Allerdings beachtet es nur Lageveränderungen relativ zur eigenen Person und nicht relativ zu anderen Gegenständen; beispielsweise zieht es noch nicht an der Unterlage, auf der sich ein Gegenstand befindet, den es gerne erreichen möchte (1937, 176).

Des weiteren beginnt das Baby, die Objekte seiner Umgebung neugierig zu erforschen (1936, 258) und die verschiedenen Perspektiven, aus denen sie betrachtet werden können, zu erkunden (1937, 155).

Wenn es nun anfängt zu krabbeln und später (aber noch im vierten Stadium) sich aufzurichten, unterscheidet es schließlich, zumindest bei Gegenständen in seiner nächsten Umgebung, zwischen Lage- und Zustandsveränderungen (1937, 166). Nach Piaget entdeckt es erst jetzt ihre Unabhängigkeit von der Perspektive und der Entfernung, aus denen sie wahrgenommen werden (Größen- und Formkonstanz).[10]

„Mit 0;10 (7) und an den folgenden Tagen nähert Lucienne ihr Gesicht langsam Objekten, die sie in der Hand hat (Klappern, Puppen usw.), bis ihre Nase sie berührt. Dann entfernt sie sich wieder von ihnen, wobei sie sie mit großer Aufmerksamkeit anschaut, und beginnt wieder, ohne Ende“ (1937, 155).

Das Wissen um die Konstanz von Form und Größe der Gegenstände im Greifraum tritt freilich noch nicht in reflektierter Form auf, das Baby bildet sich von der Situation weder eine Vorstellung noch einen Begriff. Aber selbst das unreflektierte Gegenstandswissen hat in diesem Stadium noch deutliche Grenzen: Das Baby sucht jetzt zwar nach einem interessanten

Gegenstand, den man vor seinen Augen versteckt. Verbirgt man ihn jedoch nacheinander an verschiedenen Stellen, so sucht es ihn in der Regel da, wo es ihn zum ersten Mal gefunden hat, und nicht da, wo es ihn zuletzt hat verschwinden sehen – als ob das Vorhandensein eines verborgenen Gegenstandes von der Handlung abhinge, mit der sich das Baby einmal erfolgreich von seiner Existenz überzeugt hat. Hierin liegt ein Rest von sensomotorischem Egozentrismus, der sich in den folgenden Stadien noch weiter verliert.

Fünftes Stadium

Ins fünfte Stadium fallen die Verhaltensweisen, die Piaget unter dem Begriff ,,tertiäre Zirkulärreaktionen" zusammenfaßte. Sie bestehen darin, daß ein zunächst zufällig erzielter Effekt reproduziert und dabei leicht verändert wird, und dienen der gezielten Erforschung von Gegenständen und ihren Eigenschaften (1936, 268, 270f.). Mit ihnen erwirbt sich das Kind eine Reihe grundlegender Erkenntnisse über die Natur der Gegenstände, aber auch über seine eigenen Handlungsmöglichkeiten: In seinen Erkundungshandlungen bereitet sich ein Handlungswissen (know how) vor, auf dem dann später das begriffliche Wissen aufbaut. Dieses sensomotorische Handlungswissen erstreckt sich auf mehrere Bereiche:

Erstens assimiliert das Baby neue Objekte an die ihm zur Verfügung stehenden Handlungsschemata (reiben, schütteln, werfen usw.), als ob es sie durch ihren Gebrauch zu begreifen versuchte (1943, 160). Die so gewonnenen Erfahrungen werden vier oder fünf Jahre später in reflektierter Form sichtbar, wenn das Kind Dinge funktional von einer geeigneten Tätigkeit her definiert: ,,Ein Ball ist zum Werfen".

Zweitens entdeckt es durch Experimentieren grundlegende Eigenschaften der Gegenstände und elementare räumliche Beziehungen zwischen ihnen. Es erforscht, wie und wohin Gegenstände, die es in wechselnden Positionen losläßt, fallen (1936, Bb 141–144), es dreht und wendet sperrige Objekte, um sie zwischen den Gitterstäben seines Laufstalls hindurchzubefördern (Bb 162–166); oder es zieht Gegenstände auf einer Unterlage zu sich heran (Bb 148–152).

Dem Baby wird drittens der Zusammenhang von Mittel und Zweck selbst zunehmend bewußt, und zur Erreichung seiner Ziele setzt es nun auch neuartige Mittel-Schemata ein.

Schließlich entdeckt es Verlagerungen von Gegenständen im Verhältnis zueinander,[11] berücksichtigt aber noch keine Verschiebungen, die sich außerhalb seines Gesichtsfeldes vollziehen. Auch unsichtbare eigene Bewegungen, wie Arm- und Fußbewegungen unter einer Decke, kann es sich noch nicht vorstellen (1937, 197). Den Gegenständen schreibt es zwar eine Existenz im Verborgenen zu, aber es sucht sie mit Vorliebe dort, wo es sie hat verschwinden sehen. Wenn ein Ball unter einem Sofa weiterrollt, vermutet es ihn nicht in der Verlängerung seiner Bahn, und wenn ein Spielzeug unter einer Decke in eine Schachtel gelegt und die Schachtel unter der Decke hervorgezogen wird, sucht es das Spielzeug nur unter der Decke, ohne auf die Idee zu kommen, daß es unsichtbar in die Schachtel gelangt sein könnte.

Sechstes Stadium

Das sechste Stadium – der Übergang von der sensomotorischen zur präoperativen Stufe – ist durch das Auftreten der Vorstellungsaktivität ausgezeichnet. Die Vorstellung entsteht nach Piaget durch Verinnerlichung (Internalisierung) von motorischen Handlungen. Eine Handlung verinnerlichen, heißt zunächst soviel wie in reflexive Distanz zu ihr treten: Das Subjekt macht sich gleichsam zum Zuschauer einer Szene, in der es der Hauptakteur ist. Verinnerlichen heißt aber noch mehr: Eine Handlung, die auf eine andere (innere) Ebene verlagert worden ist, braucht nicht mehr konkret zur Ausführung zu gelangen. Wenn das Kind einen Gegenstand aus einem Versteck holt, kann es sich vorstellen, wie er hineingelangt ist, und wenn es ihn verschwinden sieht, weiß es, daß es ihn wieder hervorholen kann. Es ist nun auch in der Lage, Handlungen gezielt umzukehren und sich ihre Umkehrung vorzustellen – eine Fähigkeit, die sich vom vierten Stadium an vorbereitet und die Piaget als „renversabilité" oder „réversibilité" bezeichnet hat[12] (diese Fähigkeit ist nicht mit der Reversibilität des Denkens bei Kindern von 7 oder 8 Jahren zu verwechseln).

Wie Handlungen verinnerlicht werden und was sich dabei geistig abspielt, entzieht sich der Verhaltensbeobachtung, die dazu nur indirekte Aufschlüsse liefert. Beispielsweise geht der Vorstellungstätigkeit eine Phase voraus, in der die Verhaltensmotorik nur noch in Andeutungen, dafür aber mit erhöhter Geschwindigkeit abläuft. Zwischen der Fähigkeit, eine Handlung motorisch auszuführen, und der Fähigkeit, sie in der Vorstellung bildhaft zu repräsentieren, gibt es, wie Piaget vermutete, Zwischenstufen. Auf eine solche Zwischenstufe deutet die Fähigkeit hin, eine Handlung durch eine andere darzustellen. – Ein Beispiel: Piagets Tochter sollte im Alter von 1; 4 (0) aus einer Streichholzschachtel, die drei Millimeter weit offen stand, eine Kette herausholen. Bei früheren Versuchen war die Schachtel so weit geöffnet gewesen, daß es möglich war, die Schachtel umzukippen und auszuleeren oder den Finger in den Spalt hineinzustecken, um die Kette zu erangeln. Nach erfolgloser Wiederholung dieser Verfahrensweisen betrachtete das Mädchen aufmerksam den Schlitz und bewegte dabei den Mund mehrmals auf und zu, wobei es ihn jedes Mal ein Stück weiter öffnete. Piaget zufolge verstand seine Tochter, daß die Schachtel hohl war: ihre Mundbewegungen drückten handgreiflich den Versuch aus, sich vorzustelllen, wie man die Schachtel öffnet: Sie erfüllten also rein motorisch eine Funktion, die später die inneren Vorstellungsbilder und die Worte übernehmen. Daß es sich wirklich um eine Vorstellung handelte, zeigte sich daran, daß der Versuch gelang: Das Kind erweiterte unmittelbar danach mit den Fingern die Öffnung in der Schachtel und nahm die Kette an sich (1936, Bb 180).

Die Vorstellungstätigkeit bildet die Voraussetzung für eine Reihe von Fähigkeiten, die alle etwa zur gleichen Zeit einsetzen:

Der Erfindungsakt. Er beruht auf einer geistigen Kombination von vorher ausgebildeten Schemata (1936, 342). Die Lösung eines praktischen Problems kann uns einfallen, ohne daß wir vorher die entsprechenden Verhaltensweisen in der richtigen Reihenfolge ausgeführt haben. Einer Erfindung oder „Eingebung" muß aber ein ausreichendes Maß an Erfahrung mit dem entsprechenden Problem vorausgehen: Verhaltensschemata können nicht zu geistigen Schemata internalisiert werden, ohne zuvor ausgiebig aktualisiert worden zu sein.

Das Wissen um die dauernde Existenz der materiellen Gegenstände. Die Fähigkeit aus dem dritten Stadium, sensorische Bilder nach einer Zeit der Abwesenheit wiederzuerkennen, hat sich im sechsten Stadium zur Vorstellungsfähigkeit fortentwikkelt, die es erlaubt, nicht präsente Gegenstände im Raum zu lokalisieren und ihnen eine zeitliche Dauer zuzuschreiben. Piaget bezeichnete diese neue Fähigkeit als Schema der Gegenstandspermanenz.

Die Vorstellung eines Objekts baut sich auf der Erfahrung einer funktionellen Abhängigkeit zwischen verschiedenen Handlungs- und Wahrnehmungsschemata auf: Wenn ich einen Würfel langsam drehe, nehme ich ihn (aus der und der Perspektive) so und so wahr. Wenn ich ihn betaste, habe ich bei den Flächen, Kanten und Ecken unterschiedliche Empfindungen. Und wenn ich würfle, höre ich dieses oder jenes Geräusch.

Die Vorstellung unsichtbarer Bewegungen. Das Baby, das sich durch den Raum bewegt, rechnet nicht nur mit den scheinbaren, sondern auch mit den perspektivisch verdeckten Verlagerungen von Gegenständen. Die Wahrnehmung wird durch die Vorstellung nicht wahrgenommener Positionen ergänzt. Die Gegenstände im Raum bilden ein zusammenhängendes System, das Piaget als „objektive Gruppe der Verlagerungen" bezeichnete (vgl. Anm. 11).

Zur Berücksichtigung dieses Systems gehört auch, „daß sich das Kind, um sich selbst in den Raum hineinzustellen (...), sich selbst vorstellen und seine eigenen Verlagerungen denken muß, als sähe es sie von außen" (1937, 198).

Die Vorstellung bewegt sich auf einer der motorischen Handlung und Wahrnehmung übergeordneten Ebene. Ihr Aufbau im Laufe der sechs Stadien der sensomotorischen Entwicklung hat jene Dezentrierung ermöglicht, der sich die Verselbständigung der an die Wahrnehmungen gebundenen sensorischen Bilder zu dauerhaften Objekten im Raum verdankt. Die Dezentrierung vollendet sich in einer ,,Umkehrung des Bewußtseinsverlaufs" (vgl. 1936, 155), die Piaget wiederholt mit der kopernikanischen Wende vom erdzentrierten zum sonnenzentrierten Weltbild verglichen hat:

,,Während am Beginn dieser Entwicklung das Kind alles auf sich, oder genauer gesagt, auf seinen Körper zurückführt, gliedert es sich am Ende, das heißt, wenn Sprache und Denken einsetzen, bereits praktisch als Element oder Körper unter die anderen ein, in eine Welt, die es sich nach und nach aufbaut und die es von da an als außerhalb von sich selbst existierend empfindet" (1943, 158).

2. Phantasie und Intuition: Das präoperative Denken (anderthalb bis sieben Jahre)

Allgemeines

Die zweite große Entwicklungsetappe umfaßt das Kleinkind- und Vorschulalter. In den ersten Teil dieser Periode fällt weitgehend der primäre Spracherwerb und in den zweiten Teil die Grundlegung des begrifflichen und logischen Denkens oder (in Piagets Terminologie) der operatorischen Intelligenz, die bis dahin vor-begrifflich oder ,,prä-operativ" bleibt.

Während in der ersten Stufe Handeln und Wissen eins sind, treten sie im Übergang zur zweiten auseinander: Das Kind wird fähig, sich reflexiv auf seine eigenen Handlungen zu beziehen, sie sich vorzustellen.

In engem Zusammenhang mit der Vorstellungsaktivität stehen die Symboltätigkeit und der Umgang mit Zeichen aller Art. In der ersten Stufe waren Zeichen und Gegenstand anfangs untrennbar: In einer Welt von sensorischen Bildern können die einzelnen Erscheinungen nicht Anzeichen für etwas sein. Die Situation ändert sich jedoch grundlegend, sobald die sensorischen Bilder zu Komplexen zusammentreten, die das Kind als Gegenstände erkennt: Jedes Erscheinungsbild kann nun zum Anzeichen des betreffenden Gegenstands werden. Selbst isoliert auftretende sensorische Eindrücke übernehmen später die Funktion, auf abwesende Dinge oder Personen hinzuweisen: Die nahenden Schritte kündigen die Mutter oder den Vater an. Mit dem Übergang zur zweiten Stufe verselbständigt sich das Zeichen vollkommen gegenüber dem Bezeichneten: Es muß nicht mehr ein Teil oder eine Manifestation des Gegenstandes sein, den es vertritt. Die Zeichenfunktion stützt sich nun auf die Vorstellungstätigkeit, das Zeichen ruft ein Vorstellungsbild des Gegenstandes hervor, für den es steht. Wenn sich später die Vorstellungsbilder zu Begriffen verdichten, wird die Rolle der Vorstellung unauffälliger, weil sie hinter der des begrifflichen Denkens zurücktritt. Das darf aber nicht darüber hinwegtäuschen, daß begriffliches und logisches Denken die Vorstellung voraussetzen.

Von besonderer Bedeutung im Zusammenhang mit der Vorstellungstätigkeit sind das Symbolspiel und die Nachahmung. Das Symbolspiel setzt schon im Alter von 1 bis 1½ Jahren ein und entwickelt sich dann rasch weiter: Das Baby mimt vertraute Handlungen wie schlafen und essen (1945, Bb 64, 65), wobei es bald diesen, bald jenen Gegenstand in seine Tätigkeit integriert: Es legt zum Beispiel den Kopf auf einen Tuchzipfel wie auf ein Kopfkissen oder steckt sich einen Serviettenring in den Mund, als ob es ihn essen wollte. Dabei lächelt es – ein Indiz dafür, daß es sich die entsprechende Situation vorstellt. Später spielt es vertraute Handlungszusammenhänge an geeigneten Objekten durch: Es legt Puppen und Stofftiere schlafen oder drückt eine Schachtel an den Mund jedes Anwesenden, als wäre sie ein Glas, aus dem er trinken soll. Das Spiel mit Symbolen hat auch die Funktion, erlebte Szenen nochmals durchzuexerzieren und dabei emotional wie kognitiv zu verarbeiten.

Zwischen dem symbolischen Spiel und der Nachahmung gibt es fließende Übergänge. Während das Kind beim Nachahmungsspiel mit seinem Verhalten eine vorgestellte Tätigkeit imitiert (ein „inneres Bild" dieser Tätigkeit liefert dabei das Muster), benützt es im Symbolspiel auch Gegenstände als Mittel zur Repräsentation, wobei das Darstellungsmittel dem symbolisierten Gegenstand nicht besonders ähnlich zu sein braucht:

Eine Schachtel steht für eine Badewanne, ein in sie hineingehaltener Grashalm für ein Thermometer (1945, Bb 81). Wie Piaget betonte, „steckt in jedem Symbolspiel ein Stück Nachahmung“ (1945, 352).

Das freie Spiel mit Formen und die Nachahmung bzw. Nachbildung realer Gegenstände oder Szenen liegen am Ursprung der Kunst.[13] Die spielerische Symboltätigkeit und die Nachahmung fördern aber auch die Vorstellungsbildung und den Umgang mit Bedeutungen: Für ein Kind, das sich in einem Schneckenhaus auf einer Schachtel eine Katze auf einer Mauer vorstellt, hat das Schneckenhaus die Bedeutung der Katze. Die Nachahmung spielt schließlich bei der Erlernung des Zeichengebrauchs eine wichtige Rolle (1945, 351): Ohne die imitierende Reproduktion von Lautfolgen, die das Kind bei älteren Personen hört, käme die Sprachentwicklung überhaupt nicht in Gang.

Mit seinen Ausführungen zur Entwicklung des Symbolspiels lieferte Piaget also nicht zuletzt die Bausteine zu einer genetischen Zeichen- und Symbolkunde.[14] Symbole sind individuell und motiviert (das Symbol ist in irgendeiner Hinsicht mit dem Vorbild ähnlich). Zeichen sind dagegen kollektiv und konventionell, also letztlich willkürlich. Ganze Gemeinschaften verwenden dieselben Zeichen und ordnen sie in derselben Weise den Gegenständen (oder Bedeutungen) zu. Anders als bei den Symbolen besteht zwischen Zeichen und Bedeutung keine Ähnlichkeit (eine Ausnahme bilden lautmalerische Wörter). Der Umgang mit Symbolen und Zeichen entwickelt sich beim Kind ein gutes Stück weit parallel, und erst nach und nach paßt es sein Sprachverhalten den gesellschaftlichen Konventionen an.

Durch Gebrauch des wichtigsten Zeichensystems, der Sprache, wird nicht nur die Entwicklung des Denkens erheblich gefördert, sondern der Gedankenaustausch zwischen verschiedenen Personen überhaupt erst ermöglicht. Sprachliche Zeichen sind primär akustisch; sekundär können sie optisch in einem Zeichensystem zweiter Ordnung[15] dargestellt werden: der Schrift. Ihre Erlernung setzt eine höherstufige intellektuelle Leistung voraus.

Nicht zufällig beginnt der primäre Spracherwerb nicht gleich nach der Geburt, denn er setzt zwei kognitive Fähigkeiten voraus, die das Baby erst erlernen muß: Zum einen muß es klar zwischen Zeichen und Bedeutung unterscheiden können (die ersten Wörter sprechen Kinder zwar meistens unter dem Eindruck der sinnlichen Präsenz des bezeichneten Dinges, aber sie gehen bald dazu über, auch abwesende Dinge zu bezeichnen). Zum andern stehen bestimmte Zeichen immer für denselben Gegenstand, und auch das Zeichen selbst ist eine Art von Objekt, das verschiedenen Verständigungspartnern zu verschiedenen Zeiten als ein und dasselbe offen stehen muß. Ein Zeichen würde unbrauchbar, wenn es sich nicht wiedererkennen ließe oder wenn sich seine Verweisungsfunktion dauernd änderte. Das Verhältnis zwischen Wort und artikulierter Lautfolge (in der Sprache der Linguistik: ,,type" und ,,token") ist mit demjenigen zwischen dem permanenten Gegenstand und seinen sensorischen Bildern strukturverwandt: So wie ein materieller Gegenstand je nach Perspektive und Beleuchtung immer wieder anders aussieht, unterscheidet sich auch die Weise, wie verschiedene Personen dasselbe Wort aussprechen, und selbst die Artikulation ein und derselben Person zeigt Variationen.

Das Kind berücksichtigt diese Unterschiede bald einmal intuitiv, ohne einen Gedanken auf den Unterschied zwischen dem Gegenstand und seinen Gegebenheitsweisen oder zwischen dem Wort als Zeichenschema und seiner konkreten Artikulation zu verwenden. Selbst der Unterschied zwischen Zeichen und Bezeichnetem bleibt lange Zeit unbewußt. In Worten wie ,,Hilf mir bitte" sieht das Kind einen Wunsch, nicht den Ausdruck eines Wunsches. Für das Symbolverhalten und die Nachahmung ist die gleiche Art von Nichtunterscheidung charakteristisch. Das nachahmende Kleinkind versetzt sich intuitiv in den Gegenstand oder den Menschen hinein, den es mimt (vgl. 1945, 225), und es identifiziert sich mit bestimmten Figuren im Märchen, so wie es sich manchmal mit seinen Eltern, ihren Handlungen, Ratschlägen und Vorschriften identifiziert. Den Freudschen Begriff der Identifikation hat Piaget allerdings nicht übernommen. Dies mag damit zusammenhängen, daß er die egozentrische Tendenz des Kindes, die Realität durch Zentrierung auf die eigene Perspektive zu verzerren, viel deutlicher herausgearbeitet hat als die gegenläufige Tendenz, mit den Personen und Dingen, denen es seine Aufmerksamkeit schenkt, gleichsam zu verschmelzen.

Piaget hat mehrfach betont, daß das Kind „auf dem vorstellungsmäßigen Niveau die Phasen der vorausgegangenen sensomotorischen Entwicklung in den großen Linien wiederholen" wird (1945, 338).[16] In der ersten Stufe berücksichtigt das Baby, das sich durch den Raum bewegt, zuerst die Beziehungen zwischen sich und einem Gegenstand (hierin lag der Fortschritt zwischen dem dritten und vierten Stadium) und später auch die Beziehungen zwischen den Gegenständen untereinander (fünftes und sechstes Stadium). Dieselbe Entwicklung wiederholt sich nun auf der Ebene der Vorstellung und des symbolischen Denkens: Das 2- bis 3jährige Kind kann sich Gegenstände und Handlungsergebnisse vorstellen, hat aber Schwierigkeiten, sich verschiedene Dinge in ihrer räumlichen, zeitlichen oder logischen Beziehung vorzustellen. Dies gelingt erst dem 4- bis 6-jährigen Kind, aber mit einer charakteristischen Einschränkung: Die Vorstellung solcher Beziehungen ist vorerst standortgebunden und unflexibel: Das Kind begreift noch nicht, daß man eine Beziehung umkehren kann, und scheitert bei der Koordination von Beziehungen, die zwischen verschiedenen Dingen bestehen.

„Mit 4 bis 5 Jahren lernt ein Kind, seine ‚rechte' Hand und seine ‚linke' Hand zu bezeichnen (...); doch obwohl es diese Begriffe auf seinen Körper anwenden kann, braucht es noch zwei oder drei Jahre, um zu begreifen, daß ein Baum, der auf dem Hinweg rechts gesehen wurde, auf dem Rückweg links steht, oder daß die rechte Hand eines Menschen, der ihm gegenüber sitzt, von ihm aus gesehen links ist; und es braucht noch länger, um einzusehen, daß ein Gegenstand B, der zwischen A und C liegt, gleichzeitig rechts von A und links von C sein kann" (1966, Kap. 4, Anm. 2).

Piaget gliederte die zweite Stufe in drei Stadien, wovon das dritte in die Stufe der konkreten Operationen, die dritte Stufe, überleitet (1945, Kap. 10). – Die folgende Darstellung geht vor allem auf die ersten beiden Stadien ein.

Das erste Stadium

Vorschulkinder können noch nicht logisch denken, was mit den Schwierigkeiten zusammenhängt, die sie im Umgang mit Beziehungen verschiedener Art haben. Im Alter von 3 Jahren sind sie beispielsweise nicht imstande, zwischen Einzelnem und Allgemeinem, zwischen Individuum und Art, zwischen Teil und Ganzem oder zwischen Element und Klasse zu unterscheiden. So differenzierte eine von Piagets Töchtern mit gut 3 Jahren noch nicht deutlich zwischen der Stadt Lausanne und dem Haus ihrer Großmutter, das in ihren Augen den ganzen Ort repräsentierte (1945, Bb 108).

„Mit 2;6 bezeichnet sie [Jacqueline] durch den Terminus ‚die Schnecke' die Schnecken, die wir jeden Morgen auf einem bestimmten Weg sehen. Mit 2;7 (2) ruft sie: *Da ist sie ja!*, als sie eine sieht; 10 Meter weiter sehen wir eine andre, und sie sagt: *Wieder die Schnecke.* Ich erwidere: ‚Also ist es dieselbe?' – *Ja.* – ‚Eine andere Schnecke?' – *Ja.* – ‚Eine andere oder dieselbe? – ...' Die Frage hat offensichtlich für J. noch keinen Sinn" (1945 Bb 107).

Piagets Deutung zufolge betrachtet das Kind eine Klasse wie die der Schnecken oder Wölfe als „eine Art ‚typisches Individuum', das in verschiedenen Exemplaren auftaucht" (1945, 288) – ein Umstand, dem auch das Märchen Rechnung trägt: Dem Rotkäppchen begegnet im Wald nicht ein Wolf, sondern „der Wolf".

Solange zwischen Einzelnem und Allgemeinem nicht unterschieden wird, sind natürlich auch logische Schlußfolgerungen nicht möglich. Das kindliche Denken geht nicht, wie das deduktive Schließen, vom Allgemeinen zum Einzelfall oder, wie das induktive Schließen, vom Einzelnen zum Allgemeinen, sondern vom Einzelnen zum Einzelnen:

„L. mit 4;10 (21) [= 4 Jahren, 10 Monaten und 21 Tagen] an einem Nachmittag ohne Siesta: *Ich habe nicht geruht, also ist es nicht Nachmittag.*" (1945, Bb 112b)

Piaget nannte diese kindliche Schlußweise, wie vor ihm der deutsche Psychologe W. Stern, „transduktives Schließen". Solange sie noch nicht logisch denken können, sind Kinder für Widersprüche nicht sensibel. Auch die Vorstellung, daß ein

Mensch unabhängig von seinem Aussehen immer derselbe bleibt (Identität der Person), ist den Kindern dieses Alters noch nicht vertraut. – Im Alter von 2;7 (12) sieht Jacqueline ihre jüngere Schwester Lucienne in einem neuen Badekostüm mit Mütze. Sie fragt:

„*Wie heißt das Baby?* Ihre Mutter antwortet ihr, daß es sich um ein Badekostüm handelt, aber J. zeigt auf L. selbst und sagt: *Aber wie heißt die da?* (...) Sobald L. ihren Badeanzug auszieht, ruft J. ganz ernsthaft: *Jetzt ist es wieder Lucienne,* als ob ihre Schwester ihre Identität mit dem Kostüm gewechselt hätte" (1945 Bb 106a).

Hinter der Folge von diskontinuierlichen Zuständen gibt es in den Augen des Kindes noch nicht die sich durchhaltende Identität der Person. So bezweifelt Piagets Tochter Lucienne im Alter von knapp 2½ Jahren angesichts einer früheren Fotografie ihrer größeren Schwester Jacqueline, daß es sich wirklich um J. handelt, und kommentiert: Das ist sie, „als sie Lucienne war" (Bb 106b). Ein elementares Bewußtsein von der eigenen Person und dem eigenen Willen entwickelt sich mit etwa 3 Jahren – eine Tatsache, in der B. Inhelder die intellektuelle Voraussetzung für die in diesem Alter besonders ausgeprägte Tendenz zu Trotzreaktionen sah.[17]

Auch die sich durchhaltende Identität einmaliger Naturgegenstände wird in diesem Alter noch nicht begriffen, und die Sonne, die am Urlaubsort vor einem anderen Horizont untergeht als zuhause, kann gelegentlich zu Fragen Anlaß geben: „Also gibt es zwei Sonnen?" (1945, Bb 130).

Eine Eigentümlichkeit der Denkweise kleiner Kinder, die Piaget schon früh herausgearbeitet hat, ist die Unfähigkeit, deutlich zwischen geistigen und materiellen Prozessen zu unterscheiden. Über Dinge geistiger Herkunft, wie Namen, Träume, aber auch soziale Regeln, sprechen sie so, als existierten sie unabhängig vom menschlichen Bewußtsein, und neigen dazu, geistige Eigenschaften in der äußeren Wirklichkeit zu lokalisieren. Hier ein Beispiel, wo dies mit den Namen geschieht:

„Mit 3;6 (7) sitzt J. im Gras und fragt mich nach den Namen einiger Blumen, Spinnen usw... *Ja, ich will, daß du mir die Namen sagst...* (Schweigen). *Wo sind die Namen der Dinge?* – Was glaubst du? – *Hier* (zeigt um uns herum). – Und der Name dieser Spinne? – *In ihrem Loch*“ (1945, Bb 123).

Auch Bildern messen Kinder zwischen 2 und 4 Jahren manchmal Realitätswert bei. Piagets Tochter Lucienne äußerte sich zum Beispiel mit 2;8 (14) spontan: „Das ist sehr schwer (ein Album mit Bildern), weil da ein kleines Mädchen drin ist“ (1945, Bb 106b). – Konsequenterweise haben in dieser Phase auch moralische Kategorien noch keinen Sonderstatus gegenüber physikalischen: Ein Stein, über den ein Kind stolpert, ist „böse“. Selbst Pflichten und mit ihnen verbundene Wertsetzungen betrachten die Kinder so, als ob sie für sich, unabhängig vom Bewußtsein existierten und sich den Menschen gleichsam von selbst aufdrängten (1932, 121). Piaget bezeichnete diese bei Kindern unter 5 bis 6 Jahren besonders stark entwickelte Haltung als „moralischen Realismus“ (vgl. S. 106).

Das zweite Stadium

Anders als noch im ersten Stadium kann sich das Kind nun Beziehungen vorstellen, und es unterscheidet zwischen geistigen (psychischen) und materiellen (physischen) Vorgängen. Aber es verleiht den Dingen immer noch geistige Eigenschaften, die es an sich selber kennt, wie Bewußtsein und Wille. Piaget zitierte Kinder, die ihm erklärt hatten, die Sonne sei lebendig, „denn sie macht, daß es Tag ist“ , oder die Wolken lebten, „denn sie machen, daß es regnet“ (1926, 164). Wenn kleine Kinder den Mond bei Spaziergängen am Abend gleichsam über die Dächer huschen sehen, nehmen sie mit einer unbefangenen Selbstverständlichkeit an, er begleite sie, und die Frage, was der Mond tue, wenn ihnen jemand entgegenkomme, scheint sie nicht zu irritieren. Ein Kind (7 Jahre) antwortete: „Er folgt dem einen, und wenn er heimkehrt, folgt er dem anderen“ (1926, 178). Mit fortschreitender Entwicklung betrachtet das Kind nur noch Menschen, Tiere und Pflanzen als lebendig, nimmt aber weiterhin an, daß auch Tiere denken usw. Piaget hat auf die Ähnlichkeit dieser kindlichen Tendenzen mit dem Animismus (von lat. anima = Seele) bei Naturvölkern hingewiesen.

Auf die Frage nach der Herkunft der Seen, Berge und Täler antworteten viele Kinder dieses Alters, sie seien einst von Menschen geschaffen worden oder doch zumindest aus einer menschengerechten Zweckmäßigkeit heraus entstanden. Piaget bezeichnete diese Tendenz als „Artifizialismus" (von lat. artifex = Schöpfer, Künstler) und „Finalismus" (von lat. fines = Zweck, Ziel).

Anders als das 2- oder 3jährige Kind hält das 5- oder 6jährige naturbedingte Regelmäßigkeiten und moralische oder soziale Regeln auseinander, versteht aber den Sinn sozialer und moralischer Normen noch nicht. Dazu müßte es sich auf den Standpunkt anderer Menschen stellen können – eine Voraussetzung, die es erst in der nächsten Stufe erfüllt.

Piaget hat den Realismus wie den Animismus im Frühwerk mit der egozentrischen Denkweise des Kleinkindes in Verbindung gebracht (1926, 1. und 2. Teil), die in der vorliegenden Stufe besonders deutlich ausgeprägt ist. Später ergänzte er diese Auffassung durch Analysen des „anschaulichen", „vorbegrifflichen", oder auch „präoperativen" Denkstils dieser Kinder (1945, Kap. X).

Der Fortschritt des zweiten gegenüber dem ersten Stadium des präoperativen Denkens läßt sich am besten durch Hinweis auf den Umstand kennzeichnen, daß sich das Kind nun Beziehungen aller Art (z.B. räumliche und zwischenmenschliche) vorstellt, aber noch nicht imstande ist, sie im Geiste umzudrehen. Piaget belegte dies anhand einer eindrücklichen Reihe von Beispielen. In einem der Experimente gab er den Kindern ein Sortiment von unterschiedlich langen Stäbchen und bat sie, daraus eine Treppe zu bauen. Die Längendifferenzen waren so gering, daß sie sich nur durch Paarvergleich feststellen ließen (1941, Kap. V und VI). Die kleinsten Kinder (erstes Stadium) ordneten die Stäbchen paarweise oder in kleinen Gruppen an, ohne sie zu einer einheitlichen Treppe zusammenzuschließen. Fünfjährige Kinder (zweites Stadium) lösten die Aufgabe durch tastendes Versuchen, waren aber überfordert, als sie zusätzliche Stäbchen nachträglich an der richtigen Stelle einfügen sollten. Es gelang ihnen nicht sich vorzustellen, daß ein Stäbchen B zugleich länger als A und kürzer als C ist. Erst im Alter von 6 bis 7 Jahren entwickelten sie eine systematische Methode, die Stäbchen der Länge nach anzuordnen: Sie nahmen das kürzeste (oder das längste), suchten danach durch Paarvergleich das zweitkürzeste (bzw. das zweitlängste) usw., was darauf schließen läßt, daß sie in der Lage waren, die Relation ‚kürzer als' umzukehren (1941, Kap. VI; 1949a).

Ebenso überraschend sind Piagets Ergebnisse über das kindliche Verständnis von Teil und Ganzem. Im zweiten Stadium des präoperativen Denkens hält das Kind Teil und Ganzes zwar ebenso auseinander wie Einzelding und Klasse (Individuum und Art), aber es versteht diese Beziehungen noch nicht genau. In einigen Fällen denkt es an ein Nebeneinander – Genfer Kinder behaupteten, Genf liege nicht „in der Schweiz", sondern diese liege „nahe bei" Genf (1965a, 3. Aufl., 286) –, in anderen an eine Art Teilhabe („participation"): So hat etwa das einzelne Tierindividuum an der Tierart teil (1945, 288f.).[18]

Das Kind weiß zwar, daß ein Ganzes mehrere Teile haben kann; um das Verhältnis von Teil und Ganzem als Einschließung (Inklusion) verstehen zu können, muß es aber auch einsehen, daß diese Teile zusammen ein vollständiges Ganzes ergeben. Bei einem Ganzen G, das aus zwei Teilen T_1 und T_2 besteht ($G = T_1 + T_2$), entspricht der eine Teil dem Ganzen minus den anderen Teil ($T_1 = G - T_2$). Bis zum Einschulungsalter begreifen Kinder die Inklusions-Beziehung noch nicht wirklich. Wie Piaget an klassisch gewordenen Beispielen demonstrieren konnte, sind sie nicht in der Lage, sich ihre Umkehrung vorzustellen: Dem Kind wird eine Schachtel gegeben, die einige Holzperlen (Gesamtmenge G) enthält. Die Mehrzahl dieser Perlen ist braun (größere Teilmenge T_1), zwei Perlen aber sind weiß (komplementäre Teilmenge T_2). Man fragt das Kind, ob sich in der Schachtel mehr Holzperlen oder mehr braune Perlen befinden und ob man mit den Holzperlen oder mit den braunen Perlen eine längere Halskette machen könne (1941, Kap. VII). Kinder unter 6 oder 7 Jahren scheitern bei der Beantwortung dieser scheinbar einfachen Fragen. Hier ein Teil eines Interviews mit einem Sechsjährigen:

„Sind in dieser Schachtel mehr Holzperlen oder mehr braune Perlen? – *Mehr braune Perlen.* – Warum? – *Weil es von denen aus Holz nur zwei gibt.* – Aber sind die braunen nicht auch aus Holz? – *Ach ja.* – Also, gibt es mehr braune oder mehr Holzperlen? – *Mehr braune.*" (1941, 215)

Um zu überprüfen, ob die Reaktion der Kinder nicht auf einem Mißverständnis beruhte, bat Piaget die Kinder, nachdem sie geantwortet hatten, ihm die Frage noch einmal genau zu wiederholen. In den meisten Fällen stellte er fest, daß sie die Frage richtig verstanden hatten. – Ein Beispiel: Ein Kind erkundigte sich, ob die braunen Holzperlen denn nicht auch aus Holz seien, und beantwortete sich dann selbst die Frage:

„Ja, du hast mir gesagt, daß sie aus Holz sind und man sieht es. [Dann, nach einiger Überlegung:] Das Halsband aus den braunen Perlen wird trotzdem länger sein, weil, wenn man alle braunen in das Halsband aus braunen Perlen tut, nur noch die beiden weißen übrigbleiben, wenn man das Halsband aus den Perlen aus Holz zusammensetzt." (1949a, 207)

Piaget hat die Schwierigkeit, an der die Kinder scheitern, auf erhellende Art analysiert. Es lohnt sich, die Stelle auszugsweise zu zitieren:

„Für uns [die Erwachsenen] geht es darum, zwei Halsbänder zur gleichen Zeit mit denselben Perlen zu machen, das verpflichtet zu nichts, weil es ja hypothetische Halsbänder sind! (...) Für das Kind hingegen (...) besteht sein Denken aus einem Handeln in der Vorstellung; es besteht darin, die konkrete Handlung noch einmal gedanklich zu vollziehen. Und darum: von dem Augenblick an, da es die braunen Perlen in das erste Halsband eingereiht hat, sind diese gebunden und man kann sie nicht zur gleichen Zeit an anderer Stelle verwenden. Das ist rein materialmäßig ja nicht möglich. Sobald jedoch sein Denken genügend beweglich oder ‚reversibel' ist, um die zwei Hypothesen zugleich zu bilden, kann es gleichzeitig die beiden Halsbänder vergleichen" (1949a, 207f.).

Diese Analyse ist jedoch noch um einen Punkt zu ergänzen. Piagets Deutung zufolge bereitet der Vergleich deswegen Schwierigkeiten, weil das Denken zu wenig beweglich ist, um eine Handlung und ihre Umkehrung (Bildung einer Perlenkette, Auflösung dieser Kette und Bildung einer neuen) gleichzeitig zu berücksichtigen. Man mag sich wundern, wieso das Vorschulkind trotz seiner lebhaften Phantasie nicht in der Lage sein soll, sich bald die Kette aus allen Perlen und bald diejenige aus der Teilmenge der braunen Perlen vorzustellen. Die Schwierigkeit scheint woanders zu liegen: Das Kind muß sich beide Ketten zugleich und nebeneinander vorstellen, um sie miteinander vergleichen zu können. Dieser Vergleich ist keine einfache Vorstellungsleistung, sondern setzt eine solche schon voraus und baut auf ihr auf. Die Lösung des Problems erfordert also eine Vorstellungstätigkeit zweiter Ordnung, und damit sind Vorschulkinder offenbar überfordert.[19]

Fig. 1

	braune P.	weiße P.	
a:	● ● ● ● ●	○ ○	*anschaulich* gegebene Gesamtkollektion
b:	● ● ● ● ●		*vorstellungsmäßig* daneben gelegte Teilkollektion

Kommentar zu Fig. 1: Anders als zwei unterschiedlich lange Stäbchen liegen Teil und Ganzes nicht nebeneinander, sondern der Teil ist im Ganzen eingeschlossen. Um den Teil (braune Perlen) mit dem Ganzen (Holzperlen) vergleichen zu können, muß man sich vorstellen, die Teilkollektion (b) liege neben der Gesamtkollektion (a), die dabei intakt bleibt. Da der Teil-Ganzes-Vergleich also selbst schon auf der Basis einer Vorstellung operiert, die er zugleich vorstellungsmäßig verarbeitet, ist er als eine Vorstellungstätigkeit zweiter Ordnung zu betrachten.

Kinder dieses Alters sehen in Gegenstandskollektionen also noch nicht Mengen, die aus kleineren Teilen zusammengesetzt sind. Sie beurteilen Kollektionen überwiegend nach figuralen Gesichtspunkten, ihr Denken bleibt in hohem Maße an die Anschauung gebunden.

Baut man vor den Augen eines 5- oder 6jährigen Kindes eine Reihe von Fläschchen auf, so ist es in der Lage, auf Geheiß des Versuchsleiters eine ebenso lange Reihe von Gläsern herzustellen, indem es jeder Flasche ein Trinkglas gegenüberlegt (Drei- bis Vierjährige können das noch nicht). Wenn man aber die Abstände zwischen den Gläsern vergrößert, so daß ihre Reihe länger und länger wird, verliert das Kind schließlich die Überzeugung, daß noch gleich viele Flaschen wie Gläser vorhanden sind, und es verwechselt die Menge mit der räumlichen Konfiguration (1941, Kap. III.1). Bei einer figuralen Anordnung von

Gegenständen ist die Anzahl der Elemente von untergeordneter Bedeutung, während es umgekehrt bei einer Menge auf die Zahl der Elemente ankommt und nicht auf ihre Anordnung in der Konfiguration. Das Kind verfügt über den Begriff der Mengenerhaltung, sobald es sich auch durch beliebige Veränderungen der Konfiguration nicht mehr von der Überzeugung abbringen läßt, beide Mengen hätten gleich viele Elemente (1941, Kap. III.1).

Die Entstehungs-Etappen des Schemas der Objekt-Permanenz wiederholen sich offensichtlich beim Aufbau des Schemas der Mengenerhaltung. So wie das Baby begreifen lernte, daß wechselnde sensorische Bilder noch keine Gegenstände ausmachen, muß das Kleinkind lernen, daß wechselnde Gegenstands-Konfigurationen noch keine Mengen sind. Diese Einsicht stellt sich im dritten Stadium ein, das zugleich den Übergang zum logischen oder operativen Denken bildet.

Exkurs: Piagets Erklärung der natürlichen Zahlen

Jedes der drei zuletzt dargestellten Experimente (Bildung einer Treppenreihe, Mengeninklusion, Eins-zu-eins-Korrespondenz) erhellt einen wesentlichen Aspekt an der Struktur der natürlichen Zahlen.

Die Frage, was die natürlichen Zahlen sind, hat die Philosophen im allgemeinen viel stärker bewegt als die Mathematiker. Für diese stellen die natürlichen Zahlen etwas Selbstverständliches dar, nach dessen Bedingungen zu fragen nicht mehr viel Sinn hat. Typisch für diese Haltung ist die Äußerung eines deutschen Mathematikers im 19. Jahrhundert (L. Kronecker, 1823–1891): „Die [positiven] ganzen Zahlen hat der liebe Gott gemacht, alles andere ist Menschenwerk“.[20] Selbst für die meisten Vertreter des mathematischen Konstruktivismus, deren Programm die Rekonstruktion komplexer mathematischer Begriffe und Operationen aus einfacheren ist, gelten die natürlichen Zahlen auch heute noch als „nicht weiter erklärungsbedürftig“.[21] Mit seiner entwicklungspsychologischen Zahl-Analyse hat Piaget jedoch einen Weg aufgezeigt, wie man die Basis der Mathematik, die Reihe der natürlichen Zahlen, auf elementarere Strukturen zurückführen kann.

Am gründlichsten hat Piaget den Aufbau des Schemas der natürlichen Zahlen am Übergang von der Stufe des präoperativen zu der des konkret operativen Denkens untersucht. Elementare Vorformen des Zahlbegriffs finden sich aber schon lange vorher: Einjährige Kinder fangen an, einzelne Gegenstände zu erkennen, zweijährige Gegenstandspaare, dreijährige Dreierkollektionen und so fort. Schon im Alter von 4½ oder 5 Jahren zählen Kinder gern Gegenstände kleiner Kollektionen ab. Das bedeutet aber noch nicht, daß sie Zahlen korrekt anwenden oder gar rechnen können: Sie gehen einfach die Gegenstände nacheinander durch und sprechen bei jedem ein Zahlwort aus. Anders gesagt, sie bringen die Gegenstände in eine Reihenfolge, indem sie einem jeden genau eine Zahl zuordnen, also eine Eins-zu-Eins-Korrespondenz zwischen Gegenständen und Zahlnamen herstellen (Fig. 2).

Fig. 2

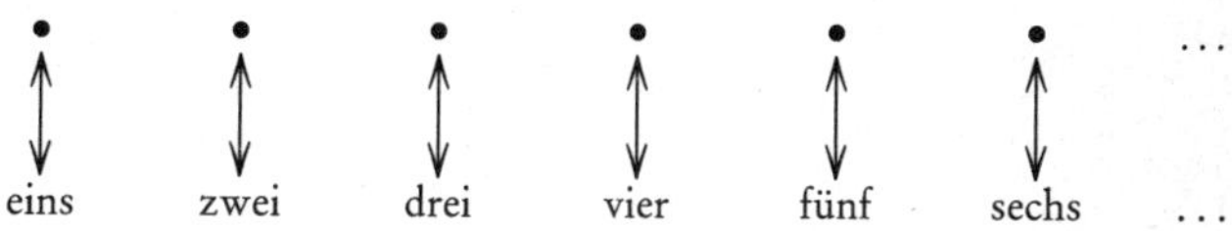

Das Schema des Zählens umfaßt aber noch einen weiteren Aspekt, den ein Kind erst versteht, nachdem es das präoperative Denken überwunden hat: Wenn man zählt, bildet man eine Reihe von aufeinanderfolgenden Mengen, deren jede einen Gegenstand mehr umfaßt als die vorhergehende. Jede Menge enthält alle vorhergehenden Mengen als Teile. Wer Gegenstände zählt, stellt also zugleich eine Reihe ineinandergeschachtelter Mengen her und ordnet jeder Menge genau einen Gegenstand zu (Fig. 3). Jedem gezählten Gegenstand korrespondiert also am Ende eine der ineinander geschachtelten Mengen (in Fig. 3 sind die Gegenstände als Punkte, die Mengen als Ellipsen gezeichnet).

Fig. 3

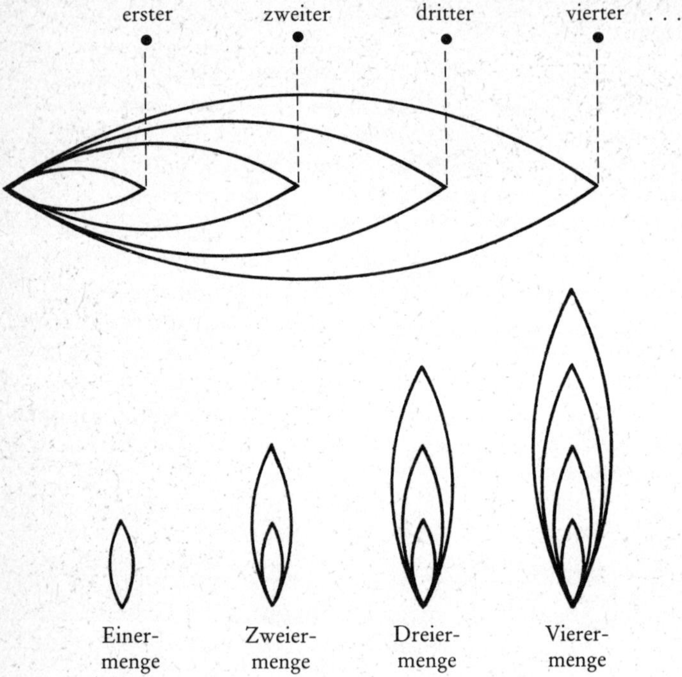

Natürliche Zahlen sind zugleich Ordinalzahlen (der erste, der zweite...) und Kardinalzahlen (eins, zwei,...): Eine Kardinalzahl steht für die Anzahl der Elemente, die eine Menge enthält, und eine Ordinalzahl für die Rang- oder Reihenfolge der Elemente. Abstrahiert man bei Mengen von Qualität und Materialität ihrer Elemente, so behält man ihre Anzahl (Kardinalzahl) zurück. Abstrahiert man bei aneinandergereihten Gegenständen von ihrer Qualität und Materialität, so behält man ihre Rangordnung (Ordinalzahl) übrig.

Der Bauplan der natürlichen Zahlenreihe erklärt sich nach Piaget entsprechend aus einer „Synthese“ oder „Verschmelzung“ zweier Arten von Operationen: der Aufreihung von Gegenständen (vgl. das Beispiel der Bildung einer Treppenreihe,

S. 132f.) und der Mengeninklusion oder Einschachtelung (vgl. das Beispiel mit den Holzperlen, S. 133f.). Für den natürlichen Zahlbegriff ist außerdem die Herstellung einer Stück-für-Stück-Korrespondenz wesentlich: Indem man die Gegenstände einer gegebenen Kollektion abzählt, ordnet man jedem Gegenstand genau eine Zahl (Ordnungszahl) zu und bringt sie dadurch in eine Reihenfolge (Fig. 2).

Piaget glaubte nachweisen zu können, daß sich Zahlen nicht, wie die englischen Philosophen B. Russell (1872–1970) und A. N. Whitehead (1861–1947) in ihrem epochemachenden Werk *Principia Mathematica* zu zeigen versucht hatten, auf logische Operationen allein zurückführen lassen. Russell und Whitehead zufolge ist die Zahl 12 die Klasse aller Klassen (Mengen) mit 12 Elementen, und allgemein sind die natürlichen Zahlen „Klassen äquivalenter Klassen". Diese Definition enthält aber eine Schwierigkeit – der Begriff der Äquivalenz ist nicht eindeutig: Zwei Gegenstände (beispielsweise Fahrzeuge gleichen Typs) sind qualitativ äquivalent, wenn man mit jedem Teil des einen Gegenstandes einen entsprechenden Teil des anderen in Beziehung setzen kann, und zwei Sätze sind logisch äquivalent, wenn sie unter gleichen Bedingungen wahr sind. Russell und Whitehead hatten aber nicht die qualitative oder logische, sondern die numerische Äquivalenz (Gleichzahligkeit von Mengen) im Auge, sie setzten die Zahl also schon am Anfang ihrer Erklärung voraus.[22] Die Grundlegung der Zahlen durch den deutschen Logiker G. Frege (1848–1925) weist eine analoge Schwierigkeit auf. – Da Piagets Einführung des Zahlbegriffs von diesem Zirkel frei ist, eignet sie sich gut zur Illustration seiner These, daß dem Aufbau neuartiger Strukturen eine Rekombination bereits vorliegender Strukturelemente zugrunde liegt. Weder die Aufreihung von Gegenständen noch die Koordination von Ganzem und Teil noch die Herstellung einer Stück-für-Stück-Korrespondenz setzt für sich den Begriff der Zahl voraus. Erst indem sie zusammenwirken, entsteht die numerische Quantität.

Andererseits gibt es in der Entwicklung keine creatio ex nihilo. In der Zähloperation vereinigen sich mehrere Aspekte elementarerer Operationen, und der Aspekt der Mengeninklusion, auf dem die verschachtelte Anordnung der natürlichen Zahlen beruht, ist durch reflektierende Abstraktion aus dem Schema des Hinzufügens gewonnen.

Im Einschulungsalter hat das Kind den Aufbau der natürlichen Zahlenreihe so weit begriffen, daß es diese Operationen im Zahlbereich unter 20 ohne große Schwierigkeiten erlernen kann. Damit ist eine Grundlage für das Verständnis quantitativer Zusammenhänge gegeben. Die Skala der natürlichen Zahlen erweitert sich dann allmählich.

Anfangs stellt sich das Kind die natürlichen Zahlen noch weitgehend nach dem Vorbild von Gegenstands-Kollektionen vor: 5 Finger plus 5 Finger ergeben 10 Finger. Selbst Größenunterschiede zwischen zwei Gegenstands-Kollektionen denkt es sich in Form einer Kollektion und nicht in Form einer abstrakten Zahl. In dem Grade, wie auch Differenzbeträge als vollwertige Zahlen anerkannt werden ($5-3 = 2$, $3-5 = -2$), löst sich der Zahlbegriff von seiner gegenständlichen Grundlage. Mit 10 bis 12 Jahren begreift das Kind im allgemeinen, daß man immer weiter zählen kann, ohne je ein Ende zu erreichen, und daß sich eine Fläche oder Linie mathematisch gesehen beliebig oft teilen läßt (1948, 183; 1977, 164f.). Da es im Universum nur endlich viele Gegenstände gibt, versagt die Vorstellung gegenständlicher Mengen für den Begriff des potentiell Unendlichen.

3. Ins Denken kommt Ordnung: Die konkreten Operationen (sieben bis elf Jahre)

Allgemeines

Der Schuleintritt mit 7 Jahren fällt in der Regel zusammen mit dem Beginn einer neuen Entwicklungsstufe, die 4 bis 5 Jahre dauern wird. Die Vorstellungsfähigkeit ist deutlich weiter entwickelt als in der vorhergehenden Stufe: Die Kinder können sich nicht mehr nur Zustände, sondern auch Bewegungen und Veränderungen vorstellen. Wenn ein Kind dieses Alters etwas verloren hat, versucht es sich zu erinnern, wo es überall gewesen ist, bis ihm einfällt, an welcher Stelle es den vermißten Gegenstand suchen muß. Ein kleineres Kind würde dagegen von Zimmer zu Zimmer laufen und überall nach dem Gegenstand suchen: Es vermag sich die aufeinanderfolgenden Ortswechsel noch nicht systematisch vorzustellen und ist daher in stärkerem Maß auf die Wahrnehmung angewiesen.

Daß Vorschulkinder sich Bewegungen und Transformationen nicht vorstellen können, dürfte an ihrer Unfähigkeit liegen, einen Prozeß in eine Folge von Zuständen (Anfang, Mitte, Ende) zu zerlegen und diese Zustände in der Vorstellung nebeneinanderzuhalten. Die Fähigkeit, verschiedene Vorstellungselemente miteinander zu vergleichen oder zu einem Ganzen zu verbinden, ist für das begriffliche Denken grundlegend. Sein Auftreten an der Schwelle zur dritten Stufe läßt sich also mit einer Vorstellungstätigkeit zweiter Ordnung (vgl. S. 135) erklären.

So lernen Kinder erst in diesem Alter, Gegenstände nach zwei Gesichtspunkten (z. B. Form und Größe) gleichzeitig zu klassifizieren, während die Klassifikation nach einem einzigen Gesichtspunkt schon jüngeren Kindern gelingt (1959 II, Kap. 8).

Im Grundschulalter sind Kinder zu elementaren logischen und mathematischen Operationen in der Lage, bleiben dabei aber noch auf konkretes Anschauungsmaterial angewiesen. Piaget bezeichnete daher die Intelligenz in diesem Alter als „konkret operativ". Die Fähigkeit zum abstrakten Denken stellt sich erst etwa vier Jahre später ein.

Im allgemeinen gelingt es 7- oder 8jährigen Kindern auf Anhieb, Stäbchen nach ihrer Länge zu ordnen (vgl. S. 132f.), und sie sehen ohne weiteres ein, daß ein Ganzes mehr Elemente enthält als jeder seiner Teile (vgl. S. 133f.) – vorausgesetzt, daß konkretes Anschauungsmaterial vor ihnen liegt. Ohne diese Voraussetzung begehen sie dagegen ähnliche Fehler wie in der vorhergehenden Stufe: Zeigt man ihnen einen bunten Sommerstrauß, so antworten sie auf die Frage, ob der Strauß mehr Blumen als Margheriten enthalte, korrekt und ohne Bedenken. Stellt man den Kindern dagegen die Frage, ob es draußen mehr Vögel oder mehr Spatzen gebe, so können sie sich nicht auf die

Wahrnehmung stützen: Der Blick aus dem Fenster nützt ihnen nichts, sie werden niemals alle Vögel und alle Spatzen zu Gesicht bekommen. Die Frage verlangt von ihnen einen Vergleich zwischen zwei bloß vorstellbaren Mengen – eine Aufgabe, zu deren Lösung sie noch nicht in der Lage sind.

Piaget definierte Operationen als verinnerlichte („interiorisierte"), umkehrbare („reversible") Handlungen, die miteinander zu einem System koordiniert sind (1957, 45).[23] Wenn er in der Reversibilität auch das wichtigste Merkmal des operativen Denkens im Unterschied zum präoperativen sah, sind doch die anderen beiden Bestimmungen genauso wichtig: Eine Operation kann auf der Verinnerlichung einer Handlung, eines physikalischen Prozesses oder auch räumlicher und zeitlicher Beziehungen beruhen. Während die Wahrnehmung von Prozessen und Relationen immer nur aus einem bestimmten Blickpunkt möglich ist, befreit sich das auf die Vorstellung gestützte Denken von dieser Einseitigkeit, indem es mehrere solche Blick- oder Bezugspunkte koordiniert.

In der Piaget-Literatur wird zwischen einem psychologischen und einem logischen Reversibilitätsbegriff unterschieden.[24] Im psychologischen Sinn ist die Reversibilität eine Fähigkeit, die sich ein Kind erwirbt, wenn es zwischen verschiedenen Bezugspunkten schnell genug hin- und herwechseln kann und es ihm gelingt, sie miteinander zu koordinieren. Die logische Reversibilität ist eine Eigenschaft von Operationen: Die Umkehrung der Addition ist die Subtraktion, die Umkehrung der Multiplikation die Division usw. Die psychologische Reversibilität zeigt sich etwa in der Kompetenz, Beziehungen von zwei Seiten aus zu sehen – ein Berggipfel liegt höher als ein Tal, das Tal tiefer als der Gipfel – oder sie umzukehren, also etwa vorauszusehen, daß sich bei zwei sich kreuzenden Kabinen einer Seilbahn die Beziehung von höher und tiefer umdreht. Wie Piaget gezeigt hat, sehen erst Kinder von 7 bis 8 Jahren voraus, daß in eine Röhre eingeführte Kugeln am anderen Ende in derselben Reihenfolge wieder auftauchen, eine Drehung der Röhre um 180 Grad aber mit einer Umkehrung der Reihenfolge verbunden ist. In diesem Alter lernen sie auch, zwischen reversiblen und irreversiblen Beziehungen zu unterscheiden. Während präoperative Kinder das Alter einer Person mit ihrer Körpergröße in Verbindung bringen, begreifen konkret operative Kinder, daß man andere Personen im körperlichen Wachstum, nicht aber altersmäßig überholen kann. Dank der Reversibilität emanzipiert sich der menschliche Geist von Raum und Zeit, die er nun in allen Richtungen durchstreifen kann, und ihr verdankt er auch die Fähigkeit, zwischen umkehrbaren und nicht umkehrbaren Prozessen zu unterscheiden (1941 b, 45).

Piaget hat dem Reversibilitätsgesichtspunkt immer eine besonders hohe Bedeutung beigemessen und dabei den Eindruck erweckt, als wäre die Reversibilität eine Ursache und nicht bloß eine Manifestation des konkret operativen Denkens. Wenn Vorschulkinder Schwierigkeiten haben zu verstehen, daß der Vater zwar älter als sein Kind, aber jünger als der Großvater ist, so deswegen, weil sie eine der Beziehungen verabsolutieren und nicht in der Lage sind, sie mit einer anderen Beziehung zu koordinieren, also zu einem kleinen Beziehungssystem zusammenzufassen. Aus dem gleichen Grund sehen sie auch nicht ein, daß man, um aus Wachs und Ton zwei gleich schwere Kugeln herzustellen, mehr Wachs als Ton benötigt, weil Ton schwerer ist als Wachs (1942, Kap. IX, 1). Das Problem dieser Kinder ist wohl nicht primär eines der mangelnden Reversibilität. Es tritt überall auf, wo es gilt, zwei Beziehungen miteinander zu koordinieren, auch wenn die Umkehrung von Beziehungen dabei keine Rolle spielt.

Die Kinderzeichnung liefert dafür sprechende Beispiele: Fünfjährige Kinder zeichnen Kamine auf schrägen Dächern oder Bäume an Berghängen schief (aber rechtwinklig zur jeweiligen Unterlage), obgleich sie senkrecht stehende Kamine und Bäume natürlich schon oft gesehen haben. Wenn sie zeichnen, schreiben sie den rechten Winkel nicht dem Verhältnis zwischen Erdboden und Kamin zu, sondern dem Verhältnis zwischen Dach und Kamin, als ob sie die beiden Verhältnisse verwechselten: Und wenn man eine zur Hälfte mit Saft gefüllte Flasche neigt, „sehen" sie den Flüssigkeitsspiegel nicht parallel zum Erdboden oder zur Tischoberfläche, sondern rechtwinklig zur Flaschenwand (und zeichnen ihn entsprechend), als ob der Saft in der geneigten Flasche zu Eis erstarrt wäre. Offenbar gelingt es ihnen noch nicht, die Beziehung Erdboden-Flasche mit der Beziehung Erdboden-Flüssigkeitsspiegel (oder die Beziehung Erdboden-Dach mit der Beziehung Erdboden-Kamin) zu koordinieren und dabei die Invarianz der Horizontalen und der Vertikalen zu entdecken.[25]

Zwischen der Reversibilität des operativen Denkens und der Koordination zweier Beziehungen besteht ein enger Zusammenhang (vgl. 1941a, 63). Nach Piaget ist die Reversibilität denn auch an ein System gebunden, in dem wir Beziehungen operativ untereinander verknüpfen. Er nannte solche Systeme (in Anlehnung an den mathematischen Begriff der Gruppe, vgl. S. 157) „Gruppierungen": „Die Gruppierung ist eine Koordinierung der Operationen (...), die das Individuum ausführen kann" (1947, 184).

Für Operationen, die untereinander eine „Gruppierung" bilden, gilt:

„Die Operationen können sich untereinander ‚zusammensetzen' [Transitivität]; jeder Operation entspricht eine ‚inverse', die sie annulliert; das Ergebnis einer direkten Operation und ihrer inversen ist eine Null-Operation: die ‚allgemeine Identität' (...); drei untereinander zusammengesetzte Operationen sind ‚assoziativ', das heißt, sie führen auf verschiedenen Wegen – (1+2)+3 oder 1+(2+3) – zum gleichen Ergebnis; und jede Operation, die mit sich selbst zusammengesetzt wird, bleibt mit sich identisch (‚spezielle Identität')"[26] (1941b, 43).

Piaget hat verschiedene „Gruppierungen" formalisiert und mit ihrer Hilfe die Stringenz des Denkens 7- bis 11jähriger Kinder zu erklären versucht (1942a; 1949). Im Vordergrund stand dabei die Logik der Klassen und der Relationen. Mit seinen Formalisierungen hat er sich in der Psychologie allerdings nicht durchgesetzt, und zum Verständnis der Natur des „konkret operativen" Denkens ist ihr Studium nicht unbedingt erforderlich.[27]

Den Operationen beim Einzelindividuum entsprechen in der gesellschaftlichen Interaktion die „Ko-Operationen". Auch sie bilden häufig einen Systemzusammenhang, der es den Beteiligten erlaubt, die verschiedenen sozialen Standpunkte miteinander zu koordinieren (^{2}1924, 22). Dabei können sich entsprechende soziale (und moralische) Gefühle bilden: Wenn eine Person A einer anderen B einen Dienst leistet, verrichtet sie eine bestimmte Tätigkeit (i), über die die andere Person eine Befriedigung (ii) verspürt. Aus dieser Befriedigung ergibt sich für B eine Verpflichtung oder Schuld (iii) gegenüber A, und diese bedeutet für A einen Wert (iv). Der Austausch ist im Gleichgewicht, wenn die Tätigkeit von A und die Befriedigung von B einander gleichwertig sind. In diesem Fall halten sich auch die Verpflichtung für B und der A zustehende Wert gegenseitig die Waage (1945a, 159ff.).

Auch die Fähigkeit, Beziehungen von zwei Seiten her wahrzunehmen, ist im kindlichen Sozialverhalten von großer Bedeutung. Piaget nannte diese Fähigkeit Reziprozität (Wechselseitigkeit):[28] Ein soziales Zweierverhältnis, in dem sich beide Personen aufeinander einlassen und in dem jede die Beziehung von beiden Seiten beurteilt, ist in diesem Sinne wechselseitig. Sicher wissen in manchen Situationen bereits Vorschulkinder intuitiv um die Wirkung, die ihre Handlungen auf andere Personen haben. Aber die Fähigkeit, sich in den Standpunkt des Anderen hineinzuversetzen, wird erst im Alter von 7 bis 8 Jahren entwickelt, also beim Eintritt in die dritte Stufe.

Das konkret operative Denken im Unterschied zum präoperativen: Der Aufbau des Schemas der Mengenerhaltung

Eines der sichersten Kriterien für die Fähigkeit zum operativen Denken ist Piaget zufolge die Einsicht in das Prinzip der Mengenerhaltung. Wie sich diese Einsicht im Übergang zur Stufe des konkret operativen Denkens entwickelt, hat er zusammen mit B. Inhelder anhand einiger berühmt gewordener Experimente untersucht.

Die Verformung einer Tonkugel und das Problem der Mengenerhaltung (1942, Kap. I).[29] Man zeigt einem Kind zwei gleich große Kugeln aus Knetmasse und fragt es, ob die beiden Kugeln „gleich viel“ Ton enthalten. Wenn es zustimmt, verformt man eine der Kugeln nach und nach zu einer Rolle und stellt dann die Frage, ob die Kugel und die Rolle immer noch gleichviel Ton enthalten. In einer anderen Versuchsanordnung gießt man vor den Augen der Kinder Wasser oder Saft aus einem hohen, dünnen in ein niedriges, breites Glas oder in mehrere kleine Gläser und fragt die Kinder, ob nach dem Umschütten noch gleich viel Wasser oder Saft vorhanden sei (1941, Kap. 1). Wir beschränken uns im folgenden auf das Beispiel mit den Tonkugeln. Die jüngeren Versuchspersonen (bis 6 oder 7 Jahre) antworten in der Regel, die Tonrolle enthalte mehr bzw. weniger Masse, weil sie länger bzw. dünner sei als die Kugel. Offenbar achten sie nur auf einen Aspekt der Formänderung, die Zunahme der Länge oder die Abnahme der Dicke. Später lockern sie ihre einseitige Konzentration oder „Zentrierung" und achten auch auf den bis dahin übersehenen Aspekt der Transformation. Dann wechseln sie zwischen beiden Aspekten hin und her, und dieser Wechsel erfolgt immer rascher (Phase der „Dezentrierung"). Schließlich werden sie auf den gegenseitigen Ausgleich zwischen den beiden Veränderungen aufmerksam und sehen ein, daß sich die Tonmasse (oder Menge) durch Verformung nicht verändert, die unverformte und die verformte Knetkugel also „gleich viel" Substanz enthalten.

Zur Einsicht in die Mengenerhaltung muß das Kind augenscheinlich in der Lage sein, die sich ausgleichenden Variationen im Denken nachzuvollziehen. Der geistige Nachvollzug einer solchen Ko-Variation ist eine „Operation". Piaget zufolge eignet sich die Einsicht in das Prinzip der Mengenerhaltung geradezu als Kriterium für die Fähigkeit zum operativen Denken.

Wenn 7jährige Kinder ihre Überzeugung, daß die transformierte Knetmasse sich mengenmäßig nicht verändert hat, begründen sollen, führen sie drei Arten von Argumenten an (^{2}1941 a, 31): 1. Die Transformation läßt sich wieder rückgängig machen („Reversibilitäts"-Argument). 2. Man hat nichts hinzugefügt und nichts weggenommen (Identitäts-Argument). 3. Die Knetekugel ist länger, aber auch dünner geworden (Kompensations-Argument). – Wie die ersten beiden Argumente zeigen, reflektieren die Kinder nun auf die Handlung, durch die die

Tonrolle verformt wurde. Noch erhellender ist das dritte Argument: Um zum richtigen Urteil zu kommen, muß das Kind tatsächlich zwei Gestalt-Aspekte miteinander vergleichen, die sich gleichzeitig verändern, wobei die eine Veränderung die andere kompensiert: Die Tonmasse wird länger und zugleich dünner. Solange das Kind nur einen dieser Aspekte berücksichtigt, denkt es, die Tonmasse nehme zu (weil sie länger wird) oder ab (weil sie dünner wird).

Piaget hat den Aufbau des Schemas der Mengenerhaltung auf die Entstehung der Reversibilität des Denkens zurückgeführt. Die Reversibilität dürfte aber als Bedingung kaum ausreichen. Denn es gibt Dinge, deren Masse auch bei periodischen Veränderungen mitvariiert. Ein Baum, der im Herbst Früchte und Blätter verliert, hat im Winter weniger Masse als im Sommer, obwohl sich der sommerliche Zustand ein paar Monate später wieder herstellt. Außerdem sind Kinder schon im Alter von 1½ Jahren – also viele Jahre bevor sie das Schema der Mengenerhaltung aufgebaut haben – in der Lage, sich zu einer Handlung, die sie vollziehen, die umgekehrte Aktion vorzustellen und auch gezielt herbeizuführen: sie wissen, einen Gegenstand, den man versteckt, kann man wieder hervorholen. Für die Einsicht in das Prinzip der Mengenerhaltung muß offenbar noch eine weitere Voraussetzung erfüllt sein. Wie Piaget in anderen Zusammenhängen selbst wiederholt betont hat, erinnern sich präoperative Kinder zwar sehr wohl an Zustände, aber bei Transformationen versagen ihr Gedächtnis und ihre Vorstellungsfähigkeit. Das legt die Vermutung nahe, daß die Einsicht in das Invarianzprinzip und die Art, wie sich die Versuchsperson die Transformation der Kugel zur Rolle vorstellt, miteinander zusammenhängen. Das Kind muß sich vor Augen führen, wie die Tonrolle nach und nach immer länger, aber auch immer dünner wird. Da jeder spätere Zustand alle früheren eliminiert, sind die verschiedenen Längen und Durchmesser niemals alle auf einmal wahrnehmbar, und die Vorstellung muß einspringen.

Zum Urteil der Mengenerhaltung gelangt das Kind also nicht lediglich durch anschaulichen Vergleich von Kugel und Rolle (die es beide vor Augen hat), sondern dadurch, daß es sich das

Nacheinander der verschiedenen Zustände bei der Transformation vorstellt und, auf dieser Vorstellung aufbauend, jeweils Länge und Dicke miteinander vergleicht. Während das Schema der Objektpermanenz an eine einfache Vorstellungstätigkeit gebunden ist, setzt das Schema der Mengenerhaltung die Fähigkeit zu Vorstellungen zweiter Ordnung voraus.

Der Unterschied zwischen dem ersten und dem zweiten Stadium der dritten Stufe

Zur Darstellung der Fortschritte des Denkens innerhalb der dritten Stufe beschränken wir uns auf zwei Bereiche: den kindlichen Zeitbegriff (genauer: seine Fähigkeit, verschiedene Geschwindigkeiten miteinander zu koordinieren) und die Übertragung des quantitativen Erhaltungsbegriffs auf Gewicht und Volumen.

Zeitbegriff und Zeitmessung. In der dritten Stufe sehen die Kinder ein, daß zwei Läufer trotz gleicher Start- und Ankunftszeit ungleich lange Strecken zurücklegen können. Diese Einsicht ist neu, denn wenn man einem Vorschulkind den Wettlauf zweier Spielfiguren vorführt, die von derselben Linie aus in gleicher Richtung gleichzeitig losmarschieren und gleichzeitig anhalten, aber unterschiedlich schnell gehen, so neigt es zur Ansicht, die Figur, die weiter gekommen ist, sei auch länger unterwegs gewesen, obwohl es die Gleichzeitigkeit von Start und Stillstand beider Läufer nicht bestreitet: Es verwechselt Zeit und Geschwindigkeit und liest die Zeitdauer an der räumlichen Strecke ab (1946, Kap. IV). Sobald es jedoch die Aufeinanderfolge von Zeitpunkten mit den verschieden langen Zeitintervallen, die dazwischen liegen, koordiniert, lernt es Geschwindigkeit und Zeit zu unterscheiden.

Im ersten Stadium der dritten Stufe verstehen die Kinder noch nicht, daß die Zeit mit gleichförmiger Geschwindigkeit abläuft. Wie Piaget beobachtet hat, glauben sie bis ins Alter von 8 bis 9 Jahren, der Zeiger einer Stoppuhr laufe schneller, wenn man eine schnelle, und gemächlicher, wenn man eine langsame Bewegung mißt (1946, Kap. VIII. 3). Aus dem gleichen Grund gelingt es ihnen auch noch nicht, die Geschwindigkeiten zweier Fahrzeuge, die zu verschiedenen Zeiten mit unterschiedlicher Geschwindigkeit unterschiedliche Strecken durchlaufen, miteinander zu vergleichen. Der Vergleich ungleichzeitiger Bewegungen erfordert eine zeitliche Metrik, die Kinder erst im zweiten Stadium anwenden (1946a, 199f.).

Die Erhaltung von Gewicht und Volumen bei Verformung der Materie. Für das erste Stadium der dritten Stufe ist die Einsicht in die Mengenerhaltung eines der sichersten Anzeichen (vgl. das Beispiel S. 145ff.). Mit 7 bis 8 Jahren, also im ersten Stadium der dritten Stufe, geben Kinder im allgemeinen die Erhaltung der Masse einer Tonkugel bei Formveränderung zu, doch merkwürdigerweise leugnen sie die Erhaltung des Gewichts und des Volumens. Die Erhaltung des Gewichts wird erst im Alter von 9 bis 10 Jahren, also im zweiten Stadium dieser Stufe, vorausgesehen (1941a, Kap. II. 3,4). Die Argumente, mit denen die Kinder ihre Einsicht bekräftigen, sind dieselben wie die, mit denen sie zwei Jahre früher ihre Einsicht in die Mengenerhaltung begründet haben: 1. Man habe nichts hinzugefügt oder weggenommen, 2. man könne die Transformation wieder rückgängig machen und 3. der Zuwachs an Länge werde durch die Abnahme an Dicke kompensiert.

Wie dieses Beispiel zeigt, findet bei der Anwendung eines kognitiven Schemas auf einen anderen und komplexeren Sachverhalt häufig eine zeitliche Verschiebung statt. Piaget sprach in solchen Fällen von einer „horizontalen Verschiebung" („décalage horizontal") – im Gegensatz zur Wiederholung von bereits durchlaufenen kognitiven Prozessen auf einer höheren Entwicklungsstufe, der sogenannten „vertikalen Verschiebung". Die Verzögerung bei der Einsicht in die Gewichtserhaltung im Vergleich zur Mengenerhaltung kann sicher nicht so gedeutet werden, daß das siebenjährige Kind die physikalische Masse (träge und schwere Masse) begreift und an das Erhaltungsprinzip der Masse glaubt, bevor es das entsprechende Verständnis beim Gewicht erwirbt, denn der physikalische Massenbegriff ist komplizierter als der Gewichtsbegriff.

Piaget schlug eine einfache Erklärung vor: Als Vereinigung

oder Summe von ,,elementhaften Objekten", d.h. ,,quantitativen Teilchen oder Einheiten" (1941a, 91), ist die Masse oder Substanz nur ein anschaulicher Stellvertreter des mathematischen Mengenbegriffs. Das Kind gelangt also zur Idee der ,,globalen Quantität", bevor es ihm gelingt, ,,differenzierte Quantitäten wie Gewichte oder Volumen zu konstruieren" (1941a, 41). Die ,,horizontale Verschiebung" der Gewichtserhaltung gegenüber der Mengenerhaltung wäre somit die Folge davon, daß sich der Begriff der Menge an einer unanschaulichen physikalischen Quantität neu bewähren muß.

Für jüngere Kinder wirkt das Gewicht wie eine Kraft, die intuitiv nach dem Druck geschätzt wird, den sie auf die Hand oder auf die Waagschale ausübt (1941a, 187). Noch ein Zehnjähriger argumentierte, eine Tonkugel sei schwerer als die (massengleiche) Rolle, weil dieser ,,ein Ende fehlt; es ist draußen" (das heißt, es ragt über den Rand der Waagschale hinaus), und es fehle ,,ein bißchen vom Gewicht". Als flacher Kuchen sei die Tonmasse umgekehrt schwerer als in Kugelform, denn der Kuchen ,,ist ausgedehnt. Es gibt viel, was den Teller (= die Waagschale) berührt, während es da zusammengedrückt und in einer Kugel ist" (1941a, 66).

Während das Gewicht immerhin noch der konkreten körperlichen Erfahrung zugänglich ist, läßt sich das Volumen eines Gegenstandes nur operativ bestimmen: Man taucht den Gegenstand in Wasser und mißt die Wasserverdrängung an der Erhöhung des Wasserspiegels (1941a, Kap. III und VI. 2). Piagets Versuchspersonen antizipierten bei der Verformung einer Plastillinmasse die Erhaltung des Volumens erst im Alter von 11 bis 12 Jahren. Das ist nicht erstaunlich, wenn man bedenkt, daß der Vergleich zwischen verschiedenen Gestalten der Plastillinmasse (Kugel, Rolle) dazu nicht genügt: Zusätzlich muß das vom Plastillin verdrängte Wasservolumen mit dem Volumen gleichgesetzt werden, das zwischen dem ursprünglichen und dem erhöhten Wasserstand Platz hat. Das Kind steht also vor der Aufgabe, zwei Operationen zu koordinieren, und diese Koordination ist eine Operation zweiter Ordnung – eine Leistung, die die Stufe der formalen Operationen voraussetzt.

Exkurs: Zählen und Messen

Mit dem natürlichen Zahlbegriff zusammen gehört die Einsicht in die Mengenerhaltung zum kognitiven Rüstzeug, das uns den Umgang mit physikalischen Quantitäten ermöglicht. Obwohl dieses Instrumentarium zu Beginn der konkret operativen Stufe vorhanden ist, muß seine Anwendung auf verschiedene Erfahrungsbereiche erst allmählich erlernt werden. Mit 6 oder 7 Jahren können Kinder zählen, aber sie benützen die Zahlen noch nicht zum Messen und auch nicht zu Größenvergleichen. Selbst auf anschauliche Quantitäten wie Länge, Breite, Höhe wenden sie sie erst mit etwa 7 oder 8 Jahren an (1948a, Kap. II. 7). Was ist das Problem?

Die einfachste Art von Mengen sind Gegenstands-Kollektionen. Die Zählbarkeit materieller Gegenstände beruht auf zwei Voraussetzungen: ihrer Diskontinuität (materielle Gegenstände sind räumlich begrenzt und durchdringen sich nicht) und ihrer relativen Dauerhaftigkeit (verwandelten sich die Dinge immer wieder wie Wolken und Nebelschleier, dann könnte man sie nicht zählen). Kontinuierliche Größen wie Längen oder Flüssigkeiten lassen sich nicht zählen, sondern nur messen.

Um zu prüfen, wie Kinder zwei Längen vergleichen, baute Piaget auf einem Tisch einen Turm und ließ seine Versuchspersonen auf einem niedrigeren Tisch aus kleineren Bauklötzen einen gleich großen Turm bauen. – Die jüngsten Kinder verglichen die Türme nach dem Augenmaß. Etwas ältere verwendeten ihren Körper als Maßstab, und Kinder im Alter von 7 oder 8 Jahren zählten nach, wie oft sie einen kleinen Bauklotz auf den beiden Türmen abtragen konnten (1948a, Kap. II, 1949a).

Zur Messung einer Länge bedarf es also einer Maßeinheit, die entlang der zu messenden Länge verschoben wird. Daher Piagets Erklärung, das Schema des Messens beruhe auf einer „operativen Verschmelzung von Teilung und Verlagerung“[30] (so wie das Schema des Zählens auf eine operative Verschmelzung von Klasseninklusion und Reihenbildung zurückgeht).

Besondere Schwierigkeiten bietet die Messung von Flüssigkeiten und unanschaulichen Größen wie Temperaturen, Zeiten,

Geschwindigkeiten, Gewichten, Kräften usf. Auch hier benötigt man eine geeignete Maßeinheit. Anders als bei der Längenmessung kommt ein starrer Körper dazu nicht in Frage, aber es muß trotzdem gewährleistet sein, daß die Maßeinheit im ganzen Meßbereich konstant dieselbe bleibt.

Einen wesentlichen Schritt in Richtung auf die Messung unanschaulicher Größen vollzieht das Kind mit der Entdeckung der relationalen Natur der Zahlen. So, wie im zweiten Stadium der vorausgehenden Entwicklungsstufe das Bewußtsein für logische, räumliche, aber auch zwischenmenschliche Beziehungen und Verhältnisse erwacht, bildet sich im zweiten Stadium der dritten Stufe der Sinn für Beziehungen und Verhältnisse zwischen Quantitäten und Zahlen aus. Zahlen werden nun nicht mehr nur zum Zählen von Gegenständen, sondern zur Bestimmumg von Größen aller Art verwendet, inklusive Größendifferenzen, Produkte und Größenverhältnisse (Brüche). Geometrisch können Zahlen nicht nur durch Strecken, sondern auch durch Streckendifferenzen, Streckenverhältnisse und Flächen dargestellt werden (Piaget hat diese Etappe der Zahlentwicklung allerdings nicht mehr untersucht).[31]

Die Erweiterung des kindlichen Zahlbegriffs hängt eng mit dem Verständnis einfacher Meßverfahren zusammen. So sind Kinder im Alter von etwa 10 Jahren durchaus in der Lage, Zeit, Temperatur, Gewicht usf. an den entsprechenden Geräten abzulesen. Der Uhrzeigerstand ist zwar nicht mit der Zeit und das Zünglein an der Waage nicht mit dem Gewicht gleichzusetzen – aber das spielt bei der Benützung dieser Instrumente für den Hausgebrauch keine Rolle. Uhren sind mechanische Vorrichtungen, die es erlauben, Zeit auf einer metrischen Skala abzubilden (die Mathematiker sprechen von einer ,,bijektiven Abbildung"). Dem einfachsten Fall einer Abbildung entspricht die Proportionalität. Der Umgang mit solchen Meßgeräten fördert entsprechend das Verständnis proportionaler Verhältnisse. Wenn das Kind mit 10 Jahren auf einfache Proportionen bei anschaulichen Größen aufmerksam wird, bedeutet das noch keineswegs, daß es auch die Beziehungen und Umkehrungen überblickt, die zwischen Zahlenverhältnissen bestehen (wenn gilt: a:b = c:d, dann gilt auch b:a = d:c, b:d = a:c usw.). Seine Intelligenz hat im Hinblick auf den Umgang mit Zahlenverhältnissen sozusagen noch nicht ihre vollständige Reversibilität erreicht, und das sich erst ausbildende Proportionalitätsschema[32] wird noch nicht auf physikalische Zusammenhänge angewendet. Wer aber über das verallgemeinerte Schema der Proportionalität noch nicht verfügt und das Prinzip der funktionalen Abhängigkeit nicht versteht, begreift noch nicht die Philosophie, die in einem Meßgerät steckt.

4. Die Intelligenz wird wissenschaftlich: Die formalen Operationen (ab elf oder zwölf Jahre)

Allgemeines

Etwa mit der Beendigung der Grundschule treten die Kinder in eine neue Entwicklungsstufe ein – die letzte, die Piaget und Inhelder erforscht haben. Ihre Untersuchungen darüber sind im wesentlichen auf ein einziges Buch konzentriert (Piaget/Inhelder 1955).[33] Inhelder führte die Experimente durch, und Piaget analysierte auf ihrer Grundlage die Denkstrukturen der Kinder.

Die Bezeichnung „formale Operationen" soll darauf hinweisen, daß Schüler der Mittel- und vor allem der Oberstufe nicht nur operativ denken, sondern mehr und mehr auch zu formalen und abstrakten Überlegungen vordringen. Sie sind also nicht mehr im gleichen Maß auf konkretes Anschauungsmaterial angewiesen wie Kinder im Grundschulalter. Einfache logische Fragen, die gänzlich an das Vorstellungsvermögen appellieren, wie die Frage, ob es mehr Vögel oder mehr Spatzen gebe (vgl. S. 141f.), bereiten von 11 bis 12 Jahren an keine besonderen Schwierigkeiten mehr.

Von diesem Alter an werden auch deduktive Schlüsse angewendet, d.h. aus bestimmten Voraussetzungen (Prämissen) Folgerungen (Konsequenzen) gezogen. Sätze, die als Prämissen dienen, sind keine Beschreibungen der Wirklichkeit, sondern Annahmen oder Hypothesen. Sie lassen sich (wenn auch nur indirekt) durch entsprechende Erfahrungen oder Experimente überprüfen. Eine Hypothese im Rahmen der Physik Newtons ist zum Beispiel der Satz: „Wenn ein Geschoß genügend beschleunigt wird, so gerät es in eine Erdumlaufbahn". Dieser Satz sagt nichts darüber aus, wie man vorgehen muß, um ein Geschoß in entsprechendem Maß zu beschleunigen, sondern behauptet einen gesetzmäßigen Zusammenhang zwischen zwei Arten möglicher Ereignisse: der Beschleunigung von Geschossen und ihrer anschließenden Flugbahn. – Hypothesenbildung, logisches Schlußfolgern und experimentelles Überprüfen sind methodisch die Grundlagen des naturwissenschaftlichen Denkens.

Das formal operative Denken emanzipiert sich bis zu einem gewissen Grad von der Ebene greif- und wahrnehmbarer Tatsachen, an der sich Kinder zwischen 6 und 11 Jahren noch überwiegend orientieren. Die erlebte Wirklichkeit, die vormals einen absoluten Bezugsrahmen bildete, wird in ein Universum von Möglichkeiten eingebettet und zu einer von vielen „möglichen Welten" relativiert. Den neuen absoluten Bezugsrahmen bildet ein Gefüge von logisch-mathematischen Abhängigkeiten und naturwissenschaftlichen Gesetzeszusammenhängen, also eine ideelle Wirklichkeit. Piaget hat den Schritt vom materiell Wirklichen zum Möglichen und vom Konkreten zum Abstrakten als eine Richtungsumkehr („inversion de sens") des Bewußtseins beschrieben.[34] Dieser Schritt hat mehrere Konsequenzen:

Etwa mit der Pubertät – deren Auswirkungen auf die kognitive Entwicklung das Genfer Team allerdings nicht weiter untersucht hat – werden Jugendliche auf die formalen Eigenschaften von Sätzen und Argumenten wie logische Richtigkeit, Widerspruchsfreiheit, Zirkelhaftigkeit usw. aufmerksam und denken über sprachliche Zusammenhänge nach. Dabei bewegen sie sich gleichsam auf dem Niveau einer Metasprache. Unter 12 oder 13 Jahren merken Kinder beispielsweise nicht, daß an dem Satz: „Ich bin nicht stolz, denn ich halte mich nicht für halb so intelligent, als ich in Wirklichkeit bin" (1926, 195), etwas formal nicht stimmt.

Im gleichen Alter nehmen Kinder auch zu den Gedanken ihrer Kommunikationspartner Stellung und kontrollieren ihre eigenen Denkvollzüge – eine Fähigkeit, die Piaget als „Reflexion im etymologischen Sinn", nämlich „Reflexion des Denkens auf sich selbst" bezeichnete.[35] Sie reflektieren außerdem über ihre Stellung in der Gesellschaft und entwerfen eine Art Lebensplan. Manche Teenager entwickeln ein reges Interesse an philosophischen, gesellschaftlichen, ethischen und religiösen Fragen (1955, Kap. 18).

Im Verhältnis zum konkret operativen Denken charakterisierte Piaget das formale als operatives Denken zweiter Ordnung.[36] Der Sinn dieser Bezeichnung läßt sich an einem Beispiel verdeutlichen: Der Satz „Wenn man ein Pendel verlängert, so nimmt seine Frequenz ab", sagt etwas aus über die Veränderung von Länge und Frequenz eines Pendels (Operationen erster Ordnung), indem er sie durch das Bedingungsverhältnis wenn – so (eine Operation zweiter Ordnung) miteinander verknüpft. Die Fähigkeit zur Ausführung von Operationen zweiter Ordnung ist für diese Stufe von ähnlicher Bedeutung wie die Fähigkeit zur Vorstellungstätigkeit zweiter Ordnung in der vorhergehenden Stufe.

Das kombinatorische Denken

Ein gutes Beispiel einer Denkoperation zweiter Ordnung ist die Kombinatorik. Drei Gegenstände (Kreuz, Dreieck, Quadrat) lassen sich z. B. auf acht (= 2^3) verschiedene Weisen in zwei komplementäre Gruppen (a und b) aufteilen:

	Gruppe a		Gruppe b		Gruppe a		Gruppe b
1.	+ △ □	/	– – –	5.	+ – –	/	– △ □
2.	+ △ –	/	– – □	6.	– △ –	/	+ – □
3.	+ – □	/	– △ –	7.	– – □	/	+ △ –
4.	– △ □	/	+ – –	8.	– – –	/	+ △ □

Jede Verteilung in der Gruppe a ist mit einer Verteilung in der Gruppe b identisch: 1a = 8b, 1b = 8a; 2a = 7b, 2b = 7a usw.

Bei kombinatorischen Aufgaben geht es nicht darum, Gegenstände nach äußeren Merkmalen zu klassifizieren, sondern systematisch alle Möglichkeiten zu ermitteln, nach denen die Elemente einer gegebenen Kollektion klassifiziert werden können. Die Kombinatorik ist eine Klassifikation aller Klassifikationen (1955, 278, 300), die sich mit den Objekten einer gegebenen Kollektion durchführen lassen.

Piaget und Inhelder haben ihre Versuchspersonen (Alter: 11 bis 16 Jahre) natürlich nicht nach kombinatorischen Formeln befragt. Aus guten Gründen beschränkten sie sich auf die Beobachtung ihres Verhaltens bei der Lösung bestimmter konkreter Aufgaben, die ein elementares kombinatorisches Denken voraussetzten.

In einem der Experimente (1955, Kap. 7) wurde ihnen eine Reihe von Fläschchen mit verschiedenen Flüssigkeiten präsentiert, die alle geruch- und farblos waren, sich aber in der chemischen Substanz unterschieden. Eine bestimmte Kombination dreier Flüssigkeiten ließ eine gelbe Farbe entstehen, die durch Hinzufügen einer vierten Flüssigkeit wieder zum Verschwinden gebracht werden konnte. Die Versuchspersonen sollten die entsprechenden Kombinationen durch systematisches Ausprobieren herausfinden. Während jüngere Kinder noch nicht auf die Idee kamen, mehr als zwei Flüssigkeiten zusammenzuschütten, ohne gleich alle miteinander zu vermischen, fanden Versuchspersonen von elf Jahren und darüber eine systematische Methode und mischten zuerst die Flüssigkeiten je zweier, dann je dreier Fläschchen usw.

Die Aussagenlogik

Bei der Auswertung der Untersuchungsergebnisse ist Piaget davon ausgegangen, daß das formal operative Denken sich stark an die Aussagenlogik anlehne.[37] Beispiele von aussagenlogischen Satzverknüpfungen sind: ,,p und q", ,,p oder q (oder beides)", ,,wenn p dann q", ,,entweder p oder q", ,,nicht zugleich p und q" usw. (wobei ,,p" und ,,q" für Aussagen stehen). Setzen wir für ,,p" ,,Klara strickt" und für ,,q" ,,Jakob liest", dann erhalten wir die Sätze: „Klara strickt und Jakob liest": „Klara strickt oder Jakob liest oder beides". „Wenn Klara strickt, so liest Jakob" usw. Jede Verknüpfung zweier elementarer Sätze zu einem komplexen Satz folgt einer bestimmten logischen Regel, die man als „Wahrheitsfunktion" bezeichnet. Zum Beispiel ist „wenn p, so q" wahr, wenn p und q wahr sind, wenn beide falsch sind und wenn p falsch und q wahr ist. Ist dagegen p wahr und q falsch, so ist der Verknüpfungssatz „wenn p, so q" falsch.[38]

So wie Piaget die Reversibilität als Kriterium für die operative Intelligenz ansetzte, benützte er die kommutative Gruppe INRC als Kriterium für die formal operative Intelligenz. Wir können hier nicht auf die mathematische Theorie der Gruppen eingehen und müssen uns auf Andeutungen beschränken. Piaget hat in der INRC-Gruppe das Indiz dafür gesehen, daß sich die formalen Operationen in Systemen organisieren, in denen zwei Arten von Reversibilität zusammenwirken. Zur Veranschaulichung sei hier der logische Zusammenhang zwischen vier verschiedenen Satzverknüpfungen dargestellt. I, N, R und C sind Transformationen, die dazu dienen, eine Aussagenverknüpfung (oder Wahrheitsfunktion) in eine andere zu überführen (Fig. 4).

Fig. 4

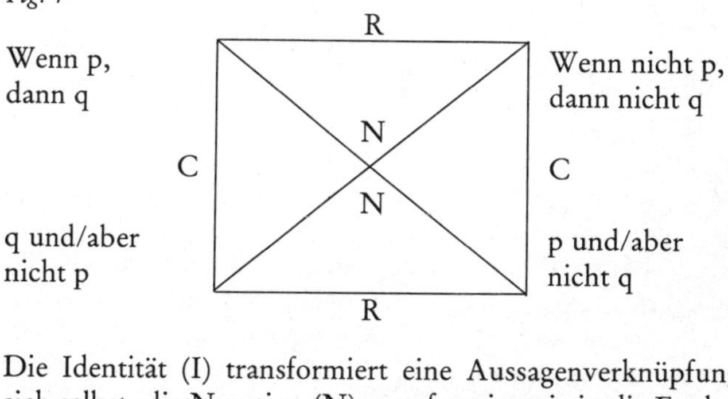

Die Identität (I) transformiert eine Aussagenverknüpfung in sich selbst, die Negation (N) transformiert sie in die Funktion, die ihr in der Figur diagonal gegenüberliegt (die Negation von „Wenn Klara strickt, [so] liest Jakob" lautet: „Klara strickt, und/aber Jakob liest nicht"). – Entsprechendes gilt für R und C. Außerdem gilt: NR = C; NC = R; RC = N sowie RNC = I. Diese Transformationen (I, N, R und C) bilden zusammen eine Kleinsche Vierergruppe.[39]

Gegen Piaget wurde vorgebracht, daß das Verständnis verschiedener Satzverknüpfungen von unterschiedlichem Schwierigkeitsgrad ist. Die Konjunktion („p und q") wenden beispielsweise schon Vorschulkinder an, wogegen bei komplizierteren aussagenlogischen Schlußformen und insbesondere bei der Erkennung ungültiger Schlüsse selbst die meisten Erwachsenen versagen. – So erstaunlich ist dies allerdings nicht, denn um falsche Schlüsse zu durchschauen, bedarf es einer reflektierten Kenntnis der aussagenlogischen Regeln. Die Genfer Experimentatoren untersuchten aber etwas anderes: Sie testeten die aussagenlogische Kompetenz ihrer Versuchspersonen nicht, indem sie ihnen Texte mit logischen Schlußfolgerungen zur Beurteilung oder Ergänzung vorlegten, sondern indem sie ihnen experimentelle Aufgaben stellten und ihre Lösungsstrategien studierten.

In einem dieser Versuche (1955, Kap. 4) bestand die Aufgabe darin herauszufinden, wie man die Schwingungsdauer eines Pendels variieren kann (die Schwingungsdauer hängt einzig von der Länge des Pendels ab, Gewicht und Auslenkwinkel sind unerheblich). – Es zeigte sich, daß im allgemeinen erst die Probanden, die das formal operative Stadium erreicht hatten, in der Lage waren, die möglichen Faktoren systematisch durchzuprobieren, indem sie immer nur eine Größe veränderten und die anderen konstant hielten. Auch von den fortgeschrittensten Versuchspersonen erwarteten die Experimentatoren nicht, daß sie Sätze der Art formulierten: „Wenn das Pendel lang ist, dann schwingt es langsam, und wenn es kurz ist, schwingt es schnell" (bikonditionale Aussagenverknüpfung). Sie erforschten nicht so sehr die reflektierte Kenntnis aussagenlogischer Regeln als vielmehr ihre Anwendung in actu. Die Denkoperationen der 12- bis 16jährigen sind also gar nicht wirklich „formal", sondern im Grunde „konkrete Operationen, auf Hypothesen oder Aussagen angewendet" (1943, 204). Auch Gymnasiasten bleiben bei komplizierteren Aufgaben auf anschauliches Material angewiesen:[40] Sie müssen die Waage, die hydraulische Presse, die schiefe Ebene, das Pendel, die Schattenprojektion usw. vor sich haben, um Annahmen darüber bilden zu können, wie sich die verschiedenen Faktoren auf diese Phänomene auswirken.

Die Beispiele von Piaget und Inhelder sind noch in anderer Hinsicht instruktiv: Die Versuchspersonen stehen hier nicht nur vor der Aufgabe, physikalische Faktoren zu ermitteln, die einen bestimmten Effekt bewirken – sie müssen diese Effekte auch quantitativ bestimmen, um die Art der Abhängigkeit herauszufinden. Dieser Teil der Aufgabe setzt entsprechende mathematische Fähigkeiten voraus.[41]

Die Proportionalität

Bei der Bestimmung der wechselseitigen Beeinflussung verschiedener Faktoren spielt das Schema der Proportionalität eine wichtige Rolle. Piagets Standardexperiment war neben der Balkenwaage die Schattenprojektion (1955, Kap. 13): Bei festem Abstand zwischen einer Lichtquelle und einer Projektionswand wird der Schatten eines Ringes auf der Leinwand um so größer, je mehr er sich der Lichtquelle nähert. Die Größenänderung des Schattenbildes und die Änderung des Abstands von der Glühbirne sind Variationen, die untereinander in einem funktionalen Zusammenhang stehen und ein System mit „doppelter Reversibilität" im Sinne Piagets bilden. Nun kann man die Größe des Schattenbildes aber auch dadurch verändern, daß man den Durchmesser des Ringes variiert. Piaget und Inhelder stellten ihren Probanden die Aufgabe, zu unterschiedlichen Abständen a der Ringe von der Lichtquelle den geeigneten Ringdurchmesser d zu finden, so daß die Größe des Schattenbildes konstant bleibt. – Während also bei der Transformation einer Tonkugel zur Rolle (S. 145f.) die Mengenkonstanz gleichsam sichtbar im Tonklumpen vor den Augen des Kindes verkörpert ist, steht die Versuchsperson im Beispiel mit der Schattenprojektion vor der Aufgabe, erst einmal die geeigneten Maßnahmen zu finden, die die Größe des Schattenbildes konstant zu halten erlauben.

Fig. 5

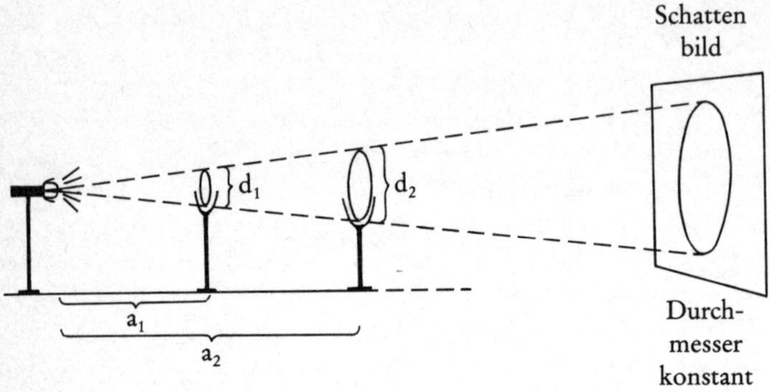

Es gilt: Das Verhältnis von Abstand (a) und Durchmesser (d) ist konstant (k):

$$\frac{\text{Abstand a}}{\text{Durchmesser d}} = k \qquad (1)$$

oder ausdrücklicher:

$$\frac{a_n - a_m}{d_n - d_m} = k \text{ (für beliebiges n und m; k ist konstant)} \qquad (2)$$

Diese Gleichung ist nicht so sehr eine Beschreibung der Wirklichkeit als die Kurzform einer Anweisung, die sagt, was man tun muß, um ein Schattenbild von konstanter Größe zu erhalten: ,,Wenn du den Abstand a um einen bestimmten Betrag (a_n–a_m) erhöhst, so mußt du den Durchmesser des Ringes um den entsprechenden Betrag (d_n–d_m) vergrößern, um dasselbe Schattenbild zu erhalten.“ Diese Anweisung hat den Status einer Operation zweiter Ordnung.

Das erste und das zweite Stadium der vierten Stufe

Im ersten Stadium bleibt das Schema der Proportion noch ,,qualitativ“ (1955, 196): Die Kinder entdecken die Proportionalität zwischen veränderlichen Größen gleichsam intuitiv, das heißt ohne systematisches Messen. Sie beachten noch nicht (oder zumindest noch nicht systematisch) die genauen Zahlenverhältnisse und können daher weder die Proportionalität verallgemeinern noch die zugrundeliegenden geometrischen Gesetzmäßigkeiten formulieren. Beides gelingt erst im zweiten Stadium, was auch erklärt, weshalb Kinder kaum vor Ablauf des 13. oder 14. Lebensjahres systematisch zu experimentieren beginnen.

Dieser Fortschritt ist mit demjenigen vergleichbar, der sich in der dritten Stufe zwischen dem ersten und dem zweiten Stadium beobachten läßt. In der dritten Stufe werden Zahlen zunächst auf absolute Größen oder Mengen angewandt und erst allmählich zur Berechnung von Größenunterschieden und Größenverhältnissen benützt – auch historisch sind Brüche zuerst als Zahlenverhältnisse und später als Verhältniszahlen oder „rationale Zahlen" aufgefaßt worden. In der vierten Stufe sind es Verhältnisse zwischen Größenunterschieden oder quantitativen Variationen (vgl. Formel 2), die der Jugendliche allmählich berechnen lernt. Damit gelangt er zum Verständnis des mathematischen Funktionsbegriffs. Die Proportionalität entspricht der einfachsten Art von Funktion – der linearen. Schwerer als die Entdeckung linearer Abhängigkeiten zwischen physikalischen Größen (wie im Fall der Schattenprojektion) fällt die von komplexeren Abhängigkeitsverhältnissen,[42] und ohne eine entsprechende Schulbildung dürfte sie kaum noch gelingen. – Eine Kugel beispielsweise, die man eine schiefe Ebene hinunterrollen läßt, legt in einer Sekunde eine, in zwei Sekunden vier, in drei neun Streckeneinheiten zurück: Die Funktion von Zeit und Weg ist quadratisch. Selbst Galilei hat in seinen Experimenten mit fallenden Körpern das quadratische Abhängigkeitsverhältnis nicht auf Anhieb erkannt.

Exkurs: Proportionalität und Invarianz

Piaget hat sich immer wieder gegen die im logischen Empirismus ursprünglich vertretene Auffassung gewandt, es gebe so etwas wie eine reine Beobachtung:

„Schon die Ablesung [eines Meßgeräts], und mehr noch ihre Verallgemeinerung, setzen eine ständige operative Aktivität des Subjekts voraus: Das physikalische ‚Faktum' ist nur durch die Vermittlung eines logisch-mathematischen Instrumentariums zugänglich" (1970, 125).

Eine Voraussetzung für die Meßoperation ist die Anwendung des Proportionalitätsschemas und in diesem Zusammenhang die Geltung bestimmter Invarianten. In der Mathematik stellt sich dabei kein Problem, die Zahl 10 ist jederzeit gleich 10. In der Physik dagegen drängt sich die Klärung der Invarianz-Bedingungen geradezu auf: So empfinden wir beispielsweise den Wärmeunterschied zwischen 50 und 60 Grad anders als den zwischen 0 und 10 Grad, und verschiedene Stoffe haben in unterschiedlichen Temperaturbereichen unterschiedliche Ausdehnungs-Koeffizienten: Wasser zieht sich bei Erwärmung von 0 auf 4 Grad sogar zusammen, ehe es sich bei weiterer Erwärmung wieder ausdehnt. Für die Festlegung einer linearen Temperaturskala muß klar sein, welches nachweislich die Bedingungen sind, unter denen ein Objekt a um gleichviel Grade wärmer ist als b wie ein Gegenstand c wärmer ist als d.

Invarianz ist aber nicht nur Bedingung, sondern auch Ergebnis der Quantifizierung (1941 a, 14). Will man zeigen, daß eine bestimmte Größe unveränderlich ist, so muß man sie mit Hilfe anderer Größen, deren Konstanz als erwiesen gilt, messen. Aber selbst ein Maßstab ändert bei Temperaturschwankungen geringfügig seine Länge. Zur Messung dieser Abweichungen ist wiederum eine vergleichsweise invariante Maßeinheit Voraussetzung, und bei dieser stellt sich dieselbe Schwierigkeit noch einmal. Im Fall der Zeitmessung ergibt sich geradezu ein Zirkel:

„Die Regulierung der Uhren beruht auf der Regelmäßigkeit der Naturbewegungen (...). Aber was wüßten wir von der natürlichen Chronologie ohne unser Uhrensystem?" (1946, 386f.)

Die Annahme, „daß es Bewegungen gibt, die bei ihrer Wiederholung unter den gleichen Bedingungen die gleiche Zeit beanspruchen" (1946, 250), kann nie direkt empirisch bewiesen werden, denn für einen solchen Beweis müßte man dieselbe Annahme schon voraussetzen. Piaget sprach daher von einem

„Postulat", das wir bei der Zeitmessung benötigen, dem Postulat „der Erhaltung der Bewegung und der Geschwindigkeit" (1946, 104).

Ein analoges Postulat liegt streng genommen schon der Auffassung zugrunde, daß bei der Verformung einer Plastillinmasse und beim Umschütten einer Flüssigkeit in ein anders geformtes Gefäß die betreffende Menge erhalten bleibt. Die Konstanz bestimmter Größen in veränderlichen Systemen läßt sich also nicht einfach empirisch feststellen: Trotzdem sind unsere Invarianz-Annahmen nicht nur Postulate oder Erfindungen (vgl. S. 77): Wir benötigen sie, um die Vielfalt unserer Erfahrungen kohärent verarbeiten zu können, also stehen sie mit der Erfahrung in engem Zusammenhang. Welche Größen als variabel und welche als konstant gelten (die Wissenschaftsgeschichte zeigt ein Spektrum wechselnder Standpunkte zu dieser Frage), hängt nicht zuletzt von der kollektiven Erfahrung im Umgang mit diesen Größen ab. Piaget hat die Entwicklung der Erhaltungsbegriffe beim Kind als einen Prozeß der Äquilibration beschrieben (1957, 1975), in dem sich die kognitiven Strukturen ausbalancieren. Die Entwicklung der Invarianten in der Wissenschaftsgeschichte wäre entsprechend ein kollektiver Äquilibrationsprozeß.

5. Gibt es eine fünfte Entwicklungsstufe?

Von Stichproben mit Erwachsenen abgesehen, waren die ältesten Versuchspersonen, mit denen Piaget und Inhelder arbeiteten, 16 bis 17 Jahre alt. Diese Beschränkung hat verständliche methodische Gründe: Die kognitive Kompetenz hängt beim Erwachsenen noch stärker als beim Kind von den Bedingungen seiner Sozialisation ab. Gleichwohl stellt sich die Frage, ob es eine kognitive Entwicklung über die vierte Stufe hinaus gibt und worin sie sich manifestiert. Piaget hat diese Fragen nur selten gestellt und nie ernstlich zu beantworten versucht.

Obwohl er den Wert von Studien über das Erwachsenenalter durchaus gesehen (1966c, 134) und auch die Möglichkeit erwogen hat, daß die formal operativen Strukturen in übergeordnete

Strukturen integriert werden (1970, 107), äußerte er sich oftmals so, als ob die kognitive Entwicklung mit der formal operativen Stufe ihren Abschluß finde – eine These, die allerdings kaum einleuchtet und auf entsprechende Kritik gestoßen ist.[43]

Aus der Tatsache, daß Schüler und Studenten, je nach ihrer Ausbildung, zunehmend „abstraktere" und „formalere" Überlegungen auszuführen lernen, braucht nicht gefolgert zu werden, daß ihre Intelligenz auf dem intellektuellen Niveau von 12- bis 17jährigen verharrt. Vieles spricht dafür, daß ein gebildeter Erwachsener die vierte Stufe in ähnlicher Weise überwindet wie der Oberstufenschüler die dritte Stufe. In der höheren Logik und Mathematik beispielsweise müssen eher noch „formalere" und „abstraktere" Aufgaben bewältigt werden als in der vierten Stufe, und dasselbe gilt für weite Teile des wissenschaftlichen Denkens der Neuzeit.

Wenn der Umgang mit mathematischen Funktionen erst in einem späteren Stadium der vierten Stufe möglich wird, dürften die Differential- und Integralrechnung diese Stufe vollends überschreiten. Zwar haben 12jährige eine Intuition von der Unendlichkeit der Zahlenmenge und vom Bereich des beliebig Kleinen, und sie können sich an den Gedanken gewöhnen, daß mit jedem noch so kleinen Stück, das Achill im Wettlauf mit der Schildkröte vorankommt, auch diese ein noch kleineres Stück weiterschreitet. Aber erst durch die mathematische Analysis werden das unendlich Große und das infinitesimal Kleine präzisen arithmetischen Operationen zugänglich. Nicht zu Unrecht hat der späte Piaget die Differential- und Integralrechnung mit einer hochentwickelten reflektierenden Abstraktion in Verbindung gebracht (1983, Kap. 7), die über die vierte Stufe hinausführen dürfte.

Auch die Fähigkeit, aussagenlogische Operationen spontan und korrekt anzuwenden, scheint die Grenzen der vierten Stufe zu überschreiten. So bleibt das Verständnis des Konditionals „wenn p, so q" bei den meisten Erwachsenen intuitiv, und sie begehen leicht Fehler, wenn sie seine Gültigkeit überprüfen sollen: Wird das Konditional durch einen Fall, in dem q erfüllt und p nicht erfüllt ist, bestätigt oder widerlegt?[44]

Es ist kein Zufall, daß Piaget und Inhelder ihren Versuchspersonen zur Lösung von kombinatorischen Aufgabenstellungen konkret manipulierbares Material darboten. Mit kombinatorischen Problemen ohne Anschauungsmaterial sind selbst die meisten Erwachsenen überfordert: Wieviele Möglichkeiten gibt es beispielsweise, 9 Personen auf 6 Hotelzimmer zu verteilen? Die Kenntnis der kombinatorischen Gesetze gewährleistet jedoch auch noch nicht ihre sichere Anwendung in konkreten Situationen. Ohne den nötigen Erfahrungshintergrund ist formales Wissen nutzlos.

Mehrere Autoren haben die vier Piagetschen Stufen durch eine fünfte ergänzen wollen, in der die Intelligenz nicht formaler wird, sondern ihre analytische Schärfe durch „dialektische" Züge mildert (Basseches, Riegel u. a.). Wer „dialektisch" denkt, orientiert sich M. Basseches zufolge mehr an Veränderungen als an Zuständen und mehr an Beziehungen, die zur Natur der Dinge selbst gehören, als an solchen, die ihnen äußerlich sind, und er ist eher auf Totalitäten als auf additive Ganzheiten ausgerichtet.[45] – Diese Merkmale einer „dialektischen" Denkweise hängen jedoch nur locker miteinander zusammen und treten in der Entwicklung nicht gleichzeitig auf. Beziehungen, die zur Natur eines Gegenstandes gehören (etwa die Beziehung vorn – hinten), berücksichtigen schon Kinder von ein bis zwei Jahren. Es handelt sich jedoch um ein „Handlungswissen", nicht um die Fähigkeit, sich diese Beziehungen vorzustellen oder sie gar begrifflich auszudrücken. Veränderungen können sich Kinder mit 7 bis 8 Jahren vorstellen, und mit 11 bis 12 Jahren beginnen sie, gesetzmäßige Zusammenhänge zwischen verschiedenen Prozessen wahrzunehmen. Das Instrumentar zur Analyse von Bewegungsänderungen sind die Differential- und Integralrechnung, deren sichere Beherrschung wohl tatsächlich erst jenseits der vierten Stufe möglich wird. Ebenso scheinen die Orientierung an Entwicklungsprozessen und die Analyse verwickelter Totalitäten oder Systeme das Niveau des formalen Denkens hinter sich zu lassen.

Nach K. F. Riegel äußert sich „dialektisches" Denken etwa in der Suche nach Kontrasten und Konfrontation, in der Fähigkeit, Spannungen zwischen individuell-psychologischen und kulturell-soziologischen Faktoren zu ertragen, und in der Bereitschaft, Widersprüche als für das Denken grundlegend anzuerkennen.[46] – Diese Bestimmungen sind zweifellos wichtig, doch bleibt unklar, weshalb sie nicht mit dem konkret und formal operativen Denken vereinbar sein sollen. Was die Toleranz gegenüber Widersprüchen betrifft – Riegel dachte offenbar eher an soziale Gegensätze als an formallogische Widersprüche –, so kann sie ebensogut ein Zeichen geistiger Trägheit wie ein Zeichen besonderer geistiger Reife sein.

Abgesehen von den Schwierigkeiten des Dialektik-Begriffs – Riegel und Basseches orientieren sich an der Dialektik von Hegel und Marx[47] –, lassen sich ihre Thesen nur dann genauer prüfen, wenn sichere Kriterien zur Verfügung stehen, die die Stufenzugehörigkeit einer kognitiven Kompetenz eindeutig zu bestimmen erlauben. Erhebt man Piagets Theorie der reflektierenden Abstraktion zum Leitfaden, dann wird man Hinweise auf eine fünfte Stufe in Richtung auf ein operatives Denken dritter Ordnung suchen müssen. Nicht die Kenntnis abstrakter Formeln ist dabei entscheidend, sondern die zu ihrer konkreten Anwendung notwendige Beweglichkeit. Ein Denken, das immer starrer oder formaler wird, hat aufgehört, sich zu entwikkeln. Erhöhte Abstraktions- und gesteigerte geistige Konzentrationsfähigkeit bilden für ein lebendiges und flexibles Denken jedoch durchaus eine wesentliche Bedingung.

6. Die Entwicklung des moralischen Urteils

Nur ein kleiner Teil des Piagetschen Werks gilt dem kindlichen Moralbegriff und seiner Entwicklung. Das 1932 erschienene Buch *Das moralische Urteil beim Kinde* – es stammt aus dem Frühwerk – ist eines seiner bekanntesten Werke überhaupt – Grund genug, den wichtigsten Fragestellungen, die darin behandelt werden, im folgenden nachzugehen. Da Piaget die Thematik in seinen Sorbonner Vorlesungen der frühen fünfziger Jahre (Piaget 1954), die schwer greifbar und daher ziemlich unbekannt geblieben sind, unter der weiteren Perspektive der Gefühlsentwicklung nochmals aufgegriffen und dabei auf einige der alten Fragen neue Antworten gefunden hat, werden diese Vorlesungen in die folgende Darstellung mit einbezogen.

Vorweg ein paar Bemerkungen zum Thema der philosophischen Ethik: Zwischen Moral und Ethik wird heute nicht mehr konsequent unterschieden (auch Piaget spricht nur von „morale", nicht von „éthique"). Es ist aber sinnvoll, die Moral mit einem noch näher zu spezifizierenden System von Geboten und Verboten gleichzusetzen und die Ethik mit der Diskussion und Begründung dieser Gebote und Verbote. Vorschriften („Du sollst das und das tun") sind also von moralischer Natur, während die Frage, warum solche Vorschriften gut oder schlecht sind, und ihre Begründung zur Ethik gehören.[48] In die Ethik fallen auch allgemeinere philosophische Fragen zur Moral: Hat man bei der Beurteilung von Handlungen auf ihre Wirkung zu sehen (Erfolgsethik) oder auf die leitende Absicht (Gesinnungsethik)? Sind die „letzten" Gründe, weshalb wir so oder anders handeln sollen, in der Religion begründet oder beruhen sie auf einer gesellschaftlichen Tradition? Sind sie anthropologisch fundiert oder gar rationaler Natur? – Piaget hat nicht den Anspruch erhoben, solche ethischen Fragen zu beantworten. Er fragte vielmehr nach der Entwicklung des moralischen Bewußtseins und des ethischen Denkens bei Kindern. Aus entwicklungspsychologischer Perspektive interessierte er sich vor allem für die Tatsache, daß es die Moral mit Regeln zu tun hat, und für die Entwicklung der Achtung gegenüber solchen Regeln:

> „Jede Moral (morale) ist ein System von Regeln, und das Wesen jeder Sittlichkeit (morialité) besteht in der Achtung (respect), welche das Individuum für diese Regeln empfindet" (1932, 7).

Man darf diese Erklärung des Moralbegriffs nicht als Definition mißverstehen. Die Moral ist nur eines von mehreren Regelsystemen, die wir (be-)achten. Piaget hat die Art dieser Regeln nicht ausdrücklich spezifiziert. Mit Sicherheit sind es weder Spielregeln noch soziale Umgangsregeln noch juristische Regelungen. Als moralisch kann man jene Regeln (oder Normen) bezeichnen, die wir zugrundelegen, wenn wir unter Absehung subjektiver und rein egoistischer Ziele[49] menschliche Handlungen (fremde wie eigene) bewerten.[50]

Regelverhalten und Regelbewußtsein

Piaget beobachtete zunächst ausführlich das kindliche Regelverständnis. Um sich nicht irreführen zu lassen durch das, was die Kinder an Meinungen und Verhaltensweisen von ihren Eltern übernommen haben könnten, hielt er sich an ein Spiel, das für sie typisch ist, das Murmelspiel: Seine Regeln sind von den Kindern selbst erfunden worden, die Jüngsten lernen sie beim Zusammenspiel von den Größeren. Piaget suchte in verschiedenen Quartieren von Genf und Neuenburg Kindergarten- und Schulkinder auf, krempelte sich die Ärmel hoch und packte Murmeln aus ... Regelverhalten und Regelkenntnis studierte er, indem er sich von den Kindern die Regeln erklären ließ und sich nach dem Spiel erkundigte, wer gewonnen habe. Dem Studium des Regelbewußtseins galten gezielte Fragen: Hat man schon immer nach diesen Regeln gespielt? Kann man sie ändern? Woher stammen sie? – Ergebnis: Sowohl das Spielverhalten als auch die Ansichten der Kinder über die Spielregeln verändern sich mehrfach während der Entwicklung.

Die jüngsten Kinder (erstes Stadium) spielen regellos; ihr Umgang mit Murmeln ist im wesentlichen eine sensomotorische Übung. Piaget beobachtete zum Beispiel seine dreijährige Tochter Jacqueline dabei, wie sie Murmeln in der Vertiefung eines Sessels sammelte, sie fallen ließ, sie vor sich hinwarf usw. (1932, 25). Etwas ältere Kinder (zweites Stadium) spielen zwar schon mit anderen Kindern zusammen, doch tun sie es in egozentrischer Weise, d.h. sie spielen „auch im Zusammenspiel einzeln für sich" (22). Auf die Frage, wer gewonnen habe, erhielt Piaget häufig die Antwort, alle hätten gewonnen, denn gewinnen hieß für die Betroffenen soviel wie Spaß haben. Als er einem fünfjährigen Jungen die Frage stellte, ob die Kinder „vor langem, als man in der Stadt Neuenburg zu bauen begann", auch schon in der gleichen Weise mit den Murmeln gespielt hätten, entspann sich der folgende Dialog:

„*Ja.* – Immer so? – *Ja.* – Wie hast Du denn die Regeln gewußt? – *Als ich ganz klein war, hat mein Bruder es mir gezeigt. Mein Papa hat es meinem Bruder gezeigt.* – Und wie hat es Dein Papa gewußt? – *Mein Papa hat es von selbst gewußt. Man hat es ihm nicht gesagt.*" (55)

Die meisten Kinder dieses Alters führten die Regeln auf eine Autorität, die Papas, die „Herren von der Gemeinde" oder gar den Lieben Gott (60) zurück und hielten sie für sakrosankt und unveränderlich. Zugleich spielten sie aber, wie es ihnen gerade einfiel. Dieses Ergebnis ist nur scheinbar paradox: Solange Kinder nicht wissen, was Spielregeln und soziale Regeln sind, können sie sie auch nicht befolgen.

Bei den Kindern von 7 Jahren und darüber (drittes Stadium) gewinnt das Zusammenspiel sozialen Charakter: Gespielt wird wettkampfmäßig, die Kinder überwachen sich gegenseitig, damit niemand die Regeln verletzt. Es gibt Gewinner und Verlierer. Jeder Spieler achtet auf die Regeln, die er kennt, ohne daß die unterschiedliche Regelkenntnis zu Problemen führt.

Bei der nächsten Altersgruppe (viertes Stadium, von 11 Jahren an) besprechen sich die Kinder in strittigen Fällen und erzielen über kontroverse Regeln eine Einigung. Im Gegensatz zu den Jüngeren sind sie sich im klaren darüber, daß ähnliche Murmelspiele in verschiedenen Quartieren oft nach unterschiedlichen Regeln gespielt werden. Sie wissen, daß die Regeln nicht auf eine Autorität oder eine heilige Tradition zurückgehen, sondern durch gegenseitige Absprache aufgestellt und abgeändert werden können. Vor allem bei den Jungen dieser Altersstufe tritt das Interesse am ursprünglichen Spiel zurück, die gemeinsame Festlegung neuer Regeln wird zum eigentlichen Spielinhalt. Piaget berichtete von einer Schülergruppe, die einen Winter lang die Statuten eines Clubs zum Vogelfüttern ausarbeitete und bei Frühlingsbeginn noch keinen einzigen Sperling gefüttert hatte (1954, 148).

Die Studie über das Murmelspiel bewegt sich noch im Vorfeld der Moral. Da moralische Normen eine bestimmte Art von sozialen Regeln sind, liegt es auf der Hand, daß Kinder für moralische Normen nicht eher ein Verständnis entwickeln als für soziale Regeln; und selbst da gibt es eine Reihe von Vorstufen: Neugeborene Babys haben noch keinerlei Regelwissen. Die ersten Verhaltensgewohnheiten werden mit etwa drei Monaten gebildet. Sie stellen „eine Art individueller Regeln" (1932, 50) mit manchmal rituellem Charakter dar. Es dauert viele Jahre, ehe Kinder den Unterschied zwischen natürlichen Regelmäßigkeiten und sozialen Regeln oder Normen erfassen. Diese Unterscheidung wird dadurch erschwert, daß in manchen Situationen verschiedene Regeltypen miteinander verwoben sind:

„Z. B. die Hitze verbrennt (physikalisches Gesetz), es ist verboten, nach dem Feuer zu fassen (moralische Regel) und das Kind unterhält sich bei seinem Rundgang in der Küche damit, jedes Möbelstück außer gerade den Herd zu berühren (rituelle Regel)" (1932, 51).

Nicht nur im Regelverständnis, auch im Verstehen moralischer Normen stieß Piaget bei den Kindern auf zwei grundsätzlich verschiedene Einstellungen. Diese belegte er unter anderem mit einer seiner reizvollsten Untersuchungen, der Studie über das kindliche Verständnis der Lüge.

Der kindliche Lügenbegriff

Die jüngsten Kinder verstehen zwar das normative Element des Lügenverbots (sie denken, Lügen heiße soviel wie etwas sagen, was man nicht sagen dürfe), doch wissen sie noch nicht, welche Aussagen man als Lügen bezeichnet. – Hier ein Ausschnitt aus einem Gespräch mit einem Sechsjährigen:

„‚Was ist eine Lüge? – *Wenn man häßliche Worte sagt.* – Kennst Du häßliche Worte? – *Ja.* – Sag mir eins. – *Aas.* (...) – Wenn ich ‚Dummkopf' sage, ist das eine Lüge? – *Ja.* (...) – Warum? – *Weil es ein häßliches Wort ist*'" (1932, 157).

Ähnlich wie beim Regelspiel begegnet man auch hier einem scheinbaren Paradox: Obwohl sie das Lügenverbot für heilig halten – in ihren Augen ist die Lüge nicht etwa verboten, weil sie schlecht ist, sondern schlecht, weil sie verboten ist –, neigen dieselben Kinder zur „Scheinlüge“: Sie haben noch kein klares Bewußtsein von der eigenen Vorstellungskraft und verwechseln gern Realität und Phantasie.

Für Kinder eines späteren Stadiums, die deutlicher zwischen Phantasie und Realität unterscheiden, ist eine Lüge „etwas, was nicht wahr ist“ („un mensonge c’est quelque chose qui n’est pas vrai“; 159). Diese Antwort enthält aber noch immer nicht alle wesentlichen Bestimmungen einer Lüge, wie der folgende Dialog mit einem sechsjährigen Kind zeigt:

„‚Ich bin 30 Jahre alt. Ein Kind sagte mir, ich sei 60. Ist das eine Lüge, oder hat es sich geirrt? – *Das ist eine Lüge.* – Warum? – *Weil es eine Sünde ist.* – Was ist häßlicher, sich irren oder lügen? – *Beide gleich.*‘“ (1932, 161)

In der Bewertung von Lügen unterscheiden sich die jüngeren Kinder deutlich von den älteren: Sie orientieren sich daran, wie nahe der Inhalt einer Falschaussage an die Realität heranreicht. Gleichgültig, ob jemand irrtümlich oder vorsätzlich eine Unwahrheit sagt (168–175) – sie erscheint ihnen um so gravierender, je weniger wahrscheinlich und je weniger glaubhaft sie ist. Erst wenn sie die Absicht in Rechnung stellen, halten Kinder eine vorsätzliche Lüge für schlechter als einen Irrtum: „Wenn man lügt, tut man es absichtlich. Wenn man sich irrt, weiß man es nicht“ (164), sagte ein Zehnjähriger. Und erst wenn sie die zwischenmenschliche Bedeutung einer Lüge entdecken, beginnen sie den Sinn des Lügenverbots zu verstehen. Lügen sei schlecht, „weil dann niemand mehr Vertrauen haben kann“, gab ein anderer Zehnjähriger an (193). Daß die Übertretung sozialer Normen unter bestimmten Umständen entschuldbar ist, fiel nur den ältesten Kindern ein, die Piaget befragt hat: „Einen Großen zu belügen, wird man manchmal fast gezwungen, aber bei einem Kameraden ist es nicht anständig!“ (1954, 108), sagte beispielsweise ein Zwölfjähriger.

Wenn Kinder das Absichtsmoment einer Lüge erst im Alter von 7 oder 8 Jahren entdecken, bedeutet das nicht, daß die Absichtlichkeit menschlicher Handlungen ihnen nicht vorher schon bewußt wäre. Bereits mit etwa 3 Jahren (Trotzalter, Periode der ersten Warum-Fragen) unterscheiden sie zwischen dem, was sie absichtlich, und dem, was sie unabsichtlich tun (1932, 206). Bei fremden Handlungen machen sie diese Unterscheidung erst einige Jahre später, was auf eine ,,vertikale Verschiebung" im Gebiet des zwischenmenschlichen Verstehens schließen läßt. Das Verständnis der Lüge hat aber noch eine andere kognitive Bedingung: Nicht auf das Verständnis der Absicht allein kommt es bei der Lüge an, sondern auf das Verständnis der Täuschungsabsicht.

Moralische Heteronomie und moralische Autonomie

Moralische Normen betreffen nicht absichtsvolle Handlungen allgemein, sondern jene absichtsvollen Handlungen, mit denen wir auf andere Personen Einfluß nehmen wollen. Dieser Gesichtspunkt entgeht kleineren Kindern noch völlig. Sie beurteilen Handlungen weder nach der leitenden Absicht noch nach ihrer zwischenmenschlichen Bedeutung, sondern von den materiellen Folgen her. Je offensichtlicher z.B. der entstandene Schaden, desto ,,schlimmer" ist die Handlung. Mißlingt eine gutgemeinte Handlung und entsteht dabei größerer Schaden als bei einer Handlung mit zweifelhafter Absicht, so wird sie trotzdem im allgemeinen negativer als diese beurteilt (133–154).

Dagegen werten ältere Kinder Handlungen zunehmend nach sozialen Gesichtspunkten und nach der leitenden Absicht. Sie beginnen, über Sinn und Zweck von Geboten und Verboten nachzudenken, und die Erfahrung, daß auch Erwachsene zuweilen Irrtümern unterliegen, macht sie kritischer gegenüber den elterlichen Weisungen.

Piaget bezeichnete, ohne dabei dem Kantischen Sprachgebrauch zu folgen, die erste Haltung als ,,moralischen Realismus" oder ,,moralische Heteronomie" und die zweite als ,,moralische Autonomie" (griech. heteros = der Andere; autos = selbst; nomos = Gesetz). Nach Kant ist der Wille dann ,,heteronom", wenn er sich von Eigeninteressen leiten läßt, und ,,autonom", wenn er durch das oberste Sittlichkeitsgesetz, den kategorischen Imperativ, bestimmt wird. Dagegen nannte Piaget die Einstellung der Kinder, die sich die Normen einer Autorität zum Maßstab machen, „heteronom" und die Haltung derjenigen, die ihre Handlungen unter Berücksichtigung der Betroffenen selbst verantworten, „autonom". Anders als nach Kant, verlangt nach Piaget autonomes Handeln nicht die Hintanstellung der eigenen Interessen.

Die Entwicklung von der moralischen Heteronomie zur Autonomie wird unter anderem am Wandel der kindlichen Ansichten über die Gerechtigkeit deutlich (1932, Kap. 3). Dabei lassen sich drei große Perioden unterscheiden, wobei die Autonomie in der dritten Periode differenziertere Formen annimmt:

„eine Periode, die sich bis zu 7 oder 8 Jahren ausdehnt, während der die Gerechtigkeit der Autorität des Erwachsenen unterstellt ist, eine etwa zwischen 8 und 11 Jahren liegende Periode, welche diejenige des fortschreitenden Gleichheitsbegriffs ist und schließlich eine Periode, die mit 11 bis 12 Jahren beginnt, während welcher die auf dem Begriff der Gleichheit beruhende Gerechtigkeit durch Erwägung der Billigkeit [durch Berücksichtigung der besonderen Situation eines jeden] gemildert wird" (1932, 356f; vgl. 322f).

Piaget erforschte beispielsweise, welche Strafe Kinder gerecht finden. Ergebnis: Die Kleinsten, denen die Autorität der Erwachsenen heilig ist, neigen dazu, jede Strafe gerecht zu finden, auch die härteste. Sie vergleichen die Strafe nicht mit dem bestraften Verhalten, sondern nehmen umgekehrt die Strafe als Maßstab zur Beurteilung der Handlung. Ältere Kinder (von 7 bis 8 Jahren an) finden, eine Strafe sei nur dann gerechtfertigt, wenn der Zusammenhang mit der zu bestrafenden Tat sichtbar ist: Einem Rüpel wird das Spielzeug weggenommen, das er sonst beschädigen würde; wer einem anderen Schaden zufügt, muß Ersatz leisten. In diesem Alter werden auch Ge- und Verbote nicht mehr einfach hingenommen, sondern danach beurteilt, ob sie gerecht sind. Gerechtigkeit wird damit zum Maßstab der Beurteilung von Verhalten und schließlich auch von Normen.

Achtung vor Menschen und Achtung vor Normen

In der Geschichte der Philosophie ist die Frage viel diskutiert worden, ob die bloße Einsicht, daß eine bestimmte Handlungsweise gut ist, auch dazu ausreiche, daß man wirklich entsprechend handle. Wäre diese Frage zu bejahen, so könnte man, wie Sokrates und zum Teil noch Platon gemeint haben, die Tugend lehren und lernen. Kant, der diese Frage neu aufwarf, teilte nicht den antiken Optimismus: Die richtige Einsicht allein genügt nicht, wir müssen auch nach der richtigen Einsicht handeln wollen, und damit stellt sich ein für die praktische Philosophie zentrales Problem: Welches ist der Antrieb dieses Wollens? Für Kant und viele andere Autoren ist es die Achtung, die wir vor der sittlichen Norm empfinden.

Auch Piaget maß der Achtung entscheidende Bedeutung bei. Sie ist geradzu eines der zentralen Themen in seinem Buch über die kindliche Moral: Worin besteht die Achtung und wie entsteht sie? Gilt sie, wie Kant angenommen hat, ursprünglich dem moralischen Gesetz und erst in zweiter Linie der Person, die nach dem Gesetz handelt? Oder richtet sie sich, wie der französische Soziologe Emile Durkheim (1858–1917) gelehrt hat, primär auf die soziale Gruppe, ihre Werte und Imperative und erst sekundär auf die Personen, die die Gruppe und ihre Werte verkörpern? Oder hat der Schweizer Psychologe Pierre Bovet (1878–1965) recht mit der Behauptung, daß die Achtung ursprünglich Personen gilt?

Piaget schloß sich der Auffassung P. Bovets an,[51] dem er auch die ,,Vaterschaft" seiner Untersuchungsergebnisse über die Moralentwicklung beim Kind zuschrieb (1932, 424): Die Achtung ist ein Gefühl, in dem sich Furcht und Liebe vereinen. Sie bezieht sich zunächst auf die erwachsenen Bezugspersonen des Kindes (Eltern, Erzieher), überträgt sich dann aber allmählich auf diejenigen Normen, die ihnen die erwachsenen Vorbilder vorleben. Die von Moralphilosophen im Anschluß an Kant häufig vertretene Auffassung, die Achtung gelte einer Person, ,,gerade insofern als diese sich den Regeln unterordnet" (105), trifft also erst auf ältere Kinder zu. Die Kleinen vermögen hinter den Menschen nicht noch soziale oder moralische Normen zu erkennen, die sie verkörpern.

Da sie aber mit den Weisungen, die sie von geachteten Personen erhalten, ein Verpflichtungsgefühl verbinden (52), ohne weiter nach dem Sinn der Weisung zu fragen, sprach Piaget bei diesem Stadium von einer „Pflichtmoral" (428, 433). Für diese Einstellung sind zwei Faktoren ausschlaggebend: Der schon öfter erwähnte Egozentrismus, wie er nach Piaget für Kinder unter 6 bis 8 Jahren typisch ist, und der elterliche Zwang. Der Zwang liegt zunächst darin, daß das Kind sich an gewisse Regeln und Regelmäßigkeiten (Reinlichkeitserziehung und Speisevorschriften) gewöhnen und gewisse Tatsachen respektieren muß, bevor es die Gründe dafür verstehen lernt: Die Flamme ist heiß, die Schere spitz usw. In diesem „muß" liegt eine Verpflichtung, die selbst der tolerantesten Erziehung Grenzen setzt. Die Kinder haben aber auch den Wunsch (oder Ehrgeiz), so zu sein wie ihre erwachsenen Bezugspersonen. Hinter dem „Zwang" der Eltern steht insofern zumindest teilweise die für die Kleinen typische Tendenz zur Identifikation und zur Nachahmung (1950 III, 163).

Anders als P. Bovet unterschied Piaget von dieser frühkindlichen Achtung – er nannte sie „einseitig" („respect unilatéral") – die „gegenseitige Achtung" („respect mutuel"). Sie besteht in der Fähigkeit, sich verstandesmäßig auf den Standpunkt anderer Personen zu stellen. Beim Murmelspiel beobachten Kinder in diesem Alter ihre Mitspieler und passen auf, daß sie die Regeln befolgen.

Wie Piaget die moralischen Normen versteht – als rationale Regeln der Übereinkunft (1932, 435) – ist der Schritt zur gegenseitigen Achtung eine wesentliche Voraussetzung zu ihrem Verständnis. Eine Norm ist dann gut, wenn sie den „Gesetzen der Gegenseitigkeit" („lois de réciprocité"; 438) genügt, und um zu erkennen, ob eine Norm gut ist, hat sich das Kind „in eine Perspektive zu stellen, die mit anderen Perspektiven übereinstimmt" (435).

Die Fähigkeit zum sozialen Perspektivenwechsel („substitution de points de vue"; 1954, 142) wird etwa mit 7 oder 8 Jahren erworben, im gleichen Alter, in dem das Kind auch zwei logische Beziehungen oder zwei zusammenhängende Variationen wie das Länger- und Dünnerwerden einer Tonkugel koordinieren lernt.

Die Abfolge von der Heteronomie zur Autonomie, von einer Art „Pflichtmoral" zu einer „Moral des Guten", die eine Moral der Kooperation ist, gibt der Entwicklung des moralischen Urteils die Richtung. Insofern bedeutet für Piaget Entwicklung soviel wie Fortschritt zum Besseren.[52] Anders als E. Durkheim, der die Autonomie durch Verinnerlichung sozialer Normen zu erklären versuchte, führte Piaget die Autonomie (wie die gegenseitige Achtung) auf die Fähigkeit zur Koordination unterschiedlicher sozialer Perspektiven zurück.

Woher leitet sich aber der Verpflichtungscharakter in der gegenseitigen Achtung her, da er ja nicht mehr, wie bei der einseitigen Achtung, aus einer Haltung der Identifikation und des Gehorsams stammt? Im Frühwerk erklärte ihn Piaget im Sinne seiner Gleichgewichtstheorie mit dem Bedürfnis, von den Personen, die man achtet, selbst geachtet zu werden, bzw. mit der „moralischen Furcht davor, in den Augen des geachteten Individuums zu sinken" (1932, 434). Diese Furcht ist das Beispiel eines Gefühls, das eine intellektuelle Fähigkeit zur Voraussetzung hat: Die Fähigkeit, auf die Erwartungshaltung anderer Personen zu reflektieren. Später rückte Piaget dieses intellektuelle Motiv noch stärker in den Vordergrund und sprach geradezu von einem Bedürfnis nach „moralischer Widerspruchsfreiheit":

> „Man kann nicht zugleich seinen Partner wertschätzen und auf solche Weise handeln, daß man von ihm nicht auch wertgeschätzt wird. Die Wertschätzung eines Partners erfordert, daß man sich seine Wertskala zu eigen macht, und dies wiederum zwingt zur Berücksichtigung einer gewissen Zahl von moralischen Konsequenzen, ohne die ein Widerspruch einträte" (1954, 142).

Das Bedürfnis, sich nicht zu widersprechen, ist sozusagen ein rationales Gefühl, aus dem sich das Gefühl der Verpflichtung zu bestimmten Handlungen wiederum mit quasi logischer Konsequenz ergibt.

Gibt es eine Gegenseitigkeit im Negativen?

Die Fähigkeit zum sozialen Perspektivenwechsel ermöglicht eine ganze Reihe zum Teil gegensätzlicher sozialer Verhaltensweisen wie Zusammenarbeit, Wettkampf und Streit. Piaget hat aber nur die Zusammenarbeit („coopération") betont und die These vertreten, daß aus der Fähigkeit zur Perspektiven-Übernahme eine Moral des Guten (1932, 437) folge. Warum führt die gegenseitige Achtung zwischen den Menschen nicht dazu, „sich auf das zu einigen, was die Erwachsenen als das Böse ansehen" (105)? Piagets Antwort zeugt von seinem optimistischen Menschenbild:

> „Wer (...) ‚Achtung' sagt, meint (...) Bewunderung für eine Persönlichkeit, gerade insofern als diese sich den Regeln unterordnet. Daher gibt es eine gegenseitige Achtung nur auf den Gebieten, die die Individuen selbst als moralisch betrachten" (1932, 105).

Diese Antwort ist aber zirkulär. Denn von moralischer Natur kann doch wohl nur die „Unterwerfung" unter Regeln einer friedlichen Form von Gegenseitigkeit sein, nicht die Unterwerfung unter irgendwelche Regeln, und schon gar nicht unter Regeln einer zerstörerischen Gegenseitigkeit (wie im Falle der wechselseitigen Rache). Piaget hat zwar zwischen Normen, die die Form der Zusammenarbeit regeln, und solchen, die Gegenseitigkeit oder Zusammenarbeit überhaupt erst ermöglichen, unterschieden (106) und angenommen, daß formale Gesichtspunkte dieser zweiten Art von Normen auf ihren Inhalt zurückwirken (263, 366f.):[53]

> „Das Gesetz der Gegenseitigkeit führt zu positiven Verpflichtungen, die sich aus seiner Form selbst ergeben" (1932, 263). „Das Kind stellt [zum Beispiel] die Verzeihung über die Rache, nicht aus Schwäche, sondern weil man mit der Rache ‚nie fertig werden würde'" (1932, 366f.).

Tatsächlich kann man keine Gesellschaft auf dem Prinzip „Auge um Auge, Zahn um Zahn" allein aufbauen, und reines Konkurrenzverhalten würde ohne Zusammenarbeit keinen gesellschaftlichen Zusammenhalt gewährleisten. – Piaget selbst hat aber darauf hingewiesen, daß das Prinzip, Gleiches mit Gleichem zu vergelten, gar nicht immer zu verwerfen ist:

„Schlägt ein Junge zurück, wenn er geschlagen worden ist, so will er nicht strafen, sondern lediglich eine genaue Gegenseitigkeit bezeichnen. Daher ist [es] (...) das Ideal (...), mathematisch genau das, was man bekommen hat, zurückzugeben" (1932, 335).

Auch pädagogisch kann es manchmal sinnvoll sein, auf eine negative Handlung mit einer anderen negativen Handlung zu reagieren. Diese muß allerdings mit der Handlung, die beantwortet werden soll, in einem inhaltlichen Zusammenhang stehen, damit das Kind „die Tragweite seiner Handlung" erkennen lernt (235) und begreift, daß es die „Regeln der Zusammenarbeit" verletzt hat (263). Die Orientierung an der goldenen Regel („Was du nicht willst, daß man dir tu', das füg' auch keinem andern zu"; 366f.) setzt voraus, daß man dem andern Menschen helfen will. – Was aber, wenn ein Konkurrenzverhältnis besteht? Piaget hat diese Frage nur am Rande gestreift, in einem kleinen Exkurs über das Schulwesen:

„Anstatt die ursprünglichen psychologischen Neigungen des Kindes zur Zusammenarbeit zu berücksichtigen, wobei der Wetteifer der Zusammenarbeit nicht widerspricht, verurteilt die Schule den Schüler zu isolierter Arbeit und nutzt den Wetteifer nur aus, um die Individuen einander entgegenzusetzen. Dieses System der rein individuellen Arbeit, das ausgezeichnet ist, wenn der Zweck der Erziehung die Erteilung von Schulnoten und die Vorbereitung von Prüfungen ist, hat nur Nachteile, wenn man sich vornimmt, vernünftige Menschen und Staatsbürger zu bilden" (1932, 325).

Nicht der Konkurrenz als solcher gilt also die Kritik, sondern der Konkurrenz, die die Zusammenarbeit erstickt. Neidloser, unter Gesichtspunkten gegenseitiger Verantwortlichkeit stehender Wettbewerb stimuliert die Kooperation eher als daß er sie behindert.

Die Entwicklung in der Adoleszenz (formal operative Stufe)

Nach Piaget schließt das Prinzip der Gegenseitigkeit in sich, daß man die Motive des eigenen Verhaltens überprüft und auf Gesichtspunkte der Universalität hin orientiert (1932, 367). In seinem Buch von 1932 hat er diese These nicht mehr näher ausgeführt. Die Entwicklung der moralischen Urteilsfähigkeit über das Niveau der einfachen Zusammenarbeit hinaus war für ihn damals noch kein Thema. Anders in den Sorbonner Vorlesungen, die er 1953/54 hielt, als er mit B. Inhelder zusammen die Intelligenzentwicklung bei Kindern und Jugendlichen zwischen 11 und 16 Jahren studierte und dabei auch ihrem Sozialverhalten und Selbstverständnis nachging (1955, Kap. 18).

In der Voradoleszenz (ab 11 oder 12 Jahre) setzt die Reflexion auf die Gemeinschaft (Klasse, Nation, Menschheit als ganze) ein. In diesem Alter entwickeln sich Gefühle, die nicht mehr nur, wie bisher, den Angehörigen und den Spiel- und Schulkameraden gelten, sondern einer sozialen Gruppe, etwa der eigenen Gesellschaftsschicht oder Nation. Entsprechend wächst auch das Bedürfnis nach intellektueller wie emotionaler Auseinandersetzung mit den sozialen Werten und Überzeugungen, die die eigene Sozialisation geprägt haben.

Ähnlich wie sich in der kognitiven Entwicklung auf der Stufe der formalen Operationen die Aufmerksamkeit und das Interesse von der konkreten Wirklichkeit tendenziell ab- und den hypothetischen Möglichkeiten zuwendet, findet auch im emotionalen und ethischen Bereich eine „Umkehrung des Bewußtseins" statt: Die moralische Achtung gilt nicht mehr primär den Menschen, sondern den sozialen oder moralischen Normen und sekundär den Personen, die ihr Handeln nach diesen Normen ausrichten.

All diese neuen Fähigkeiten und Verhaltensweisen faßte Piaget unter dem Stichwort Persönlichkeitsbildung zusammen: Der Jugendliche wird zur „Persönlichkeit", verstanden als „dezentriertes Ich", das sich in den Gesellschaftskörper einordnet und eigene Ideale und Lebensprinzipien entwickelt (vgl. 1954, 151). Auf die Frage allerdings, wieweit sich die Solidarität gegenüber einer ganzen Gruppe oder Gesellschaft noch als Konsequenz aus der Fähigkeit zur Perspektiven-Übernahme verstehen läßt, ist Piaget nicht mehr näher eingegangen. Die Möglichkeit von sozialen Bindungen in einer Räubergesellschaft (1932, 105) macht deutlich, daß Regelvereinbarungen zu zweit oder in einer kleinen Gruppe nicht unbedingt gut für eine größere Gemeinschaft zu sein brauchen. Auch in diesem Fall dürften Identifikation und Achtung von Bedeutung sein, doch hat sich Piaget darüber nicht weiter geäußert.

Entwicklungsfaktoren

In der Moralentwicklung lassen sich Stadien nicht mit der gleichen Klarheit gegeneinander abgrenzen wie in der Entwicklung der logischen oder mathematischen Begriffe (vgl. 1932, 302). Das hat verschiedene Gründe. Eine große Rolle spielen zweifellos die gesellschaftlichen Bedingungen (Zugehörigkeit zu einer sozialen Schicht, ökonomische Situation, Familiengröße usw.) und die Sozialisation (Umgangsformen in der Familie, Erziehungsstil, Prägung durch Vorbilder usw.). Die Wirkung der sozialen Umgebung hat Piaget allerdings nicht untersucht. Zum Einfluß des Erziehungsstils auf die Moralentwicklung lauten seine wichtigsten Thesen: Es gibt eine Entwicklung der natürlichen psychologischen Neigungen des Kindes, und die verschiedenen Erziehungsstile kommen diesen Neigungen in unterschiedlichem Maß entgegen. Am besten ist der Erziehungsstil, der den Kindern möglichst viel Gelegenheit zu eigenen Entdekkungen und Erfahrungen bietet, also entsprechende Gelegenheiten organisiert. Obwohl Piaget für eine Pädagogik eintrat, die so wenig autoritär wie möglich sein sollte, warnte er vor der falschen Hoffnung, durch eine antiautoritäre Erziehung könnten dem Kind Schuldgefühle erspart bleiben: Das Stadium der „einseitigen Achtung" läßt sich nicht überspringen, und in diesem Stadium kann die ausnahmsweise Nichteinhaltung einer sozialen Regel, an die das Kind gewöhnt worden ist, bereits dafür ausreichen, daß es sich schuldig oder niedergeschlagen fühlt (1932, 203f.).

Neben der Abhängigkeit der Moralentwicklung von der Sozialisierung gibt es noch weitere Gründe, die gegen eine strikte Unterteilung der Entwicklung in Stadien sprechen. Erstens beurteilt man eine Handlung sehr verschieden, je nachdem, ob man selbst davon betroffen ist oder nicht (128f., 132). In der konkreten Situation hat es

„das Kind nicht mit isolierten Handlungen zu tun, sondern mit Personen, die es anziehen oder abstoßen. Es erfaßt deren Absichten durch unmittelbare Intuition und kann hiervon nicht abstrahieren. Es trägt mehr oder weniger gerecht den erschwerenden oder mildernden Umständen Rechnung. Deshalb führen die persönlichen Erzählungen des Kindes oft zu anderen Einschätzungen als diejenigen, die der Experimentator ihnen vorlegt" (1932, 132).

Gibt es also auch in der Moralentwicklung vertikale Verschiebungen? – In Fällen erlittenen Unrechts ist das Urteil zwar oft reifer als bei der Beurteilung von Handlungen, die das Kind nur aus der Erzählung kennt (132). Aber eine allgemeine Regel läßt sich aus dieser Beobachtung nicht herleiten. Tatsächlich kann auch das Umgekehrte der Fall sein: Ist man selbst in soziale Verwicklungen verstrickt, dürfte ein differenziertes rationales Urteil schwerer fallen als über theoretische Fallbeispiele. Auch neigt man sich selbst gegenüber zu größerer Toleranz als anderen Menschen gegenüber. Die Autonomie ist ein Ideal, das sich im praktischen Leben nie rein verwirklichen läßt. Meistens bleibt sie auch im späteren Alter mit Spuren des „moralischen Realismus" durchsetzt. So zeugt beispielsweise die Tendenz vieler Erwachsener, einen nicht entdeckten Fehler für weniger schlimm zu halten als einen, der aufgedeckt und getadelt wird, von einer gewissen moralischen Infantilität (1954, 109).

Wären moralische Normen, ähnlich wie die logisch-mathematischen Operationen, durch reflektierende Abstraktion aus den Handlungskoordinationen des einzelnen Subjekts gewonnen, bliebe die Spannung zwischen moralischer Überzeugung und gelebtem Verhalten unerklärlich. Piagets aphoristische Bemerkung, „die Logik ist eine Moral des Denkens, wie die Moral eine Logik des Handelns ist" (1932, 453), muß denn auch cum grano salis genommen werden. Die Annahme einer Abstammung der moralischen Normen aus der individuellen Handlungskoordination ist nicht nur weniger plausibel als ihre Herleitung aus der sozialen Interaktion und Kooperation; in den Normen der Moral reflektiert sich außerdem eher der Soll- als der Istzustand, oder – wie Piaget schon in einem seiner Jugendwerke geschrieben hat (1918, 173) – eher die „ideale Organisation" des Zusammenlebens als die reale.

Als Piaget knappe zwei Jahrzehnte nach seinen Untersuchungen über die kindliche Moralentwicklung seine Theorie der reflektierenden Abstraktion ausarbeitete, wollte er mit ihr die Entstehung des logisch-mathematischen Denkens erklären. Wie sich die Entwicklung des moralischen Urteils dazu verhält, hat er nicht mehr ausgeführt. Erst R.L. Selman und J. Habermas[54] haben einsichtig gemacht (und zwar stärker in Anlehnung an L. Kohlberg als an J. Piaget), daß sich die Entwicklung des sozialen Verstehens auf eine stufenweise Reflexion des zwischenmenschlichen Verhaltens zurückführen läßt. Zur Rekonstruktion moralischer Normen und zu ihrer Rechtfertigung mit Hilfe ethischer Prinzipien bedarf es allerdings noch eines weiteren Schrittes, denn das faktische Inkraftsein zwischenmenschlicher Verhaltensnormen ist nicht identisch mit ihrer moralischen Wünschbarkeit.

7. Die Entwicklung des Gefühlslebens und Piagets Freud-Kritik

In den zwischen 1952 und 1954 an der Sorbonne gehaltenen Vorlesungen *Die Beziehungen zwischen dem Gefühlsleben (affectivité) und der Intelligenz in der geistigen Entwicklung des Kindes* ist Piaget auf ein Spektrum von Fragen näher eingegangen, die er nur zum geringsten Teil selber empirisch untersucht hat, deren Einschätzung aus der Optik des Entwicklungspsychologen aber von allgemeinem Interesse ist: Welche Entwicklung machen Gefühle, Stimmungen, Emotionen usw. durch? Sind Gefühle etwas Dauerhaftes? Und wenn nicht, welche Rolle können sie in der Moral als einem System von dauerhaften Normen spielen? Was sind Werte, und wann fangen Kinder an, etwas zu bewerten? Welche Stellung hat der Wille zwischen Trieb oder Neigung und Intelligenz, und wie entwickelt er sich? Und vor allem: In welchem Verhältnis steht die Intelligenz zum affektiven Bereich, also zu den Gefühlen, Stimmungen und Emotionen?

Die Affektivität, lehrte Piaget, bildet die Energetik, die Triebfeder des Verhaltens, während seine Steuerung und Strukturierung bei der Intelligenz liegt. Schon bei früherer Gelegenheit (1945, 263) hatte Piaget den Begriff der „affektiven Schemata" geprägt und damit „relativ beständige Arten des Fühlens und des Reagierens" bezeichnet – eine Definition, die im Prinzip zwei Deutungen offenläßt: Ein affektives Schema ist entweder die Gefühls-Seite eines Schemas wie das Interesse, das wir mit bestimmten Handlungsweisen verbinden, oder eine Art Verhaltens-Regulator wie das „Über-Ich" der Freudschen Theorie, dessen kognitive Aspekte allerdings nicht übersehen werden dürfen. Weder im Handeln noch im Erkennen lassen sich Intelligenz und Affektivität voneinander trennen. Jeder Intelligenzakt ist mit irgendeinem Gefühl oder Interesse verbunden. Andererseits enthält jede Empfindung, jedes Gefühl, jedes Interesse, jede Emotion eine Struktur und damit die Spur einer Bearbeitung durch die Intelligenz. Wenn wir es mit materiellen Dingen zu tun haben, herrscht die strukturelle Seite des Verhaltens vor, wogegen im Umgang mit unseren Mitmenschen der gefühlsmäßige Aspekt unseres Verhaltens überwiegt.

Piaget hat die Frage nach angeborenen Trieben, Instinkten und Emotionen beim Menschen mit derselben Vorsicht beantwortet wie die Frage nach angeborenen intellektuellen Fähigkeiten. Bei dieser Gelegenheit unterzog er auch die problematische Rede von menschlichen Instinkten einer kritischen Prüfung (1954, 14–17): Sinnvoll sei es höchstens, von Instinktresiduen zu sprechen. Allgemeine Erkenntnis- und Lebensfunktionen – Piaget nannte den Egoismus, in dem er eine Art Selbsterhaltungsfunktion sah, und die Neugier – sind keine Instinkte. Bei den Gefühlen und Emotionen falle es, ähnlich wie bei der Intelligenz, nicht leicht, zwischen angeborenen und erworbenen Anteilen zu differenzieren. Angst und Zorn beispielsweise liegen anfangs so nahe beieinander, daß sie sich kaum unterscheiden lassen, doch dann entwickeln sie sich rasch auseinander. Der Einfluß der Erfahrung zeigt sich daran, daß einjährige Kinder in Situationen ängstlich reagieren, die noch einige Monate vorher für sie nichts Bedrohliches an sich hatten. Auch das

Gefühl des Ekels – etwa vor bestimmten Tieren – ist einem Baby noch fremd.

Zur Zeit, wo die Gliederung des Handelns in Mittel und Zwecke einsetzt (viertes Stadium der sensomotorischen Stufe), beginnen sich auch Bedürfnisse und Interessen zu differenzieren. Ein Stock zum Beispiel zieht die Aufmerksamkeit des Babys auf sich, sobald es entdeckt, daß sich damit ein anderer Gegenstand, für den es sich im Augenblick besonders interessiert, herbeiangeln läßt. Es zeigt nun Reaktionen auf angenehme und unangenehme Empfindungen, es unterscheidet Schmerz und Vergnügen und empfindet Anstrengung und Ermüdung. Bald verhält es sich interessiert, bald desinteressiert. Eine erfolgreiche Aktion löst Freude und ein Gefühl des Triumphs aus, eine erfolglose Frustration. – Anders als die Empfindungen sind die meisten dieser Gefühle an die Regulierung des eigenen Verhaltens gebunden.[55]

In einem späteren Stadium (mit ungefähr 8 Monaten, in der als „Achtmonatsangst" bekannten Phase) unterscheidet das Kind deutlicher zwischen unbelebten Gegenständen und Personen als zuvor. In diesem Zusammenhang kristallisieren sich auch die ersten zwischenmenschlichen Gefühle, Interessen und Wertungen heraus. Zwischen den Gefühlen und den Werten nahm Piaget einen ähnlichen Unterschied an wie zwischen den sensorischen Bildern und den Gegenständen. Gefühle sind subjektiv und wandeln sich kurzfristig: Überraschung und Enttäuschung, Freude und Frustration folgen mitunter rasch hintereinander, und gerade bei kleinen Kindern, die ganz im augenblicklichen Gefühl leben, ist der Wechsel zwischen Regen und Sonnenschein viel radikaler als bei älteren Personen. Auch ihre Interessen sind von geringer Dauer. Hinter oder über ihnen zeichnen sich die Werte als etwas Unwandelbares oder zumindest weniger Wandelbares ab – vergleichbar den materiellen Gegenständen, die auf dem kognitiven Feld die ersten Invarianten bilden. Eine Wertung ist ein kognitiver Akt, und implizite Wertungen sichern den zwischenmenschlichen Gefühlen, wie Sympathie, Antipathie und Achtung, ihre relative Beständigkeit (69–73). Etwa zur selben Zeit, zu der sich der Mengenbegriff ausbildet, fangen Kinder an, ihre Wertungen zu reflektieren. Zu einer klaren Werte-Hierarchie bringen sie es jedoch noch ebensowenig wie zur Vorstellung eines Systems ineinandergeschachtelter Mengen oder einer Hierarchie von Begriffen unterschiedlichen Allgemeinheitsgrads.

In der Stufe der konkreten Operationen lernt das Kind, zwischenmenschliche Beziehungen von zwei Seiten her zu sehen, und es wird sich des Nebeneinanders eigener und fremder Absichten bewußt, so daß es nun auf Wünsche und Vorstellungen anderer Personen eingehen kann. Sobald neben die einseitige Achtung vor dem Erwachsenen die gegenseitige Achtung der Kinder untereinander tritt, entwickeln sich auch entsprechende moralische Gefühle und Haltungen: Dankbarkeit, Treue, Verpflichtung usw. (80).

In der gleichen Periode formiert sich der Wille im Sinne eines rationalen Handlungs-Regulativs: Ein acht- oder neunjähriges Kind handelt nicht mehr bloß nach seiner unmittelbaren Neigung, sondern wägt Prioritäten ab und lernt, kurzfristige Wünsche hinter längerfristige zurückzustellen. Der Wille ist, so gesehen, nicht etwa (wie der amerikanische Philosoph W. James angenommen hatte) ein Impuls, der einer schwächeren Neigung zu Hilfe kommen muß, um gegenüber einer stärkeren durchgesetzt zu werden, sondern die Fähigkeit, die verschiedenen miteinander konkurrierenden Interessen und Wünsche so zu gruppieren, daß die Setzung von Prioritäten und entsprechend planvolles Handeln möglich wird – eine Fähigkeit, die sich allerdings erst in der Stufe der formalen Operationen voll entfaltet (1954, 124–133 und 1962b).

Piagets Freud-Kritik.[56] Hatte sich Piaget zu Beginn seiner entwicklungspsychologischen Laufbahn einige von Freuds Ideen zu eigen gemacht und etwa den Unterschied in der geistigen Haltung des Vorschul- und des Schulkindes mit dem Wechsel vom Lust- zum Realitätsprinzip erklärt – so führte ihn das Studium der Säuglings-Entwicklung zu Ergebnissen, die zu den Annahmen Freuds teilweise im Widerspruch standen:

Was Freud bei der libidinösen Entwicklung des Kindes als Objektwahl bezeichnete, setzt Piaget zufolge eine intelligente

Leistung voraus: die Objektwahl sei zumindest teilweise ein Akt der Objekt-Konstitution (1954, 35, 59). Damit hängt ein zweiter Unterschied zusammen: Nach Freud erinnern wir uns nicht an frühkindliche Erlebnisse, weil wir sie verdrängt haben. Nach Piaget ist die Erinnerung eine Reproduktion von erlebten Szenen, und die Fähigkeit zu solcher Reproduktion setzt erst im Alter von anderthalb bis zwei Jahren ein (36). Da sich nur verdrängen läßt, was schon einmal gespeichert – oder besser: erinnerungsmäßig rekonstruiert – wurde, betrachtete Piaget die Annahme einer Verdrängung frühkindlicher Erlebnisse als hinfällig.

Freud hatte des weiteren gelehrt, das Gefühlsleben des Erwachsenen werde durch frühkindliche Komplexe bestimmt. Piaget zufolge bleiben jedoch nicht die frühkindlichen Gefühlskonstellationen und nicht die einstmaligen Fixierungen auf bestimmte Personen erhalten: Das elementarste „Gedächtnis“ sei das Schema – die Neigung, bestimmte Verhaltensweisen immer wieder zu reproduzieren; bei diesen Gelegenheiten würden auch die Gefühle von einst wieder belebt.

Ein letzter wesentlicher Unterschied zu Freud liegt in der Deutung der frühesten Phase der Säuglingsentwicklung. Freud hatte diese Phase als frühkindlichen Narzißmus bezeichnet, was Piaget zu der paradoxen Formulierung veranlaßte, es müsse sich dabei um einen „Narzißmus ohne Narziß“ handeln (35): Das Baby orientiere sein Verhalten am Anfang noch nicht an seiner Umwelt, sondern rege sich aus bloßer Bewegungslust. Dabei sei es sicher nicht libidinös auf seine Person fixiert, zumal es noch gar kein Bewußtsein von sich selber habe. Das Selbstbewußtsein des Kleinkindes entstehe erst nach und nach, und zwar auf verschiedenen Ebenen: Bewußtsein der eigenen Körperlichkeit, der eigenen Aktivität, später auch der eigenen Absichten, Wünsche, Pläne. Wie Piaget in seinen Untersuchungen zur Säuglingsentwicklung überzeugend darlegen konnte (1945, 1. Teil), entwickelt sich das Bewußtsein des eigenen Körpers parallel zum Wissen um die Leiblichkeit der anderen Personen:[57] Das Kind erforscht die eigenen Körperpartien durch Abtasten – auch die unsichtbaren wie Gesicht und Mund – und setzt sie mit den entsprechenden Körperteilen seiner Mitmenschen in Beziehung. Vorformen von Selbstbewußtsein auf der Handlungsebene hat Piaget in Reaktionen der Selbsteinschätzung gesehen (Selbstvertrauen beziehungsweise Zurückhaltung oder Resignation in schwierigen Situationen). Diese Vorformen einer Selbstbewußtwerdung werden während der Stufe des präoperativen Denkens durch die Entdeckung der eigenen Absichten – eine Bewußtwerdung auf der Ebene der Handlungsregelung sozusagen – noch vertieft und erweitert. Dieses neue Stadium führt im „Trotzalter“ zu einer Zuspitzung, die in anschließenden Dezentrierungsprozessen gelockert wird.

Piaget ist allerdings auf die Bedeutung der Trotzphase nicht näher eingegangen und hat die weitere Entwicklung des Ich-Bewußtseins nicht systematisch erforscht. Während er in den zwanziger Jahren das Kind vorwiegend als soziales und erfinderisches Wesen porträtiert hatte, stellte er es später mehr und mehr wie ein informationsverarbeitendes System dar, das sich in einer festgelegten Richtung entfaltet. Im Zentrum seines Interesses stand nicht mehr der ganze Mensch, sondern sein Erkenntnis- und Denkvermögen.

Piagets Entwicklungspsychologie hat so im Grunde selbst eine für lebende Organismen typische Entwicklung durchlaufen: Ihr Wachstum wurde von einem Prozeß der Verhärtung und Rindenbildung begleitet, der seiner „Theorie“ die Stabilität und Kohärenz sicherte, die nötig waren, um ihr zunehmendes interdisziplinäres Gewicht zu tragen. Aber Piagets Arbeiten verloren dadurch – anders als diejenigen Freuds – ein gutes Stück ihrer einstigen Frische und lebendigen Ausstrahlung.

IV. Würdigung und Kritik

Piaget ist ein Pionier der Entwicklungspsychologie gewesen – der erste, der das neue Forschungsgebiet soweit abgesteckt hat, daß eine kritische Auseinandersetzung auf breiter Ebene möglich wurde.[1] Der Umstand, daß seine Interessen in erster Linie der Erkenntnistheorie galten, hat in mehrfacher Weise auf seine psychologische Arbeit und ihre pädagogischen und soziologischen Implikationen abgefärbt – viele wichtige Einzelfragen mußten in den Hintergrund treten: Piaget hat sich nicht für Entwicklungsstörungen interessiert, und er hat außer den eigenen keine Kinder über längere Zeiträume hinweg beobachtet, also keine Längsschnitt-Untersuchungen angestellt. Selbst die kognitive Entwicklung im Erwachsenenalter hat er nicht untersucht. Das sind aber alles Fragen, die nicht so sehr sein Theoriegebäude als dessen Innenausstattung betreffen, und diese läßt sich jederzeit vervollständigen.

Piagets Theorie gleicht dem Entwurf einer Landkarte, in die nun die Einzelheiten der Entwicklungsbahnen von Kindern aus unterschiedlichem kulturellem oder sozialem Milieu, aber auch von Kindern mit unterschiedlichem Temperament, unterschiedlicher Stellung in der Geschwisterfolge usw. eingetragen werden können. – Ist diese Landkarte dazu aber umfassend und differenziert genug, und gibt sie überhaupt einen richtigen Eindruck von Verlauf und Faktoren der Entwicklung? Darüber gehen die Meinungen auseinander. Daß sich zu seiner Theorie an manchen Stellen mehr als bloß kosmetische Eingriffe aufdrängen, hat Piaget selber durchaus geahnt: „Immerhin bin ich einer der am meisten kritisierten Autoren gewesen", bekannte er im Alter einmal (Bringuier [3], S. 83). – Einen großen Teil der zwischen 1965 und 1980 erschienen Kritiken und Kommentare hat R. Vuyk zusammengestellt, so daß wir uns im folgenden auf einige respräsentative Beispiele beschränken können.[2]

Stufentheorie und Strukturalismus

Schon als Schüler hatte Piaget gelernt, daß die Klassifikation der Lebewesen nach Genus und Spezies nicht auf Willkür beruht, sondern in der biologischen Realität fundiert ist. Woran läßt sich nun (falls es sie gibt) die psychologische Realität der Stadien und Stufen nachweisen? Piaget hat sich zu dieser Frage einmal folgendermaßen geäußert: ,,Man versucht, Stadien zu konstruieren, weil dies ein unerläßliches Instrument für die Analyse von Bildungsprozessen ist".[3]

Stadien wären demnach ein bloßes Einteilungsraster für spezifische Entwicklungen, etwa den Aufbau der Erhaltungsbegriffe. Piagets Stadienkonzeption war aber keineswegs so eindeutig nominalistisch. Bei manchen Versuchsreihen besteht zwischen den einzelnen Stadien eine Übereinstimmung in den Verhaltensstrukturen. Je breiter die Übereinstimmung, desto begründeter ist die Vermutung, daß parallele Stadien ein gemeinsames Fundament in der psychischen Realität haben. Von einer Folge von Stadien oder Stufen kann dann gesprochen werden, wenn bestimmte typische Verhaltensweisen stets in der gleichen Reihenfolge auftreten und wenn die Verhaltensformen eines späteren Stadiums die der früheren voraussetzen beziehungsweise (und sei es auch in veränderter Form) in sich enthalten. Solche Bedingungen aufzustellen, ist freilich nur dann sinnvoll, wenn es deutlich voneinander unterscheidbare Strukturen des Verhaltens oder Denkens gibt, die sich nach diesem Prinzip ordnen lassen.

Kognitive Strukturen wachsen nun aber nicht einfach wie Brombeeren am Wegrand. Um sie aufzudecken, genügt es nicht, bloß das Verhalten zu beobachten. Dazu bedarf es jener Mischung aus Erfahrung, Fingerspitzengefühl und theoretischem Wissen, die in den Geisteswissenschaften als ,,Kunst der Interpretation" bezeichnet worden ist. Als Erkenntnistheoretiker ist Piaget sich darüber im klaren gewesen, daß die Annahme von Stufen und Strukturen auf einer Idealisierung beruht. Dennoch hat er als Biologe und Psychologe einen realistischen Strukturbegriff vertreten (vgl. 1941 b, 46).[4]

Das Problem, um das es hier geht, stellt sich allerdings nicht nur in der Psychologie: Auch der Rede von Umlaufbahnen in der Astronomie beispielsweise liegt eine Idealisierung zugrunde: Jeder Planet hat einen anderen Abstand von der Sonne, und keiner durchläuft genau denselben Weg zweimal hintereinander. Genauso durchläuft jedes Kind seine individuelle Entwicklung, und zwar nur einmal. Nun unterscheiden sich Astronomie und Psychologie allerdings darin, daß psychologische Prozesse, bis hinunter zur Abfolge von Reiz und Reaktion, bei weitem komplexer sind als die Prozesse der Astronomie. In der Psychologie lassen sich allgemeingültige Gesetzesaussagen daher auch viel weniger leicht überprüfen: Zwei Menschen stehen nie in genau derselben Situation, und auch bei einer einzigen Person wiederholt sich eine Lebenslage niemals bis in alle verhaltensbestimmenden Einzelheiten. Daß Piaget mit manchen seiner generalisierenden Thesen, und insbesondere mit seiner physikalistischen Rede von einer „Kausalität des strukturell Möglichen",[5] auf Kritik stoßen würde, war daher leicht abzusehen.

Orientiert man sich aber nicht an vereinzelten Äußerungen, sondern am Gesamtwerk, so zeigen sich wesentliche Differenzierungen, die bei der Diskussion der „strukturrealistischen" Stufentheorie nicht außer acht gelassen werden sollten: Eine deutliche Stufung hat Piaget nur bei den logischen und einem Teil der mathematischen Strukturen behauptet, deren Aufbau sich der reflektierenden Abstraktion in Reinkultur verdankt.[6] Ganz anders entwickeln sich Sprachfähigkeit und Wahrnehmung: Hier herrscht – wie Piaget sich einmal ausdrückte, eine „weit größere Kontinuität" (1956, 46). Dieser Ausdruck ist allerdings mißverständlich, denn natürlich entwickeln sich auch die logischen und mathematischen Strukturen kontinuierlich.[7] Der Unterschied liegt vielmehr darin, daß sich die Entwicklung von Sprache, Wahrnehmung und Erinnerung nicht anhand der reflektierenden Abstraktion rekonstruieren läßt und daß Piagets Bild von einer sich zyklisch auf verschiedenen Stufen wiederholenden Entwicklung am ehesten auf das logische und mathematische Denken zutrifft.

Die Entwicklung der physikalischen und geometrischen Begriffe liegt zwischen den beiden Extremen. Einerseits hängen sie vom Aufbau der logischen und mathematischen Strukturen und andererseits von der Entwicklung der Wahrnehmungstätigkeit ab. Damit dürfte auch der zeitliche Verzug bei der Anwendung einer kognitiven Struktur auf unterschiedliche Erfahrungsbereiche – etwa des Erhaltungsbegriffs auf Gewicht und Volumen – zusammenhängen. Diese „horizontalen Verschiebungen" scheinen mindestens zum Teil durch die unterschiedlich komplexe Organisation der Wahrnehmungsdaten in verschiedenen Erfahrungsbereichen bedingt zu sein. Auch soziale Einflüsse spielen dabei eine Rolle, denn in kulturvergleichenden Studien konnten nicht alle horizontalen Verschiebungen wiedergefunden werden.[8]

Piagets Begriff der reflektierenden Abstraktion hat in die angelsächsischen Diskussionen nicht Eingang gefunden, was zu groben Mißverständnissen seiner Stufenkonzeption geführt hat. Die aufgeworfenen Fragen berühren jedoch in anderer Hinsicht wesentliche Punkte:[9] Welchen Sinn hat die Rede von „structures d'ensemble" (Gesamtstrukturen, die alle Verhaltensweisen einer Stufe abdecken), und welche Vorteile bieten sich, wenn man statt dessen locker miteinander zusammenhängende Strukturnetze – entsprechend den verschiedenen Arten kognitiver Fähigkeiten – annimmt? Und wenn man entsprechend von unterschiedlichen Entwicklungssequenzen ausgeht: Inwieweit beeinflußt der Aufbau bestimmter Strukturen in einem Sektor ihre Konstruktion in einem anderen? Wieweit können sich Strukturen unterschiedlicher Piaget-Stufen nebeneinander entwickeln? Und schließlich: Manifestieren sich Strukturen eher im Können oder eher in der Lernfähigkeit?[10] – Die Bedeutung dieser Fragen geht aus dem weiteren Kontext hervor, in dem sie letztlich stehen: In welchen Richtungen muß Piagets Theorie erweitert und in welchen Aspekten muß sie verfeinert werden, wenn man mit ihrer Hilfe die Vielfalt lebendiger Entwicklungsprozesse erhellen will?

Die inhaltliche Interpretation von beobachtbarem Verhalten kann durch keine Statistik ersetzt werden. Doch damit läßt sich nicht entschuldigen, daß Piaget meistens versäumt hat anzugeben, wie groß die Kindergruppen waren, auf die sich seine Erhebungen stützten, und wie hoch dabei jeweils der Anteil derer war, die die gestellten Probleme bewältigten. Immerhin ist dieses Desiderat von den späten fünfziger Jahren an zunehmend behoben worden – ein Verdienst von B. Inhelder.

Zu den meisten Experimenten, die Piaget ersonnen hat, gibt es weltweit ein mehr oder weniger umfassendes Spektrum von Nachuntersuchungen.[11] Nur von einem Teil dieser Arbeiten wurden seine Resultate bestätigt. Ein Standardeinwand lautet: Das Kind löst bestimmte Aufgaben früher oder später, als Piaget angenommen hat. Die Tests, die zu abweichenden Ergebnissen führten, unterscheiden sich aber nicht selten in Durchführung und Material von der ursprünglichen Versuchsanordnung. Viele Nachuntersuchungen sind denn in der Forschung selber kontrovers. Immerhin kann als wahrscheinlich gelten, daß Kinder, die der gleichen Entwicklungsstufe angehören, je nach Situation Verhaltensweisen von unterschiedlicher Strukturhöhe zeigen. Diese hängt entweder von „Performanzfaktoren" ab, d. h. von der unterschiedlichen Schwierigkeit, eine Fähigkeit in spezifischen Situationen anzuwenden. Oder die kognitiven Strukturen stehen in Wechselwirkung mit Faktoren wie Wahrnehmung, Sprache und Gedächtnis.[12]

Manche Nachuntersuchungen widersprechen Piagets Ergebnissen nur scheinbar. So wurde etwa die Beobachung, daß schon 2- oder 3jährige Kinder fähig sind, im Spiel die Rolle einer anderen Person zu übernehmen, oder daß 3- und 4jährige den Gemütszustand anderer Menschen intuitiv erfassen, als Widerlegung einer zentralen These Piagets interpretiert.[13] Nach seiner Theorie sind erst 7- bis 8jährige Kinder zum sozialen Perspektivenwechsel fähig. Auf die Tatsache, daß sich Kleinkinder im Symbolspiel in andere Personen hineinversetzen, hat Piaget jedoch selbst des öfteren hingewiesen (1945, 1954). Es handelt sich hier freilich um ein intuitives, nicht um ein reflektiertes Tun. Erst in der Reflexion ihres sozialen Handelns entdecken Kinder die Beziehung zwischen sich und anderen Personen, wogegen in der frühkindlichen oder intuitiven Einfühlung die Standpunkte erst allmählich auseinandertreten und lange Zeit unkoordiniert nebeneinander bestehen (vgl. S. 109).

Einem anderen Standardeinwand zufolge findet man einige der von Piaget als typisch kindlich eingestuften Verhaltens- und Denkweisen auch bei Erwachsenen – so z. B. die „animistische" Neigung, unbelebten Gegenständen Eigenschaften von Leben zuzusprechen.[14] Piaget hat nicht behauptet, die für frühere Entwicklungsperioden typische Denkweise müsse später immer völlig verschwinden, sondern nur, das Frühere werde ins Spätere integriert. Seinen Ausführungen zufolge verlangt dieser Integrationsprozeß allerdings, daß sich die frühere Denkweise verändert, was offenbar nicht in jedem Fall zutrifft, wie der Einwand zeigt. – Natürlich sind auch Entwicklungshemmungen und Regressionen möglich (und bei Erwachsenen wahrscheinlich gar nicht selten). Sie scheinen aber eher ein Thema der Psychoanalyse als der Entwicklungspsychologie zu sein.[15]

Neuere Erkenntnisse über die kognitive Entwicklung im Säuglingsalter

Das Bild, das Piaget von der sensomotorischen Entwicklungsstufe gezeichnet hat, ist in den letzten fünfundzwanzig Jahren erheblich differenziert und in mehreren Punkten korrigiert worden. Das gilt unter anderem für seine Ansicht, die Sprachentwicklung beginne im wesentlichen erst nach Ablauf des ersten Lebensjahrs und setze die sensomotorischen Koordinationen voraus.

„Gleich nach der Geburt kann der Säugling bereits Stimmen und Musik unterscheiden, zieht er Stimmen vor (sie regen ihn stärker zum Saugen an). (...) Mit 20 bis 30 Tagen erkennt er die Stimme der Mutter, auch wenn er sie nicht sieht. Sein rechtes Ohr, und mit ihm die linke Hemisphäre, reagiert stärker auf Sprachlaute als auf andere akustische Reize, für die eher das linke, direkt mit der rechten Hemispäre verbundene Ohr zuständig zu sein scheint (...). Nach zwei Monaten beginnt der Säugling, mit der Mutter Wechsel-,Gespräche' zu führen. Sie sagt etwas zu ihm *(guckuck)*, er antwortet mit seinen Lauten, und dabei beginnt er den Tonfall der Mutter nachzuahmen. Ebenfalls mit zwei Monaten unterscheidet das Kind bekannte und unbekannte Stimmen, Männer- und Frauenstimmen, die Tonfälle der Freude und der Wut, steigende und fallende Satzmelodien – einige Autoren meinen rundheraus: Frage und Feststellung".[16]

Ferner steht heute fest, daß sich – im Gegensatz zu Piagets Annahmen – Sehen und Hören nicht erst nach einigen Monaten aufeinander einspielen, sondern ihre Koordination wahrscheinlich angeboren ist. Neugeborene Babys blicken nach rechts, wenn sie rechts ein Geräusch hören, und nach links, wenn es von dort ertönt.[17] Zwei Wochen alte Babys blicken öfter nach ihrer Mutter als nach einer fremden Frau; und wenn durch einen Trick die Mutter mit der Stimme der Fremden oder diese mit der Stimme der Mutter spricht, wenden sie sich aktiv von der Vorführung ab, die sie offenbar als bizarr empfinden.[18] Die Assoziation von Gesicht und Stimme der Mutter (bzw. der fremden Person) deutet auf einen frühen, auf Erfahrung beruhenden Lernprozeß.

Unter dem Einfluß der Erfahrung gestalten sich außerdem die verschiedenen sensorisch-motorischen Koordinationen in unterschiedlicher Weise aus, in charakteristischen Fällen ist die Koordination sogar rückläufig – ein für Piagets Theorie unerwartetes Resultat:

„Wenn man einem fünf Monate alten Baby ein Objekt zeigt und hierauf das Licht ausschaltet, so daß es im Dunkeln greifen muß, wird es dennoch ziemlich akkurat nach dem Objekt greifen. Ein älteres Baby greift unter denselben Umständen nicht so genau. Es streckt die Hand aus und läßt sie auf der richtigen Ebene hin und her wandern, bis sie das Objekt berührt. Taktile Informationen lenken dann die Schlußphase des Greifens, das Ergreifen."[19]

Die Koordination von Greifen und Sehen gelingt jüngeren Babys also leichter als älteren. Die jüngeren greifen auch nach Geräuschquellen in unmittelbarer Nähe, ältere Babys sind dazu nicht mehr so leicht bereit: Für sie sind Geräusche etwas zum Aufhorchen, nicht etwas zum Greifen. Der Schluß liegt nahe, daß sich die Umgebung zunehmend in eine hörbare, sichtbare und tastbare Welt gliedert,[20] wogegen Piaget umgekehrt eine koordinative Verschmelzung dieser Welten angenommen hatte.

Auch die Tatsache, daß Babys unter bestimmten Bedingungen schon mit 5 Monaten nach für sie unsichtbar gewordenen Gegenständen greifen, widerspricht Piagets Prognosen. Der schottische Entwicklungspsychologe T. Bower, auf den diese Entdeckung zurückgeht, hat auch nachweisen können, daß Säuglinge bereits in den ersten Lebenswochen einen Gegenstand aus verschiedenen Entfernungen und von verschiedenen Seiten wiedererkennen, obwohl die Netzhautbilder sich jeweils unterscheiden.[21]

„Zusammengefaßt scheint nicht von einem strukturell einheitlichen Plan des konstanten Objekts gesprochen werden zu können, sondern nur von einer Reihe *inhaltsspezifischer* Objektkonstanzpläne, die ein ganz unterschiedliches Maß an kognitiven Operationen, insbesondere an Raumverständnis und Gedächtnis involvieren."[22]

In Frage gestellt wurde schließlich Piagets These, das Denken gehe aus der Koordination von Handlungen hervor: Kinder mit verstümmelten oder bewegungsunfähigen Gliedern sind nicht weniger intelligent als der Durchschnitt ihrer Altersgenossen.[23] Vermutlich spielt also die Koordination der Sinnestätigkeit für die geistige Entwicklung eine mindestens ebenso große Rolle wie die Koordination der motorischen Bewegungen oder die Koordination von Tun und Wahrnehmen. Möglicherweise wird die Intelligenz schon dadurch gefördert, daß Kinder andere Personen dabei beobachten, wie sie ihre Handlungen koordinieren.

Jedenfalls läßt sich Piagets didaktischer Leitsatz, „begreifen heißt erfinden bzw. durch Wiedererfinden rekonstruieren" (1971, 81), nicht mit der Rückbindung des Denkens an die Koordination motorischer Handlungen rechtfertigen. Damit wird auch sein Plädoyer für eine Förderung der experimentell-naturwissenschaftlichen auf Kosten der klassisch-altsprachlichen Schulfächer (1971, 75) relativiert. Unerschüttert bleibt jedoch seine von der Lebensphilosophie Bergsons inspirierte Einsicht, daß der Mensch ein grundsätzlich aktives Wesen ist und daß Lernen auf engagierter Aktivität, nicht auf passiver Übernahme vorgefertigter Lerninhalte beruht.

Piagets Lernpsychologie

Piaget hat nicht immer mit wünschenswerter Deutlichkeit zwischen konkreten Tätigkeiten (Performanz) und der entsprechenden Fähigkeit (Kompetenz) unterschieden. Offenbar war er der Ansicht, dem zu beobachtenden Verhalten liege jeweils eine fertig ausgebildete Fähigkeit zugrunde. In vielen Experimenten konfrontierte er seine Versuchspersonen jedoch mit Problemen, vor die sie im alltäglichen Leben noch nie gestellt worden waren, deren korrekte Lösung also in unterschiedlichem Umfang Lernprozesse voraussetzte. Für diese Lernprozesse interessierte er sich aber nur ausnahmsweise – etwa wenn ein Kind während des Experiments in ein neues Stadium des Verstehens übertrat – und er berücksichtigte auch nicht ernsthaft die Tatsache, daß Kinder bei einer Wiederholung manchmal besser antworten als beim ersten Versuch. Piaget scheint, wie sein Schüler H. Aebli schreibt, die Lernprozesse „in die Zeit zwischen den entwicklungspsychologischen Bestandesaufnahmen verlegt" zu haben.[24]

Ähnliches gilt für seine didaktische Konzeption: Die Frage, ob und wieweit sich die kognitive Entwicklung durch Training oder Konditionierung beschleunigen lasse (für Piaget war dies „die amerikanische Frage"), hat er stets negativ beantwortet: Eine Förderung der Entwicklung könne höchstens in beschränktem Umfang und nur durch spezielle stufenspezifische Übungen erreicht werden. In der Sprache der Gleichgewichtstheorie: Lernprozesse setzen die Äquilibration voraus, während umgekehrt Äquilibrationsprozesse nicht erlernbar sind.[25] – Damit steht, wer Piagets Entwicklungstheorie didaktisch umsetzen will, vor einem Dilemma, das Aebli folgendermaßen beschreibt:

„Wenn Piaget in seinen genetischen Untersuchungen nachweist, daß in einem bestimmten Alter eine Operation vorhanden ist, so *braucht* sie dem Kind *nicht mehr* beigebracht zu werden. Wenn die Operation aber noch nicht vorhanden ist, so *kann* sie ihm *noch nicht* beigebracht werden".[26]

Die Rolle des Lehrers scheint sich also auf die eines Gärtners zu beschränken, der seine Pflanzen gießt. Piagets Didaktik wurde denn auch als „horticultural philosophy"[27] und „Gießkannendidaktik"[28] bezeichnet.

Piaget habe – so lautet dieselbe Kritik in anderer Nuancierung – in jedem Kind einen kleinen Robinson gesehen, der isoliert von der Gesellschaft aufwachse.[29] Entsprechend wurde er auch mit Rousseau in Verbindung gebracht. Diesen Vergleich hat Piaget allerdings zurückgewiesen – mit dem Argument, er vertrete nicht die Auffassung, die Entwicklung beginne mit einem „Individualismus, der den Beziehungen zu anderen vorausgeht" (1962, 14). Auch Rousseaus Ansicht von der Unschuld der Natur teilte er keinesweg. Vielmehr schloß er sich der Ende des 19. Jahrhunderts in verschiedenen Ländern entstandenen Tradition der „aktiven Schule" an, als deren Protagonisten er den amerikanischen Philosophen John Dewey, den belgischen Pädagogen Ovide Decroly und die italienische Ärztin Maria Montessori nannte (1935, 121 f.). Wie die Vertreter der „aktiven Schule" erklärte Piaget den Lehrer keineswegs für überflüssig: Da das Kind nicht von sich aus die richtigen Fragen stelle, sei es die Aufgabe des Lehrers,

> „Anstoß und Anregung zu geben, d. h. zunächst die Situationen herbeizuführen und die Grundvoraussetzungen zu schaffen, die das Kind vor nützliche Probleme stellen, um es anschließend durch geeignete Gegenbeispiele zum Nachdenken und damit zur Überprüfung vorschneller Lösungen zu nötigen" (1971, 78).

Um das Kind aber wirklich zu fördern, müsse der Lehrer auch in der Entwicklungspsychologie Bescheid wissen. Zu den hohen Anforderungen des Lehrberufs stünden Ausbildung und gesellschaftliche Stellung der Lehrer jedoch in einem Mißverhältnis (1965b, 105). – Trotz seines Engagements für bessere Schulen und eine bessere Lehrerbildung ist der Einwand, Piaget habe die Rolle des Lehrers unterbewertet, nicht ganz unberechtigt. Ch. Brainerd hält Piagets didaktische Maximen schon deswegen für verfehlt, weil Kinder durch Instruktion nicht weniger gut lernen als nach der Methode des Selber-Tuns und Selbst-Entdeckens. In vielen Fällen sind durch Unterweisung sogar bessere Lernerfolge erzielt worden. Der Vorteil der Instruktionsmethode liegt nach Brainerd vor allem darin, daß sie das Einüben von Begriffen und Operationen in früherem Alter ermöglicht als eine Didaktik, die auf die Eigenintiative der Schüler wartet.[30] – Nach Auffassung von H. Aebli kann eine Psychologie, die den Menschen als grundsätzlich aktives Wesen begreift, der Motivationsfrage prinzipiell nicht das nötige Gewicht beimessen.[31]

Bausteine für eine Theorie der Motivation

Piaget war kein praktizierender Pädagoge, und er hat nicht viel darüber gesagt, was ein Erwachsener tun muß, um Kinder für eine bestimmte Sache zu begeistern. Auch aus psychologischer Perspektive ist er auf Fragen der Motivation nicht direkt eingegangen. Indirekt und auf hohem theoretischem Niveau hat er aber doch ein paar Hinweise gegeben: Die zentralen Probleme seiner Äqulilibrationstheorie – die Fragen, wie kognitive Ungleichgewichte eintreten und wie sie sich überwinden lassen (1975) – sind in diesem Zusammenhang von Bedeutung; desgleichen die Untersuchungen über die reflektierende Abstraktion (1977), die Bewußtwerdung (1974 b) und den Widerspruch (1974 a). Die Einsicht, daß Anstöße zur Erhöhung der Aufmerksamkeit in Kontrasterfahrungen liegen („Gesetz der Bewußtwerdung", vgl. S. 198), ist geeignet, ihrerseits eine Reihe von didaktischen Anstößen zu geben.

Piagets theoretische Ideen sind ausbaufähig. Motivationspsychologisch ist beispielsweise der Hinweis von J. Bruner bedeutungsvoll, daß sich zwischen verschiedenen Medien der Repräsentation (Handeln, Vorstellen, Sprache) Spannungen oder Konflikte ergeben können.[32] T. Kesselring hat zu zeigen versucht, daß auch die reflektierende Abstraktion immer wieder Bedingungen schafft, die ein System kognitiver Schemata für Widersprüche anfällig machen.[33]

Weniger klar ist, wie sich solche Widersprüche, Konflikte oder Ungleichgewichte didaktisch beeinflussen lassen. Auch dürften keineswegs alle Widersprüche für die kognitive Entwicklung förderlich sein. Das zeigt sich etwa an der Wirkung, die von gegenseitig sich ausschließenden sozialen Ansprüchen auf die kindliche Intelligenz ausgeht – beispielsweise wenn der eine Elternteil gewohnheitsmäßig erlaubt, was der andere verbietet, oder wenn dem Empfinden des Kindes widersprochen wird („Das Wasser ist doch gar nicht so heiß!"). Bei den von G. Bateson und P. Watzlawick erforschten Kommunikationsparadoxien („double-bind" oder „Beziehungsfallen")[34] wetteifern gegensätzliche Botschaften, die auf verschiedenen Ebenen der Kommunikation übermittelt werden, etwa wenn man einem „zu braven" Kind die Anweisung gibt, weniger gehorsam zu sein – eine Anweisung, die es nur befolgen kann, indem es sie nicht befolgt. In welcher Weise und von welchem Alter an Kinder für Widersprüche oder sich gegenseitig ausschließende Ansprüche sensibel werden, ist aber eine offene Frage.

Der Einfluß von Sprache und sozialer Umgebung auf die Entwicklung

In der Einleitung zu seinem frühen Buch über das Weltbild des Kindes (1926) stellte Piaget differenzierte Reflexionen darüber an, wie man mit kleinen Kindern sprechen muß, um zu erfahren, was sie wirklich denken, wie man zwischen spontanen und durch das Gespräch ausgelösten Überzeugungen unterscheiden kann und wie sich der Sprachgebrauch der Erwachsenen auf den des Kindes niederschlägt. Zahlreiche Hinweise auf den Situations-Kontext des kindlichen Verhaltens findet man auch noch in den Beobachtungsprotokollen aus den frühen dreißiger Jahren zur sensomotorischen Stufe. Doch in den vierziger Jahren, als seine Erkenntnistheorie in den Umrissen feststand und er sich der formalen Analyse der Gruppen- und Gruppierungs-Strukturen zuwandte, änderte Piaget seinen Untersuchungsstil: Das entwicklungspsychologische Experiment wurde mehr und mehr zur Verifikationsinstanz formaler Strukturen.

Eine ähnliche Entwicklung machte auch sein theoretischer Ansatz durch: Wie schon erwähnt, hat sich Piagets Bewertung von Sprache und sozialem Einfluß auf die Entwicklung in den dreißiger Jahren geändert. Seinen Einstellungswandel begründete er mit dem Hinweis, die soziale Interaktion beruhe auf Fähigkeiten, die selber erst nach und nach aufgebaut würden.[35] Daß diese Fähigkeiten nicht zuletzt durch den sozialen Austausch wachsen, hat Piaget später zwar nie bestritten, aber in seiner Theorie auch nicht mehr ernsthaft berücksichtigt.[36] Das aus der Biologie stammende Modell eines Organismus, der in der Auseinandersetzung mit der Umgebung stets den aktiven Pol bildet, trifft besser die Situation eines Pflanzenkeimlings, der sich durch die Erde bohrt, als die des Menschen, der mit seiner sozialen Umwelt im Austausch steht.

Ein konstruktiver Vorschlag zur Ergänzung von Piagets Theorie stammt von Ch. Taylor.[37] Diesem Vorschlag zufolge gilt es zu berücksichtigen, daß die Entwicklung der sozialen Interaktion zu einer anderen Art von Objektivität führt als die Entwicklung des auf Gegenstände gerichteten Denkens. Wollen wir ein technisches oder physikalisches Problem verstehen, so müssen wir von unserer Gefühlsbeziehung zu ihm abstrahieren können: Um das auf offener Strecke stehen gebliebene Fahrzeug wieder in Schwung zu bringen, empfiehlt es sich, Ärger und Aufregung zu vergessen und sich ganz auf die Ursachen der Panne zu konzentrieren. Versuchen wir dagegen bei der Lösung menschlicher Beziehungsprobleme, von unseren Gefühlen und unserem Engagement zu abstrahieren, so verändern wir die menschliche Beziehung und sehen sie gerade nicht mehr objektiv. Dezentrierung im Zusammenhang zwischenmenschlicher Verhältnisse und Dezentrierung im Kontext technischer oder rein logischer Probleme sind zweierlei.

Wie C. Gilligan[38] nachgewiesen hat, gibt es aber auch zwei verschiedene Einstellungen zu zwischenmenschlichen Beziehungen. Die eine orientiert sich mehr an Gesichtspunkten von Recht und Gerechtigkeit, die andere mehr an Gesichtspunkten der Gemeinschaft und menschlichen Verantwortung. Je nach der Einstellung – die eine ist häufiger bei Jungen, die andere häufiger bei Mädchen anzutreffen – entwickelt sich das moralische Urteil in unterschiedliche Richtungen: Das Interesse, Rechtsansprüche gegeneinander abzuwägen, führt zu ganz anderen Gesichtspunkten als die Sorge, andere nicht zu verletzen und menschliche Beziehungen zu erhalten. Eine solche Unterscheidung findet man bei Piaget bestenfalls in Andeutungen.[39]

Gleichfalls zuwenig differenziert ist Piagets Auffassung von Aufgabe und Funktion der Sprache. Diese ist ein ungleich differenzierteres Medium als das Gewebe der logischen und mathematischen Strukturen, auf deren Analyse der Genfer Psychologe soviel Energie verwendet hat. – An der Sprache hat er vor allem zwei Aspekte betont: die im Alter von 1½ Jahren ausgebildete Fähigkeit, Sachverhalte mittels Zeichen zu repräsentieren, und die schon früher einsetzende Fähigkeit, sprachliche Repräsentationsmittel nachzuahmen. Zwei andere Aspekte – und zwar die für die soziale Dimension wesentlichen – hat er dagegen unberücksichtigt gelassen: Wer spricht, tritt in Kontakt mit anderen Menschen (oder führt diesen Kontakt weiter), und er stellt der anderen Person sich selbst als jemand dar, der etwas Bestimmtes denkt, wünscht, empfindet usw. Damit verhält sich Piagets Verständnis der Sprache zu den Auffassungen von G. H. Mead und S. Freud komplementär:

> „Freud stellt in den Mittelpunkt seiner Arbeiten die Fähigkeit von Individuen, sich in ihren sprachlich artikulierten Deutungen auf sich selbst zu beziehen; Mead betont die Fähigkeit zur Herstellung einer intersubjektiven Beziehung; und Piaget konzentriert sich auf die Fähigkeit, von der Redesituation entfernte Sachverhalte vergegenwärtigen zu können."[40]

Immerhin legen manche der Genfer Untersuchungen – etwa diejenigen zur Invarianz, Reversibilität, Proportionalität usw. – die Vermutung nahe, daß zumindest einige kognitive Fähigkeiten weitgehend sprachunabhängig sind.[41] Wie der Piaget-Schüler H. G. Furth nachgewiesen hat,[42] sind Gehörlose durchaus in der Lage, Gegenstände zu klassifizieren – eine Leistung, die die Bildung übergeordneter Begriffe voraussetzt. Um zum Beispiel aus einer Reihe von Kärtchen, auf denen verschiedene Dinge – Personenwaage, Bleistift, Stoppuhr, Eisschrank, Weinflasche, Maßstab, Wolkenkratzer – abgebildet sind, Waage, Uhr und Maßstab zusammenzustellen, müssen Kinder über den Begriff des Meßgeräts verfügen:

„Im Alter von acht Jahren schnitten die gehörlosen Kinder bei dieser Aufgabe wesentlich schlechter ab; mit vierzehn waren sie den hörenden und sprechenden völlig ebenbürtig. Alle ähnlichen Tests erbrachten das gleiche: Daß die Sprache fehlt, verhindert nicht die Bildung von Konzepten."[43]

Das Denken hängt offenbar keineswegs in dem hohen Maß von der Sprache ab, wie im Anschluß an E. Sapir und B. L. Whorf vielfach behauptet worden ist.

Piagets Theorie im Kulturvergleich

Im Jahre 1956 vertrat Piaget in einem Gespräch mit der Kulturanthropologin Margaret Mead die Ansicht, sein Stufenmodell sei universell, was M. Mead zumindest für diejenigen Kulturen, „die nicht unseren Typus wissenschaftlichen Denkens entwikkelt haben", bestritt. Sie schlug vor, Piagets Entwicklungsmodell auf eine Kombination aus Reifungsprozessen (die universell sind) und kulturspezifischen Sozialisationsprozessen zurückzuführen.[44] In späteren Jahren hat Piaget der Frage, ob und wieweit die Entwicklung der kognitiven Fähigkeiten von der jeweiligen Kultur abhänge, vermehrt Beachtung geschenkt (1966c). Wie bereits erwähnt (S. 83), äußerte er sogar die Vermutung, daß im klassischen China die kognitive Entwicklung einen grundsätzlich anderen Verlauf genommen haben könnte als in Europa (Bringuier [3], 149f.).

Der Dialog zwischen J. Piaget und M. Mead hat noch heute Gültigkeit: Während etwa der von Piaget beeinflußte Kulturanthropologe P. Dasen die Auffassung vertritt, hinter der kulturellen Pluralität gebe es „grundlegende Universalien"[45], sieht A. Wilden hinter Piagets Stufentheorie eine normative Konzeption von „law-and-order"-Charakter.[46]

Die Überprüfung der Genfer Arbeiten im Milieu anderer Kulturen setzte Ende der fünfziger Jahre ein. 1976 betrug die Zahl solcher Untersuchungen bereits mehr als 500.[47] Schon bald wurde erkannt, daß die Entwicklungsgeschwindigkeit vom sozialen Milieu abhängt: Bei iranischen Hirtenkindern wurden Verzögerungen von 2½, auf der Insel Martinique in den Antillen sogar von 4 Jahren beobachtet (1962a, 27f.). Zu ähnlichen

Ergebnissen führten seither Untersuchungen in allen Teilen der Welt:

„Bis zur Stufe der anschauungsgebundenen, *konkreten* Operationen dürften Piagets Forschungsergebnisse über die individuelle Entwicklung des Erkennens – kulturell relativiert nur in der Alterszuordnung – universale Gültigkeit haben. Dagegen erheben sich hinsichtlich einer universalen Gültigkeit der von Piaget beschriebenen Stadien in der Entwicklung *formaler* Operationen Zweifel."[49]

Inzwischen bietet sich aber ein differenzierteres Bild. Wie sich zeigte, führen unterschiedliche Lebensgewohnheiten (Bräuche, Wertsysteme, Werkzeuggebrauch usw.) dazu, daß Fähigkeiten höherer Entwicklungsstadien je nach Kultur an unterschiedliche Erfahrungsbereiche gebunden sind. So ist es zum Beispiel nicht überraschend, daß mexikanische und afrikanische Töpferkinder die Substanzerhaltung früher lernen als ihre nichttöpfernden Altersgenossen. – Daß solche Befunde mit Piagets Theorie nicht im Widerspruch stehen, läßt sich auch an einem anderen Beispiel verdeutlichen: Wenn die Mitglieder eines Stammes von Eingeborenen in einem bestimmten Alter statt der Mengen- die Richtungsinvarianz[49] lernen, so verfügen sie dennoch über den Erhaltungsbegriff.

Ein Teil der kulturvergleichenden Forschung verfolgt inzwischen das Programm, „für jede Kultur die Situationen zu identifizieren, in denen spezifische kognitive Prozesse zur Geltung kommen."[50] Dabei bleiben allerdings grundsätzliche Fragen weiterhin offen: Wie soll der an Piaget geschulte Forscher den Erfahrungsbereich einer ihm wenig vertrauten Kultur strukturieren? Und wie soll er das Fehlen bestimmter kognitiver Strukturen, die er erwartet hat, interpretieren? Mehrere Deutungen sind möglich: Die Kommunikation über die Kulturschranken hinweg hat nicht ausreichend funktioniert, die Versuchspersonen sind rückständig, oder Piagets Theorie ist ethnozentrisch. Die kulturvergleichende Forschung darf sich daher nicht darauf beschränken, „die Formen des Vernunftgebrauchs nach dem Grad ihrer Annäherung an festgeschriebene ‚Kompetenzen' zu klassifizieren", sondern sollte sich darum bemühen, „aus der Vielfalt menschlicher Denkformen Kriterien zur Kritik an ‚kognitiven Vereinseitigungen' zu gewinnen."[51] Einen Hinweis gibt der kanadische Kulturanthropologe Ch. Hallpike mit seiner Unterscheidung zwischen der Entwicklung der logischen Strukturen auf der einen Seite und dem Zuwachs an Wissen und Erfahrung auf der anderen:

„[Es besteht kein] Widerspruch zwischen der Aussage, die kognitiven Prozesse des primitiven Menschen seien kindlicher als die des gebildeten Menschen, und der Feststellung, der primitive Mensch könne eine komplexere und tiefere Vorstellung von der Wirklichkeit erlangen, als sie Kindern zugänglich sei. (...) Es wäre eine außerordentlich beschränkte Bewertung des Menschen, wenn Weisheit, Erfahrung und emotionale Reife im Vergleich zur Fähigkeit, Mengen zu erhalten oder logische Inklusionen zu begreifen, nichts zählen würden. Man kann also nicht behaupten, daß die Erwachsenen in primitiven Gesellschaften intellektuell nur den Kindern in unserer Gesellschaft entsprächen. In primitiven Gesellschaften werden vielmehr diejenigen kognitiven Fähigkeiten, die vorwiegend präoperativer Art sind, zu einem höheren Fertigkeitsgrad entwickelt und ergänzt durch das Sammeln von Erfahrung und Weisheit während des ganzen individuellen Lebens."[52]

Nach Hallpike sind Piagets Begriffe und Methoden „präziser, theoretisch kohärenter und solider auf empirischer Forschung aufgebaut" als die von Anthropologen und Philosophen in der Diskussion über das Denken bei Naturvölkern verwendeten Konzepte.[53] Hallpike hat mit seiner Kritik vor allem C. Lévi-Strauss im Blick, dessen strukturale Analyse vorwiegend den konkreten Situationen gilt. Der an Piaget orientierte Kulturvergleich Hallpikes arbeitet dagegen eher diejenigen Merkmale kognitiver Prozesse heraus, die in verschiedenen Situationen und unterschiedlichen Kulturen immer wiederkehren. Wenn seine positive Einschätzung richtig ist, dann eignet sich Piagets Stufentheorie nicht schlecht als Leiter für den Einstieg der Psychologen in den Kulturvergleich. Noch ist es allerdings zu früh, darüber zu entscheiden, welche Sprossen man in Zukunft besser auswechseln sollte, oder ob am Ende gar die ganze Leiter ersetzt werden muß.

Der Erkenntniswert von Piagets Arbeiten unterscheidet sich deutlich von demjenigen philosophischer Erkenntnistheorien. Die Philosophie behandelt primär Geltungs- und normative Fragen, die Psychologie dagegen Tatsachenfragen. In der genetischen Psychologie, die „Schritt für Schritt die Bildung der sich ununterbrochen erneuernden Normen" untersucht (1950 I, 38), treten Geltungs- und Tatsachenfragen in enge Verbindung zueinander. Das bringt diese Disziplin in ein Dilemma: Sie kann rein empirisch sein, sie kann sich aber auch auf einen normativen Kern stützen. Soweit sie empirisch ist, trägt sie nichts zur Beantwortung von Geltungsfragen bei, und soweit sie auf einer normativen Grundlage aufbaut, ist sie nicht empirisch.

Viele Kritiker beklagen denn auch das unklare Verhältnis, in dem bei Piaget Theorie und Experiment zueinander stehen.[54] Wie soll man beispielsweise das Vorliegen von „reflektierenden Abstraktionen" bei einem Denkprozeß empirisch nachweisen? Die Schwierigkeit gleicht derjenigen, im Subjekt vorhandene Strukturen aufzudecken. Seine Theorie sei nicht genügend empirisch, lautet ein häufiger Vorwurf an Piagets Adresse; daher sei auch unklar, durch welche Art von Beobachtungen es überhaupt möglich wäre, sie zu widerlegen:

> „In einer Diskussion mit schweizer Philosophen wurde Piaget 1972 gefragt, wie er reagieren würde, wenn man ihm eines Tages ein Kind vorführte, das die Entwicklungsstufen in der umgekehrten Ordnung durchlaufen hat (...). Seine Antwort lautete nicht: ‚Nun, meine Theorie würde falsch sein', sondern: ‚Wenn Sie ein solches Kind finden, dann bringen Sie es bitte zu mir; ich wäre sehr daran interessiert, es zu untersuchen.'"[55]

Manche Piaget-Kritiker übersehen allerdings die grundsätzliche Schwierigkeit, zwischen empirischen und theoretischen (normativen) Sätzen eine klare Grenzlinie zu ziehen. Die Hoffnung darauf, daß dies gelingen kann, ist schon in den dreißiger Jahren geschwunden: es gibt keine reinen Beobachtungssätze („Protokoll-" oder „Basissätze"), jeder Erfahrungs-Satz ist ein Stück weit theoriegeladen.

Gegen Piaget ist auch aus entgegengesetzter Richtung ein Einwand erhoben worden: Die psychologische Untersuchung der Entstehung von Begriffen fördere nicht die Einsicht in ihren Geltungs-Charakter.[56] In unausgesprochener Form scheint dieser Einwand dem Desinteresse vieler Vertreter der sprachanalytischen Philosophie an der Entwicklungspsychologie zugrunde zu liegen. – Doch auch auf diesen Einwand ist eine Entgegnung möglich: Die Analyse der bedeutungsmäßigen Beziehungen zwischen Begriffen kann (nach einer Bemerkung von S. Toulmin) nur aufdecken, ,,welches unsere Begriffe sind, nicht aber, warum sie sind, wie sie sind":[57] Um dies zu ermitteln, müsse man die Entstehungsgeschichte der Begriffe mitberücksichtigen. Tatsächlich werden in der philosophischen Begriffsanalyse häufig lern- und entwicklungspsychologische Überlegungen herangezogen. Schon Wittgenstein hat, um die Bedeutung von Wörtern und Sätzen zu erklären, gern auf die Situation verwiesen, in der wir sie verstehen lernen, und andere Philosophen sind ihm hierin gefolgt.[58] Das erscheint zunächst verwunderlich, denn die Reihenfolge, in der Begriffe gelernt werden, spiegelt in der Regel nicht ihre logischen Beziehungen wider und umgekehrt: Die Bedeutung von ,,rot" schließt die von ,,farbig" in sich, aber daraus folgt nicht, daß ein Kind erst lernen muß, was ,,farbig" heißt, um zu verstehen, was ,,rot" bedeutet.[59] Außerdem gibt es nicht nur einen Weg, auf dem ein Begriff gelernt werden kann. Lernpsychologische Hinweise in der Begriffsanalyse dürften, so gesehen, höchstens der Illustration und keinesfalls der Begründung dienen.

Die Situation ist in Wirklichkeit noch komplizierter: Hält man sich an Wittgensteins Erklärung, die Bedeutung eines Wortes sei sein Gebrauch in der Sprache, dann gibt es offensichtlich zu jedem Wort soviele Bedeutungen wie erfolgreiche Verwendungsweisen. Insbesondere gebrauchen Kinder die meisten Wörter anders als Erwachsene, machen sich damit aber trotzdem mindestens teilweise verständlich, so daß man ihrem Wortgebrauch eine intersubjektive Bedeutung nicht gänzlich absprechen kann. Eine Lern- oder Entwicklungspsychologie ist offenbar notwendig, wenn man die verschiedenen ,,Sprachspiele" miteinander in Beziehung setzen und nach ihrer kommunikativen Leistungsfähigkeit bewerten will.

Vieles deutet also darauf hin, daß sich die philosophische Begriffsanalyse und eine konstruktivistisch-genetische Erkenntnistheorie weder gegenseitig Konkurrenz machen noch ausschließen, sondern sich vielmehr ergänzen.[60]

Innerhalb der Philosophie vertritt die „Erlanger Schule" von P. Lorenzen ein auf den ersten Blick mit Piagets genetischem Konstruktivismus vergleichbares Programm. Anders als Piaget erhebt der philosophische oder mathematische Konstruktivist jedoch nicht den Anspruch, Entwicklungsprozesse zu erhellen. Sein Anliegen ist es, mathematische Axiome zu „begründen" oder zu „erklären". Das Subjekt der Konstruktion ist also in diesem Fall der Wissenschaftler selbst, bei Piaget dagegen das sich entwickelnde Kind.[61] Dieser Unterschied sollte jedoch nicht überschätzt werden: Auch nach Piaget schließt jede Theoriebildung eine konstruktive Tätigkeit in sich.

Eigentümlicherweise hat der Genfer Gelehrte diese Einsicht im Hinblick auf seine eigene Arbeit so gut wie völlig ignoriert und in einer naiv anmutenden Weise den Anspruch erhoben, mit seiner Methode erkenntnistheoretische Fragen empirisch entscheiden zu können. Als einmal einer seiner Mitarbeiter anregte, wer die Erkenntnisentwicklung erforsche, möge auch die Entwicklung der eigenen Theorie bedenken,[62] antwortete Piaget mit dem Hinweis auf die Schwierigkeit, Richter und Partei zugleich zu sein. Die Aufgabe, die genetische Erkenntnistheorie mit ihren eigenen Mitteln zu erhellen, hat er ausdrücklich anderen überlassen.[63]

V. Wirkung

Die Wirkung, die von Piagets Schaffen ausgeht, ist international und interdisziplinär.[1] Doch ist sein Werk in den verschiedenen Ländern und Fächern durchaus unterschiedlich aufgenommen worden. Die Auseinandersetzung begann schon in den dreißiger Jahren.[2] Insgesamt verdankt sich Piagets Bekanntheit nicht zuletzt den vielen Kontroversen, die seine Bücher ausgelöst haben.

Regionale Wirkung

Im französischen Sprachraum, dem Piaget entstammte, war die Resonanz zu Lebzeiten sicher stärker als heute. Schon in den dreißiger Jahren setzte sich etwa der Psychologe H. Wallon mit den Frühschriften Piagets auseinander. 1946 verlieh die Pariser Sorbonne als zweite Universität dem schweizer Entwicklungspsychologen einen Ehrendoktor-Titel, und 1952 berief sie ihn als Nachfolger des Philosophen M. Merleau-Ponty auf einen Lehrstuhl. Von seinem Erfolg in Frankreich zeugt auch die Tatsache, daß das Strukturalismus-Buch, das 1968 erschien, bereits sechs Jahre später eine Auflage von über 100000 Exemplaren erreichte. Nach Piagets Tod hat seine Resonanz in Frankreich aber wieder nachgelassen. Auf die französische Philosophie ist Piaget – wohl nicht zuletzt wegen seiner Polemik in seinem Buch *Weisheit und Illusionen der Philosophie* (1965) – so gut wie ohne Einfluß geblieben. Wirklich Schule gemacht hat sein Wirken jedoch in den verschiedensten Ländern außerhalb des französischen Sprachraums.

In der französischen Schweiz geht die von Piaget angeregte experimentelle Forschungsarbeit in mehreren Gruppen weiter. Die Untersuchungsmethoden sind in den letzten Jahren teils verändert und teils verfeinert worden. Jahrzehntelang hatten

Piaget und seine Mitarbeiter von ihren Experimenten lediglich schriftliche Protokolle angefertigt. Erst in den siebziger Jahren wurde zur Dokumentation auch das Medium Film herangezogen. Erwähnt sei in diesem Kontext, daß der westschweizer Regisseur Claude Goretta einen Kurzfilm mit experimentellen Szenen über Jean Piaget gedreht hat; die Uraufführung fand im Januar 1979 an der Genfer Universität statt.[3]

In Genf sind neben den alten auch neue Projekte in Gang gekommen – etwa G. Celleriers Arbeiten im Grenzgebiet zwischen Biologie und Informationstheorie oder H. Grubers Forschungsschwerpunkt „Kreativität". H. Gruber ist es auch, der sich im Anschluß an ein Buch über die Entstehungsgeschichte der Theorie Darwins[4] dem Projekt zugewandt hat, Piagets Theorie der Erkenntnisentwicklung mit ihren eigenen Mitteln zu erhellen. Es ist zu erwarten, daß in diesem Zusammenhang auch neue Tatsachen aus Piagets Biographie bekannt werden.

Auch in Großbritannien ist Piagets Theorie rege diskutiert worden. Piaget hat hier allerdings kaum prominente Anhänger. Der empiristischen Tradition verpflichtete Psychologen wie Ch. Brainerd oder P. Bryant[5] stehen Piagets Theorie eher kritisch gegenüber. Von M. Boden stammt eine der besten und zugleich unparteilichsten Einführungen in sein Werk.[6] Eine Reihe jüngerer Autorinnen und Autoren setzt sich, von aller Piaget-Philologie unbelastet, mit den Ideen des Genfers auseinander (A. Karmiloff-Smith, B. Richards und andere).

Die nachhaltigste Resonanz hatte Piagets Theorie bisher in Nordamerika. Seine Wirkungsgeschichte in den Vereinigten Staaten geht bis in die dreißiger Jahre zurück (wovon etwa Piagets Ehrenpromotion der Harvard-Universität 1936 zeugt). Im Anschluß an das Erscheinen des Buches von J. Flavell 1963 fand Piagets Oeuvre in der amerikanischen Psychologie eine geradezu euphorische Aufnahme. Die Rezeption blieb allerdings zum Teil recht oberflächlich und führte zu manchen Kompromissen mit dem mechanistischen Menschenbild der noch heute stark verbreiteten behavioristischen Psychologie. Daran hat auch die Gründung einer Jean Piaget Society (1970) nicht viel geändert.

Vereinzelt kam es dennoch auch zu fruchtbaren Neuansätzen, deren Wurzeln zum Teil in die sechziger Jahre zurückreichen. Der wohl bedeutendste geht auf den ehemaligen Psychologieprofessor an der Harvard-Universität, J. Bruner (geb. 1915), zurück, der neben bahnbrechenden Experimenten zur Säuglingsentwicklung (teilweise in Zusammenarbeit mit T. G. R. Bower in Edinburgh), auch neue Wege im Verständnis der kognitiven Entwicklung eingeschlagen hat: Anstelle von kognitiven Strukturen nimmt Bruner verschiedene Ebenen oder Medien der Darstellung („representation") an. Die wichtigsten sind Handeln, Vorstellung und Sprache. Ohne sie bestimmten Entwicklungsphasen zuzuordnen, kann man doch sagen, daß sich diese Repräsentations-Medien nacheinander aufbauen: Mit fortschreitender Entwicklung werden sie in wachsender Zahl verfügbar. Sie lassen sich ineinander übersetzen: Bildliche Beschreibungen können beispielsweise in Sprache überführt und sprachliche Anweisungen in Handlungen umgesetzt werden. Dies gelingt aber nur, soweit die Medien miteinander übereinstimmen. Andernfalls besteht ein „Ungleichgewicht", ein „Konflikt", der das Kind zur Änderung seiner Problemlösungsmethode zwingt.[7]

Da in Bruners Entwicklungstheorie der Strukturbegriff keine Rolle spielt, bietet er zur Erklärung des logisch-mathematischen Denkens wenig Ansatzpunkte. Die Ansätze von Piaget und Bruner hat inzwischen der Schweizer H. Aebli in konstruktiver Weise miteinander verbunden.[8]

Ebenfalls an der Harvard-Universität hat der Psychologe L. Kohlberg (1927–1987) im Rückgriff auf Piagets Arbeiten über die Entwicklung des moralischen Urteils eine Sechs-Stadien-Theorie moralischer Urteilsformen aufgestellt. Wie die Piagetschen Stufen bauen diese Stadien hierarchisch aufeinander auf, und jedes repräsentiert für sich eine eigene moralphilosophische Konzeption. Anders als Piaget, hat Kohlberg auch Probanden bis tief ins Erwachsenenalter hinein ethische Dilemmata vorgelegt. Durch Vergleich der Antworten, die dieselben Personen bei wiederholten, in mehrjährigen Abständen erfolgten Befragungen gaben, konnte er noch in fortgeschrittenem Alter

Entwicklungsfortschritte nachweisen. Das letzte Stadium, das einer universalistischen Ethik entspricht, wird allerdings nur relativ selten erreicht. – Über J. Habermas und K. O. Apel haben die Arbeiten Kohlbergs[9] und auf dem Umweg über sie auch der Ansatz Piagets in die deutsche Philosophie hineingewirkt (wir kommen S. 217 darauf zurück).

Im deutschen Sprachraum hat die Rezeption von Piagets Werk wesentlich später eingesetzt als in den romanischen und angelsächsischen Ländern: Während das Frühwerk schon in den zwanziger Jahren ins Englische und in den dreißiger Jahren in eine Reihe weiterer Sprachen (darunter Spanisch, Polnisch und Türkisch) übertragen wurde, erschien in deutscher Sprache vor dem Zweiten Weltkrieg nur ein einziger Text: *Die geistige Entwicklung des Kindes* (1943) – in der Übersetzung von Piagets Mitarbeiterin B. Inhelder. Nach dem Krieg brachte der Zürcher Rascher-Verlag drei Bücher (Piaget 1932, 1946 und 1947) in deutscher Übersetzung heraus, bevor weitere zehn Jahre später der Klett-Verlag die Marktlücke entdeckte und 1965 mit dem Buch über den Zahlbegriff (Piaget 1941) eine rege Übersetzungstätigkeit in Gang brachte. Mit seinen über zwanzig Piaget-Titeln spielt der Klett-Verlag unter dem guten Dutzend Verlagshäusern, die sich um die Herausgabe des Piagetschen Werks in deutscher Sprache verdient gemacht haben, heute die erste Geige. Daß ein Teil der wichtigsten Bücher ein- oder auch mehrmals Verleger und Ausstattung wechselten,[10] erleichtert nicht gerade die Übersichtlichkeit. Auf der anderen Seite ist eine Reihe wichtiger Texte in deutscher Sprache bis heute noch nicht greifbar.[11]

Die Auseinandersetzung mit Piaget innerhalb der deutschen Psychologie scheint inzwischen einen Sättigungspunkt erreicht zu haben. In der Pädagogik dagegen ist Piaget unvermindert aktuell, und sein Einfluß auf die Philosophie wächst zusehends.

Die Forschungsschwerpunkte in Deutschland, Österreich und in der deutschsprachigen Schweiz liegen heute vor allem auf der Analyse der Begriffsbildung (H. Aebli, Th. Seiler), der Ausarbeitung einer Sozialisationstheorie (W. Edelstein, L. Ekkensberger), ferner auf der didaktischen Anwendung (H. Aebli,

W. Jung, F. Kubli, G. Schurz) und auf der philosophischen Durchdringung der Piagetschen Arbeiten (dazu weiter unten).

Von Piagets Rezeption im Ostblock zeugt der Umstand, daß seit Mitte der sechziger Jahre mehr als sechs Titel seines Oeuvres jeweils ins Polnische, Rumänische und Serbokroatische übertragen worden sind. In bescheidenerem Umfang gibt es auch Übersetzungen ins Russische, Tschechische, Slovakische und Ungarische.

In der Sowjetunion ist Piaget schon seit langem eine bekannte Größe. Wiederholt ist er auch in Moskau gewesen, wo ihm zu seinem 70. Geburtstag eine Medaille der Universität verliehen wurde. Bereits 1934 hat Wygotsky Piagets erste Bücher zur Kinderpsychologie (1923, 1924) kritisch besprochen (vgl. Anm. 2). Anders als im Fall der amerikanischen Psychologie, für die Piagets Attraktivität lange Zeit hauptsächlich darin bestand, eine Alternative zum herrschenden behavioristischen Paradigma zu bieten, dürfte seine Theorie in der sowjetischen Psychologie umgekehrt gerade wegen einer gewissen Geistesverwandtschaft auf fruchtbaren Boden gefallen sein. Diese Geistesverwandtschaft geht allerdings nicht sehr tief. Beispielsweise legte Piaget ähnlichen Wert auf den Zusammenhang von Denken und Handeln wie viele Vertreter der marxistischen Psychologie, doch räumen diese der Sprache und dem soziokulturellen Einfluß auf die Entwicklung viel größere Bedeutung ein als jener (bezeichnenderweise hat J. Bruner in dieser Frage stärker mit den Russen sympathisiert als mit dem Schweizer). In diesen Zusammenhang gehört auch, daß aus der Perspektive der sowjetischen Psychologie Piagets strikte Trennung von logisch-mathematischer und empirischer Erfahrung nicht nachvollziehbar ist. – Eine gleichfalls nur oberflächliche Parallele besteht auf biologischer Ebene zwischen Piagets Gedanken über die Möglichkeit einer genetischen Kopie von Phänotypen („Phänokopie") und den Thesen des Sowjet-Biologen T. Lyssenko zur Vererbung umweltbedingter Eigenschaften[12] (diese Thesen gehörten von 1948 bis 1964 zur offiziellen sowjetischen Doktrin): Lyssenko war ein Neolamarckist ohne theoretischen Hintergrund, der den Darwinismus in allen Spielarten ablehnte, wogegen Piaget die Grundlagen dieser Theorie akzeptierte und sich nur gegen die Weismann-Doktrin wandte (vgl. S. 22, 74ff.).

Auf die Einschätzung des Genfer Gelehrten in anderen osteuropäischen Ländern wirft eine Anekdote ein gewisses Licht, die Piaget selber gern erzählte: Als er einmal eine Psychologin aus Ostberlin einlud, erhielt diese ihr Ausreisevisum angeblich deswegen, weil die Einladung von einem „Materialisten" stammte. Dieses Urteil ist allerdings nur in Grenzen haltbar, denn Piagets Konstruktivismus und die materialistische Widerspiegelungs-Lehre sind schon im Ansatz konträr.

Piagets Wirkung in der Dritten Welt ist zweifellos in Südamerika am deutlichsten sichtbar.[13] Im Kampf gegen den Analphabetismus und um die Erhöhung des allgemeinen Bildungsniveaus spielt das Werk des Genfers seit den sechziger Jahren eine große Rolle. In Brasilien gilt Piaget als der neben Paolo Freyre bedeutendste Pädagoge. Von seinen Werken sind mehr als zwanzig in spanischsprachigen Ländern Lateinamerikas erschienen, und die Zahl der in Brasilien aufgelegten portugiesischen Titel ist mit über dreißig noch weitaus größer. Sie wird lediglich durch den Umfang an englischen, deutschen und italienischen Übersetzungen (je über fünfzig Titel) übertroffen. Daß auch in asiatischen Drittweltländern, inklusive der Volksrepublik China und Taiwan, heute das Interesse an Piaget wächst, beweist die Tatsache, daß an den alljährlich vom Genfer Piaget-Archiv durchgeführten Seminaren die Zahl der Teilnehmer aus diesen Ländern in letzter Zeit zugenommen hat.

Fachspezifische Wirkung

Piagets Einfluß ist zwar in so verschiedenen Disziplinen wie Biologie[14] und Kunstgeschichte[15] nachweisbar. Im folgenden beschränken wir uns aber auf diejenigen Gebiete, in denen die Auseinandersetzung mit Piagets empirischem und theoretischem Werk besonders intensiv ist. Nachdem im vierten Kapitel schon manches zur fachlichen Wirkung gesagt worden ist, müssen hier ein paar Streiflichter genügen.

Aus den Erziehungswissenschaften und aus der Fachdidaktik

läßt sich heute Piagets Name nicht mehr wegdenken. In den Vereinigten Staaten sind mehrere von Piagets Theorie inspirierte Curricula entstanden.[16] Auch die Behinderten-Pädagogik setzt sich mit den Anregungen durch die Genfer Arbeiten auseinander.[17] In Europa hat Piagets Ansatz vor allem die Didaktik der Mathematik und der Naturwissenschaften beeinflußt. Inzwischen ist Piagets Ansatz selbst mit der Montessori-Pädagogik und mit der auf R. Steiner zurückgehenden anthroposophischen Erziehungspraxis (Waldorf-Pädagogik) verglichen worden.[18]

Die breiteste Wirkung hat Piaget zweifellos in verschiedenen Sparten der Psychologie gehabt. Von ihm initiiert oder zumindest stark beeinflußt ist ein ganzes Spektrum von entwicklungspsychologischen Forschungsrichtungen.[19] Ein neuerer Forschungszweig, der durch Piagets Arbeiten mit inspiriert worden ist, gilt den kognitiven Fähigkeiten im Erwachsenenalter (Entwicklungspsychologie der Lebensspanne). Von Bedeutung sind ferner die gegenseitigen Annäherungen zwischen genetischer Psychologie und Psychoanalyse: Seitdem R. Spitz mit seinen Untersuchungen zur kognitiven Entwicklung des Kleinkindes aus psychoanalytischer Sicht hervorgetreten ist,[20] gilt dem Grenzgebiet zwischen Freud und Piaget eine wachsende Zahl von Arbeiten.

Über die Kindersprache hat Piaget, wie erwähnt, nur kurze Zeit gearbeitet, und seine Stärke lag nicht in der Behandlung von Fragen der Sprachentwicklung. Dennoch wird sein Name in Sprachwissenschaft und Psycholinguistik heute immer wieder genannt, und zwar vor allem an drei Stellen: Einmal in der Auseinandersetzung mit Piagets frühen Arbeiten zur egozentrischen Sprache bei Kindern, dann im Anschluß an die Debatte, die der Genfer Psychologe Mitte der siebziger Jahre mit N. Chomsky über die Frage nach dem genauen Sinn der Annahme einer angeborenen Grammatik geführt hat (Piattelli-Palmarini 1979), und schließlich im Kontext der Diskussion um die Sprachabhängigkeit des Denkens.[21] Von Pionierarbeiten wie derjenigen W. Sterns über die Kindersprache abgesehen,[22] ist die detaillierte Erforschung der Sprachentwicklung erst in den sechziger Jahren richtig in Gang gekommen.[23] Ch. Hallpike vermutet, daß auch zwischen verschiedenen Sprachen Entwicklungsunterschiede festgestellt werden können: Der Entwicklungstrend gehe von der Vieldeutigkeit eines Ausdrucks zur Eindeutigkeit.[24] Es ist nicht auszuschließen, daß in Zukunft neue Parallelen zwischen kognitiver und Sprachentwicklung entdeckt werden und die Diskussion um Piaget in eine neue Phase tritt.

Weniger selbstverständlich ist Piagets Wirkung auf den Gebieten der Informatik oder Kybernetik und der Theorie der künstlichen Intelligenz.[25] Schon in den dreißiger Jahren arbeitete Piaget mit den Begriffen der Selbststeuerung und des Gleichgewichts. Insofern gehört er wenigstens am Rande mit zur Avantgarde der Kybernetik. Von den heute führenden Fachleuten haben S. Papert vom Massachusetts Institute of Technology und B. Mandelbrot an Piagets Genfer „Centre" mitgearbeitet. Auch M. Minski und H. Simon standen mindestens zeitweise mit dieser Institution in Verbindung. Die Simulation intelligenter Operationen in Computern führt zu erhellenden und oft überraschenden Aufschlüssen, gegen die nicht das geringste einzuwenden ist, solange der Unterschied zwischen dem bewußten Denken lebender Wesen und den elektromagnetischen Mechanismen einer Daten verarbeitenden Maschine nicht verwischt wird: Der Mensch ist ein verantwortlich handelndes Wesen, der Computer dagegen ein Apparat zur Informations-Verarbeitung, dessen „Intelligenz" weder von einem sensomotorischen Fundament abhängt noch sich entwickelt noch zur Übernahme von Verantwortung imstande ist.

Piagets Theorie dient aber nicht nur als Plattform für eine gegenseitige Erhellung von künstlicher und natürlicher Intelligenz, sondern neuerdings auch als Legitimationsinstanz von computer-unterstützten Lernprogrammen.[26] Obwohl damit seiner Forderung, den Kindern möglichst viel Gelegenheit zum Experimentieren und Entdecken zu bieten, grundsätzlich Rechnung getragen wird, liegen in dieser Entwicklung auch Gefahren. Anläßlich eines Seminars, das im September 1985 vom Genfer Piaget-Archiv veranstaltet wurde, gelangten Computerprogramme zur Vorführung, die es dreijährigen Kindern erlauben sollten, selbständig lesen zu lernen. Eines der Programme war in Englisch, ein anderes in einer afrikanischen Eingeborenen-Sprache. Piagets Einstellung zur Entwicklung der Computer-Technologie war zwar grundsätzlich positiv. Es ist jedoch nicht unwahrscheinlich, daß er zu seiner wohlbekannten Warnung vor dem Bestreben, Kindern alles Beliebige auf jeder möglichen Altersstufe beizubringen, heute die Warnung vor dem Versuch hinzufügen würde, zu diesem Zweck beliebige und womöglich kulturfremde didaktische Mittel einzusetzen.

Inzwischen wird Piagets Werk auch in der Philosophie intensiv bearbeitet. Bereits in den vierziger Jahren (also lange vor seiner Abrechnung mit der Philosophie) wiesen der marxistisch orientierte Philosoph L. Goldmann und der Mathematiker und Philosoph F. Gonseth unter ganz unterschiedlichen Perspektiven auf die philosophische Essenz des Piagetschen Oeuvres hin, und der Belgier L. Apostel war seit Mitte der fünfziger Jahre Mitarbeiter am Genfer Zentrum für genetische Erkenntnistheorie. – Sieht man von diesen Vorläufern ab, so läßt sich die erste konstruktive philosophische Auseinandersetzung mit Piagets Werk auf die Wende zu den siebziger Jahren datieren: Im September 1969 fand in New York eine Tagung zum Verhältnis von Philosophie und Entwicklungspsychologie statt, an der sich Vertreter beider Disziplinen beteiligten.[27] Die philosophische Auseinandersetzung mit den Resultaten der Entwicklungspsychologie Piagets hat sich seit dieser Zeit in verschiedenen Ländern intensiviert: vor allem in Deutschland und der Schweiz, aber auch in England und in den USA. Inzwischen sind vielfache Verbindungslinien zwischen Piagets Theorie und den Werken von Aristoteles, Kant, Hegel, Marx, Husserl und Quine erkannt und aufgedeckt worden. Es ist nicht auszuschließen, daß die Erarbeitung weiterer philosophischer Parallelen, die vielleicht weniger tief greifen – etwa zu Locke, Rousseau, Comte, den amerikanischen Pragmatisten und zu Spencer – das philosophische Porträt Piagets in Zukunft noch deutlicher profilieren.

Das Schicksal, weder eine rein empirische Theorie noch ein

philosophisches Lehrsystem zu sein (oben S. 205), teilt die Entwicklungspsychologie mit der Psychoanalyse. Daß sie beides zugleich ist, macht nach J. Habermas aber gerade ihren Wert für die Philosophie aus: Piagets Idee der „Dezentrierung als Folge der reflektierenden Abstraktion von Handlungen" stehe „für einen philosophisch zu entfaltenden Gedanken und gleichzeitig für eine empirisch bearbeitbare, aber universalistische Fragestellung".[28] Piagets Arbeiten bilden den Ausgangspunkt für eine konstruktive Zusammenarbeit „zwischen kognitivistischen Ethiken und einer Psychologie der Entwicklung des moralischen Bewußtseins" ebenso wie „zwischen philosophischen Handlungstheorien und der Erforschung der Ontogenese von Handlungskompetenzen".[29] Piagets Ansatz spreche daher ebenso wie derjenige Freuds oder Meads, Marx' oder Webers für die Tendenz der Humanwissenschaften, mit der Philosophie ein Bündnis einzugehen, das nicht zuletzt auch dieser selber zugute komme. Habermas' Einsicht, daß die Philosophie nicht mehr allein in der Lage ist, Wahrheitsansprüche zu klären und ethische Normen zu begründen, wird allerdings nicht von allen Vertretern dieses Faches geteilt, und darin liegt wohl einer der Gründe, weshalb die Beziehung vieler Philosophen zu Piaget ähnlich kompliziert ist, wie das Verhältnis Piagets zur Philosophie es war.

Anhang

1. Zeittafel

1896 Geburt von Jean Piaget am 9. August in Neuenburg, Schweiz.

1907 Piaget tritt ins lateinische Gymnasium ein. Bis 1911 assistiert er zweimal wöchentlich bei Paul Godet, Direktor des Naturhistorischen Museums von Neuenburg, in der Weichtiersammlung.

1913 Philosophieunterricht bei Arnold Reymond.

1915 Abitur, danach Biologiestudium an der Universität Neuenburg. Piaget ist aktives Mitglied des Christlichen Studentenbundes der französischen Schweiz. Bei dieser Gelegenheit (September 1916) erste Begegnung mit der Psychoanalyse.

1918 Promotion in Biologie mit einer Arbeit über die Weichtiere im Kanton Wallis. Danach Aufenthalt von mehreren Monaten in Zürich: Begegnungen mit E. Bleuler und C. G. Jung.

1919–21 Aufenthalt in Paris. Besuch von Vorlesungen über Psychopathologie und Philosophie der Naturwissenschaften. Die Standardisierung amerikanischer Intelligenztests für Pariser Kinder (im Labor von A. Binet) führt zu Piagets ersten Arbeiten in der Entwicklungspsychologie.

1921 Auf das Angebot E. Claparèdes nimmt Piaget eine Stelle als Oberassistent am Genfer Rousseau-Institut an und beginnt dort im Frühjahr mit der Arbeit. Nebenbei setzt er sich praktisch mit der Psychoanalyse auseinander und führt seine biologischen Arbeiten von vor 1920 weiter.

1924 Heirat mit Valentine Châtenay.

1925, 1927 und 1931 Geburt zweier Töchter (Jacqueline, Lucienne) und eines Sohnes (Laurent).

1925 Erste Professur (in Neuenburg): Piaget lehrt Psychologie, Philosophie und Soziologie (bis 1929). Daneben Fortsetzung der Arbeit am Genfer Rousseau-Institut.

1929 Antritt einer Professur für Wissenschaftsgeschichte an der Universität Genf. Piaget wird stellvertretender Direktor (und 1932 Ko-Direktor) des Rousseau-Instituts.

1932 *Le jugement moral chez l'enfant* – Piagets fünftes Buch zur Entwicklungspsychologie (das letzte aus dem Frühwerk) – wird veröffentlicht.

1936–37 Die Untersuchungen über die geistige Entwicklung im Säuglingsalter erscheinen. 1936 erster Dr. h. c. (durch die Harvard-Universität).

1937 Beginn der Zusammenarbeit mit Bärbel Inhelder.

1940 Übernahme des Lehrstuhls für Psychologie von E. Claparède.

1941 *La genèse du nombre chez l'enfant* und *Le développement des quanitités physiques chez l'enfant* erscheinen: die ersten Werke über mathematische und physikalische Begriffsbildung (zusammen mit A. Szeminska und B. Inhelder).

1942 Piaget hält in Paris eine Reihe von Vorträgen, die später (1947) unter dem Titel *La psychologie de l'intelligence* publiziert werden.

1950 Nach fast dreißigjährigen Forschungen in der Entwicklungspsychologie erscheint das erste umfassende Werk zur Erkenntnistheorie aus Piagets Feder: Die dreibändige *Introduction à l'épistémologie génétique* (deutsch: *Die Entwicklung des Erkennens).*

1955 Gründung des ,,Centre International d'Epistémologie génétique" in Genf. Der Vergleich zwischen der geistigen Entwicklung des Kindes und der Wissenschaftsgeschichte wird damit auf eine interdisziplinäre Grundlage gestellt.

1961 Das in Zusammenarbeit mit dem belgischen Logiker E. W. Beth entstandene Buch *Epistémologie mathématique et psychologie* erscheint.

1963 In den USA leitet die Publikation des Piaget-Buches von J. H. Flavell *(The developmental psychology of Jean Piaget)* eine Phase euphorischer Piaget-Rezeption ein.

1965 *Sagesse et illusions de la philosophie* wird publiziert.

1967 *Biologie et connaissance,* das wichtigste Werk der Reifezeit, erscheint. – In Piagets Mitarbeiterstab wird mit kulturvergleichenden Studien begonnen.

1969 Unter Hermina Sinclair wird ein Forscherteam für genetische Psycholinguistik in Genf etabliert.

1970 Gründung der amerikanischen ,,Jean Piaget Society" (mit Sitz in Philadelphia).

1975 Piaget wird zum dreißigsten Mal Ehrendoktor.

1976 Anläßlich des 80. Geburtstags verteidigt Piaget vor einer ,,internationalen und interdisziplinären" Jury sein im Vorjahr erschienenes Buch *L'équilibration des structures cognitives.*

1980 Im Juni findet das letzte ,,Symposium" des Genfer Zentrums für genetische Erkenntnistheorie im Beisein Piagets statt. Thema: ,,Die Entwicklung rationaler Begründung". Piagets Gesundheit ist angeschlagen. Am 16. September stirbt er in einer Genfer Privatklinik. In den folgenden Jahren erscheinen mehrere ganz oder weitgehend von Piaget selbst fertiggestellte Werke posthum.

2. *Anmerkungen*

Ziffern in eckigen Klammern hinter Autorennamen verweisen auf die Abteilung im Literaturverzeichnis, in der das betreffende Werk aufgeführt ist.

I. Leben und Werkentstehung

1 Zum geistigen Werdegang Piagets vgl. Michiels/Vauclair-Visseur: Piaget und seine Zeit. Daten zu Leben, Werk und Wirkung. In: Steiner [1a], S. 8–26. Die bisher umfassendste Darstellung der intellektuellen Entwicklung des jungen Piaget (für die Jahre 1907 bis 1924) bietet Ducret [5]. Weitere Daten zur Entwicklung der Piagetschen Theorie enthält The essential Piaget [2b] – ein Band, der Ausschnitte aus den wichtigsten Werken Piagets versammelt, wobei jedem Text eine Einführung der Herausgeber vorausgeht.

2 Piaget: Autobiographie (1952 und 1976a). Eine kurze biographische Skizze enthalten außerdem Piaget 1970a, S. 91–95; Furth 1969, S. 356–9 und Piaget 1974d, S. 1–6. Aufschlußreich sind ferner Piagets biographische Angaben in: Piaget 1965, Kap. 1, sowie in den Gesprächen mit Evans [3] und Bringuier [3].

3 Marbach 1981 [9]; Kesselring 1981 [9].

4 In Genf bereitet F. Vidal eine Studie zu Piagets Leben und Werkentstehung vor. Seine bisher erschienenen Zeitschriftenartikel ergänzen in wesentlichen Punkten Piagets eigene autobiographische Angaben. Vgl. die in Anm. 13–15 und 25 angeführten Arbeiten sowie: F. Vidal/J. J. Vonèche: The role of autobiography in the social sciences. The case of Jean Piaget. In: S. Bem/H. Rappard/W. van Hoorn (Hrsg.): Studies in the History of psychology and the social sciences, vol. 1, Leiden 1983.

5 Ducret [5], S. 63.

6 Un moineau albinos. Le rameau du sapin (Organe du club jurassien), No 41, Neuchâtel 1907. Englische Übersetzung in: The essential Piaget [2b], S. 1.

7 La xerophila obvia au canton de vaud. Le rameau du sapin, 43 (1909), S. 13 und 44 (1910), S. 4. Englisch in: The essential Piaget [2b], S. 2.

8 G. Juvet wurde später Mathematiker und Physiker. Sein Hauptwerk, La structure des nouvelles théories physiques (Paris: Alcan 1933), hat Piaget in seiner dreibändigen Einführung in die genetische Erkenntnistheorie ausführlich besprochen (1950, II, Kap. VIII 9).

9 J. Piaget/G. Juvet: Catalogue des batraciens du canton de Neuchâtel. Bulletin de la Société Neuchâteloise des Sciences Naturelles 40 (1914), S. 172–186.

10 Notes sur la biologie des Limnées abyssales. Internationale Revue der gesamten Hydrobiologie und Hydrographie. Biologisches Supplement, 6, Leipzig 1914. Englischer Text in: The essential Piaget [2b], S. 13–18.

11 Die Zahl der publizierten Artikel betrug 1907: 1, 1909: 1, 1910: 1, 1911: 3, 1912: 4, 1913: 8, 1914: 14, 1915: 1, 1916: 2 (nach F. Vidal, vgl. Anm. 15).

12 Notes sur le mimétisme des mollusques marins littoraux de Binic (Bretagne). Zoologischer Anzeiger 43/3 (1913), S. 127–133.

13 Piaget war von 1910 bis 1915 Mitglied der Gesellschaft der Naturfreunde und hielt in ihrem Rahmen wiederholt Vorträge. Vgl. F. Vidal: ‚La notion de l'espèce suivant l'école mendelienne' – A 1913 manuscript by Jean Piaget. Journal of the history of the behavioral sciences, 1986.

14 F. Vidal: ‚La vanité de la nomenclature.' Un manuscrit inédit de Jean Piaget. History and philosophy of the life sciences 6 (1984), S. 75–106.

15 F. Vidal: A guide to Jean Piaget's early biological work (Manuskript). Archives Jean Piaget; 6, Rue de Saussure, CH-1211 Genf.

16 A. Reymond: Logique et mathématiques. Essai historique et critique sur le nombre infini. Saint-Blaise (Neuchâtel) 1908.

17 Lettre de Jean Piaget (Hommage à Arnold Reymond). Revue de théologie et de philosophie 9 (Lausanne 1959), S. 44–47.

18 Zu Spencers Gleichgewichtskonzeption vgl. dessen First Principles (1862, ^{6}1900), §§ 170–176 und Principles of biology I (1964, ^{2}1898), §§ 159–168. (Repr. Nachdruck durch O. Zeller, Osnabrück. 1966). Der Gleichgewichtsbegriff kommt in Piagets früher Schrift *Recherche* (1918) fast auf jeder Seite vor. Piaget brachte ihn allerdings nicht so sehr mit H. Spencer als mit F. Le Dantec in Verbindung (1918, S. 155f.). Vgl. dazu Ducret [5], S. 250, Anm. 32.

19 L'adaptation de la Limnaea stagnalis aux milieux lacustres de la Suisse romande. Etude biométrique et génétique. Revue Suisse de Zoologie 36 (1929), S. 263–531; und: Les races lacustres de la Limnaea stagnalis. Recherches sur les rapports de l'adaptation héréditaire avec le milieu. Bulletin biologique de la France et de la Belgique 63 (1929), S. 424–455.

20 Essai sur quelques aspects du développement de la notion de partie chez l'enfant. Journal de psychologie 18 (1921), S. 449–480.

21 Une forme verbale de la comparaison chez l'enfant: un cas de transition entre le jugement prédicatif et le jugement de relation. Archives de psychologie 18 (1923), S. 141–172.

22 J. Altwegg: Piaget für die Schule. Das Konzept 9, Nr. 10 (Zürich, Oktober 1980), S. 17.

23 L. Brunschvicg: Les étapes de la philosophie mathématique (Paris 1912, ^{4}1949). – Einen ersten Entwurf zur Entwicklung des Zahlbegriffs beim Kind hat Piaget schon 1920, also während seines Pariser Aufenthalts, geschrieben (vgl. 1962, S. 19).

24 Lesenswert, aber unvollständig ist die Darstellung von D. J. Balestra: The mind of Jean Piaget: Its philosophical roots. Thought 55 (1980),

S. 412–427. Über Piagets frühen Bildungsweg informiert mit enzyklopädischer Ausführlichkeit Ducret [5].

25 Den besten Überblick über Piagets Aktivität im christlichen Studentenbund bietet F. Vidal: Jean Piaget and the liberal protestant tradition. In: M. G. Ash/W. R. Woodward (Hrsg.): Psychology in twentieth-century thought and society. New York: Cambridge Univ. Press 1986. Derselbe Autor hat auch Piagets Begegnungen mit der Psychoanalyse recherchiert: F. Vidal: Piaget et la psychanalyse: premières rencontres. Le bloc-notes de la psychanalyse, 6 (Genf 1986), S. 171–189. Und: Ders.: Jean Piaget and psychoanalysis. A historical and biographical note (up to the 1930s). In: S. Bem/H. Rappard/W. van Hoorn (Hrsg.): Studies in the history of psychology and the social sciences, vol 4. Leiden: Psychologisch Instituut van de Rijksuniversiteit Leiden, 1986.

26 J. Piaget: Bergson et Sabatier. Revue chrétienne 61 (1914), Paris. S. 192–200.

27 Piaget: Lettre à Romain Rolland, 4. August 1917. Abgedruckt in: Action étudiante 69 (Genf 1966), S. 7.

28 Piaget: La psychologie et les valeurs religieuses. – Vortrag, gehalten anläßlich der Zusammenkunft der Association chrétienne d'étudiants de la Suisse romande (Ste. Croix 11.–14. Oktober 1922), publiziert in Genf: Labor 1923.

29 Ebenda.

30 Piaget: Immanentisme et foi religieuse. In: J. Piaget/J. de la Harpe: Deux types d'attitudes religieuses. Immanence et transcendance. Genf: L'association chrétienne d'étudiants de Suisse romande 1928, S. 21.

31 Ebenda, S. 35, 16.

32 Piaget 1916, in: The essential Piaget [2b], S. 29 und 1918, S. 173f.

33 Besonders deutlich: Piaget 1932, S. 433–439; 450.

34 Den Vortrag hielt Théodore Flournoy (1854–1920), ehemaliger Professor für experimentelle Psychologie in Genf. Piaget berichtete über den Anlaß in: Hommage à C. G. Jung. Revue Suisse de psychologie 4 (1945), S. 169–171.

35 Piaget: La psychanalyse et ses rapports avec la psychologie de l'enfant. In: Bull. de la société Alfred Binet 20 (1920), S. 18–34 und S. 41–58.

36 J. Piaget: La pensée symbolique et la pensée de l'enfant. In: Archives de psychologie 18 (1923), S. 273–304.

37 Auf die Psychoanalyse ist Piaget vor allem in einigen Vorträgen eingegangen: La psychanalyse et le développement intellectuel, in: Revue française de psychanalyse 6 (1933), S. 3–4 und S. 405–408; Three lectures at the Menninger School of psychiatry, in: Bull. Menninger Clin. 26 (1962), S. 129–137 und S. 138–145 (ein Auszug davon ist: Piaget 1962b). Bahnbrechend ist der Vortrag über das affektive und das kognitive Unbewußte (Piaget 1971b). Die ausführlichste zusammenhängende Auseinandersetzung mit der Psychoanalyse findet sich in Piaget 1945, Kap. VII. Instruktiv sind auch die Sorbonner Vorlesungen (1954), in denen Piaget

nicht nur auf Freud, sondern auch auf einen Teil seiner Schüler (A. Adler, S. Ferenczi, C. G. Jung, und R. Spitz) eingegangen ist.

38 Das hat F. Vidal in Erfahrung gebracht (vgl. seine Aufsätze zur Psychoanalyse, Anm. 25). – Piaget selbst hat einmal in einem Satz auf seine praktische Erfahrung mit der Psychoanalyse hingewiesen: ,,Es besteht für den Psychologen, der sich selbst dieser Erfahrung [einer Analyse] unterworfen hat und der auch an andern die Methode aus Gründen der Verifikation etwas praktiziert hat, keinerlei Zweifel, daß die Schwierigkeit der Freudschen Theorie keineswegs in den affektiven Prozessen als solchen liegt, sondern im allgemein-psychologischen System, mit dem sich die Lehre zufriedengibt" (1945, S. 236f.).

39 E. Claparède: Avant-propos (zu Piaget 1923). In der deutschen Ausgabe fehlt dieses Vorwort.

40 La première année de l'enfant. British Journal of psychology 18 (1927–28), S. 97–120. Englische Übersetzung in: The essential Piaget [2b]. S. 198–214.

41 Statt des Solipsismus-Begriffs benützte Piaget in seinen frühen Werken (1923 und 1924) den von E. Bleuler stammenden Autismus-Begriff. In den späteren Büchern (1936, 1937 und 1945) verzichtete er auf beide Begriffe und sprach statt dessen von der ,,sensomotorischen" Entwicklungsstufe.

42 Die Ergebnisse wurde 1942–1950 als Zeitschriften-Aufsätze in den *Archives de psychologie* publiziert. Vgl. auch Piaget 1961.

43 Der amtliche Eintrag stammt vom Februar 1933. Vgl. M. Jay: Dialektische Phantasie. Die Geschichte der Frankfurter Schule und des Instituts für Sozialforschung 1923–1950. Frankfurt: Fischer 1976, S. 352, Anm. 87 zu Kapitel 1.

44 J. Altwegg: Piaget für die Schule (vgl. Anm. 22).

45 B. Inhelder: Le diagnostic du raisonnement chez les débiles mentaux. Neuchâtel: Delachaux et Niestlé 1943.

46 Die wichtigsten Arbeiten, die sich dieser Zusammenarbeit verdanken, sind: Piaget/Inhelder 1941a, 1948, 1948a, 1951, 1955, 1959, 1966, 1966a und 1968a.

47 Piaget 1965, S. 45. Vgl. 1946, S. 9; 1947a, S. 135 und Bringuier [3], S. 201.

48 A. Chavanne: Jean Piaget, un ,,psy" chez les enfants. In: L'Illustre, 24. Oktober 1980.

49 P. Dominicé: Jean Piaget – La science et l'humour. In: La vie protestante, 26. September 1980.

50 Zitiert nach A. Chavanne's Ansprache anläßlich einer Veranstaltung zum Gedenken an Piaget, am 3. November 1981 in der Universität Genf. Hommage à Jean Piaget, S. 7 (hrsg. von der Faculté de psychologie et des sciences de l'éducation, der Fondation Archives Jean Piaget und dem Centre international d'épistémologie génétique. Genf 1982).

51 Piaget 1956a.

52 H.-P. Treichler: Der Denker, der über das Denken denkt. In: Die Weltwoche (Zürich), 31. Mai 1978, S. 27f.

53 Nach acht Jahren löste der Schweizer Nationalfonds die Rockefeller-Stiftung bei der Finanzierung des „Centre" ab.

54 L. Apostel hat darüber berichtet in: Piaget 1973 [2a], Kap. 12.

55 Die Aussage stammt vom Zürcher Mathematiker und Philosophen F. Gonseth. Piaget hat sie zitiert: 1965, S. 162 (vgl. Furth [6], S. 353).

56 C.-F. Bourquin: C'était notre patron. In: Tribune le matin (Lausanne), 17. September 1980.

57 Zitiert nach M. Denis und M. Caspary: ‚Hommages'. In: 24 Heures (Lausanne), 17. September 1980.

58 Bruner: In search of mind. Essays in autobiography. New York: Harper & Row 1983, S. 142.

59 Ebenda, S. 146.

60 Piagets Bruner-Rezension findet sich in: Contemporary Psychology 12/11 (1967), S. 532f.

61 E. W. Beth: A propos d'un ‚Traité de logique' [10].

62 H.-P. Treichler: Der Denker, der über das Denken denkt (vgl. Anm. 52).

62 W. Metzger über J. Piaget. In: Jean Piaget zum achtzigsten Geburtstag. Hrsg. vom Verlag Ernst Klett. Stuttgart 1976, S. 32f.

64 Piaget: Sechs Studien zur Psychologie (1964). Psychologie und Pädagogik (1969). Beide Textsammlungen sind vereinigt in: J. Piaget: Theorien und Methoden der modernen Erziehung. Frankfurt: Fischer (1974). Etudes sociologiques, Genf: Droz 1965.

65 Flavell [5].

66 Die Titel aller Nummern der Etudes d'épistémologie génétique sind zusammengestellt in: Marbach 1981 [9], S. 25ff.

67 Der Verlag Ernst Klett hat die Ehrendoktorate und Preise, die Piaget verliehen worden sind, aufgelistet: Jean Piaget zum achtzigsten Geburtstag (vgl. Anm. 62), S. 116f.

68 Piaget 1974c und 1976.

69 Piaget 1974b und 1977.

70 Piaget 1974 und 1976.

71 Zitiert nach: A. Bosshard: ‚Le Bureau international de l'éducation doit à Piaget d'être resté à Genève'. In: Journal de Genève, 20. September 1980.

72 D. Maurice: Piaget ou l'intelligence en marche. In: Choisir Nr. 251, November 1980.

73 Epistémologie génétique et équilibration. Redigiert von: B. Inhelder/R. Garcia/J. Vonéche. Neuchâtel: Delachaux et Niestlé 1977.

74 Wenige Wochen nach Piagets Tod erschien Piagets Buch über die Dialektik (Piaget 1980) posthum. 1981 und 1983 folgten zwei Bände über Möglichkeits- und Notwendigkeits-Begriff bei Kindern, und ebenfalls 1983 erschien das Gemeinschaftswerk mit R. Garcia (Piaget 1983). – Neben den Werken, die bereits im Druck waren, hinterließ Piaget einige

Konvolute von Manuskripten mit unterschiedlichem Vollendungsgrad. Die Publikation der Projektergebnisse von 1978/79 über die Logik der Bedeutungen ist für 1987/88 zu erwarten. Über die 1979/80 begonnenen Studien zur Entwicklung rationaler Begründung existieren nur Notizen. Ebenfalls sehr unvollständig sind Teile von Piagets spätesten Arbeiten zur Kausalität und ein großangelegtes Werk über Strukturen und Kategorien zweiter Ordnung (die sogenannten „Morphismen").

75 A. Klopman: L'adieu à Piaget. In: Tribune de Genève, 19. September 1980.

II. Das theoretische Werk

1 Piaget 1925; vgl. 1950 I, II und 1983.

2 J. L. Gould/P. Marler: Lernen durch Instinkt. Spektrum der Wissenschaft 3/1987, S. 104–115.

3 Für K. Lorenz sind Mathematik (und Logik) „angeborene Arbeitshypothesen": K. Lorenz: Kants Lehre vom Apriorischen im Lichte gegenwärtiger Biologie. In: Blätter für deutsche Philosophie 15 (1941/42), S. 94–125; bes. S. 106. Dazu Piagets Kritik: 1967, § 20, III.

4 Piaget 1936, S. 24ff., 377ff.; 1967, § 12 II; 1974.

5 Piaget steht mit dieser Ansicht keineswegs allein da: K. Lorenz (Die Rückseite des Spiegels, München: dtv 1977, 1. Kap.) versteht Leben allgemein als Erkenntnisprozeß. Eine ähnliche Auffassung vertritt der englische Biologe B. C. Goodwin (Analytical physiology of cells and developing organisms, New York: Academic Press 1976, S. 188). – Die biologischen Vorformen von Erkenntnis erfüllen allerdings bei weitem nicht die Kriterien der (bis auf Platon zurückgehenden) Definition von Erkenntnis als begründete wahre Meinung.

6 Piaget 1967, § 20 I; 1970, S. 116.

7 Piaget 1950 III, S. 88f., 100f.; 1965, S. 72–76.

8 Piaget 1950 III, S. 88f.; 1965, S. 76ff.

9 Piaget 1950 III, S. 84–90, 101–108.

10 Auf einem ähnlichen Vorschlag beruhen die Überlegungen des Embryologen Waddington (Edinburgh) zur „genetischen Assimilation": C. H. Waddington: The evolution of an evolutionist, Edinburgh: Univ. Press 1975, Kap. 8 und 9 (Waddington hat sich dabei auf die biologischen Beobachtungen Piagets gestützt).

11 Piaget hat eines seiner späten Bücher (1974) gegen die von J. Monod vertretene These gerichtet, die Evolution sei weitgehend das Werk des Zufalls. J. Monod: Le hasard et la nécessité, Paris 1970 (Zufall und Notwendigkeit, München: Piper 1971). Vgl. Piaget 1974, S. 21, 73, 113f.

12 Zum operativen und figurativen Aspekt der Erkenntnis vgl. Furth [6], Kap. IV, 7. In seiner Theorie der reflektierenden Abstraktion hat Piaget von einem konstruktiven und einem reflexiven Aspekt gesprochen. Vgl. 1950 I, S. 76; 1950 III, S. 276; 1974, S. 97.

13 Besonders deutlich: Piaget 1947a, S. 139–142; 1950 I, Einleitung, § 5; und 1970b, S. 16ff.

14 Th. Kuhn: Die Struktur wissenschaftlicher Revolutionen. Frankfurt: Suhrkamp 1972.

15 An manchen Stellen seines Werks (z. B. 1965, S. 163; 1970, S. 28, 129, 141; Bringuier [3], S. 98f.) interpretiert Piaget den Erkenntnisfortschritt allerdings – ähnlich wie Ch. S. Peirce oder K. Popper – als Annäherung an die Objektivität, die also als etwas Absolutes vorausgesetzt ist.

16 Vgl. Piaget 1936, S. 26, 383; 1947, S. 17; 1950 I, S. 50f. Piaget hat den Relativismus-Begriff von L. Brunschvicg übernommen, zugleich aber abgeschwächt (vgl. Piaget 1924a, Teil III). So ist er auch mit dem radikaleren Relativismus-Begriff von Th. Kuhn und P. Feyerabend nicht ohne weiteres vergleichbar, obwohl Feyerabend sich auch auf Piagets Untersuchungen gestützt hat (P. Feyerabend: Wider den Methodenzwang, Frankfurt: Suhrkamp [1]1976, S. 315f. bzw. [3]1983, S. 300f.).

17 Piaget hat mehrfach von „Entwicklungsgesetzen" (1924a, S. 602; 1932, S. 378, 450; 1950 I, S. 44) und einer „inneren Logik" der Entwicklung gesprochen (1932, S. 379; 1983, S. 293), freilich ohne ihre Existenz zu postulieren. Das Interesse von J. Habermas an Piagets Theorie ist nicht zuletzt in seiner Suche nach einer „Entwicklungslogik" begründet. Vgl. Habermas [9] 1976, S. 12, 74, 82, 164, 232 und 1983, S. 138.

18 Nach dem heutigen Stand interkultureller Forschung ist die Situation komplizierter. Vgl. S. 202ff.

19 Die entscheidenden Äußerungen Piagets zu Assimilation und Akkommodation finden sich in seinen Untersuchungen zur Säuglingsentwicklung (1936, bes. 1. Kap. § 3). Ausführlicher ist die Darstellung in Piaget 1958, die auszugsweise in deutscher Übersetzung existiert (Furth [6], „Lektüre" 2 und 6).

20 Piagets Darstellung des Verhältnisses von Assimilation und Akkomodation hat sich mehrfach gewandelt. Vgl. Kesselring 1981, 2. Kap. V.

21 Piaget 1941b, S. 43; 1967, § 8 V, § 20 III, V.

22 I. Kant: De Mundi sensibilis (1770), § 15 Zusatz (eine ähnliche Stelle findet sich schon in § 8).

23 J. Locke: An essay concerning human understandig (1690). Deutsch: Versuch über den menschlichen Verstand. Hamburg: Meiner [4]1981, Buch II, 2. Kap. §§ 9–11.

24 Ebenda, Buch II, 1. Kap. §§ 3, 4.

25 Der Sache nach gibt es eine Theorie der empirischen Abstraktion schon bei Aristoteles. Ein antiker Vorläufer der Reflexions-Lehre ist Platons Ideenschau.

26 Vgl. J. G. Fichte: Grundlage der gesamten Wissenschaftslehre (1794), § 1, 3. Absatz, und G. W. F. Hegel: Enzyklopädie der philosophischen Wissenschaften (1830), § 266, Zusatz. Beide sprechen von „abstrahierender Reflexion".

27 Vgl. Damerow [9] und Kesselring [9] 1981, 1984, 1986.

28 Piaget ^{2}1965, S. 273 Anm.; 1974, S. 87f.
29 Vgl. Piaget 1961a, S. 257, 302; 1970, S. 102; 1974, S. 88; 1975, S. 41f.; 1977, S. 6. – Der Sinn der Rede von einer Projektion ist in diesem Zusammenhang freilich nicht besonders klar: Moessinger [9] 1981.
30 Den Begriff des enaktiven Wissens hat der amerikanische Psychologe J. Bruner geprägt (Bruner [7] 1966). Vgl. Aebli [7] 1981, S. 60f.
31 Die der reflektierenden Abstraktion auf der biologischen Ebene entsprechenden Prozesse bezeichnete Piaget als „konvergente Rekonstruktionen mit Überschreitung" (1967, § 20 VI).
32 Piaget 1948, S. 465ff.; 1975, S. 50f.
33 Piaget 1975, S. 50; 1978a, S. 68, 71f.
34 Piaget 1956a; vgl. 1965, S. 253.
35 Piaget 1965, S. 79; 1972, S. 69ff.
36 Vgl. auch 1967a, S. 1243–46 und das Kapitel über Piagets Dialektik-Auffassung in Fetz 1987.
37 Piaget 1945, S. 222, 266; 1965, S. 172, 249; 1971a, S. 33; im Frühwerk hatte Piaget (1924, S. 212 Anm.) noch davor gewarnt, von einem „unbewußten Denkprozeß" zu sprechen.
38 Piaget 1924, S. 212; 1965, S. 171; 1967, S. 49. Piaget hat sich bei der Erläuterung des „Gesetzes der Bewußtwerdung" auf Arbeiten von E. Claparède gestützt: La conscience de la ressemblance et de la différence chez l'enfant. In: Archives de Psychologie 17 (1918/19), S. 67ff. und: Ders.: Le développement mental, Neuchâtel-Paris 1946, S. 206f.
39 Piaget 1966a, S. 15 und Kap. X § 4.
40 Piaget 1966, Kap. 3 V, Anmerkung.
41 Piaget 1966, 3, Kap. V; dazu ausführlicher 1968a.
42 Vgl. die klare und kritische Übersicht von J. Vonèche: Die Wahrnehmungstheorie Piagets. In: Steiner [1a], S. 736–757.
43 Vgl. zum Beispiel H. Kelsen: Vergeltung und Kausalität. Eine soziologische Untersuchung. Den Haag: Van Stockum & Zoon 1941, S. 300f. (Anm. 44 zum 1. Kapitel).
44 Vgl. D. Mc. Carthy's Bericht: Language Development in Children. In: L. Carmichaels Manual of Child Psychology. New York: Wiley & Sons ^{2}1954, S. 492–630, bes. S. 562–574. Vgl. auch die Kritik von Wygotski (1934) an Piaget und die Zusammenfassung von Zimmer [15], S. 57–60.
45 Piaget 1948, Kap. 8. H. Aebli, von dem ursprünglich die Idee zum Drei-Berge-Versuch stammt, hat diesen später wiederholt und Piagets Ergebnisse wesentlich präzisiert: Aebli/Montada/Schneider [7].
46 Besonders deutlich: Piaget 1947, S. 181.
47 Piaget 1950 II, S. 82; 1955, S. 330. – In den späteren Werken hat Piaget den Egozentrismus-Begriff manchmal auch in beiden Bedeutungen verwendet: für das Anfangsstadium einer jeden Stufe und für die Stufe des präoperativen Denkens, die von 1½ bis ins Alter von etwa 6 Jahren dauert.
48 Aebli/Montada/Schneider [7].

49 Von einer ,,Umkehrung des Bewußtseins" hat z. B. Hegel in der Einleitung zur Phänomenologie des Geistes (Frankfurt: Suhrkamp 1969, S. 70) gesprochen.

50 Piaget verwendete diese Metapher häufig. Vgl. Piaget 1936, S. 155, 161, 219; 1937, S. 270; 1941 a, S. 177; 1955, S. 239, 242.

51 Piaget 1943, S. 158, 163; 1962 a, S. 19; 1962 b, S. 4; 1966, S. 23; 1970 a, S. 14; 1975, S. 86; 1942, S. 111.

52 Piaget 1950 I, S. 49, 51; 1954 a, S. 142; 1967, S. 160; 1967 a, S. 1249; 1968, S. 34; 1970, S. 107.

III. Das empirische Werk – Die vier Stufen der Intelligenzentwicklung

1 Im Spätwerk kennzeichnete Piaget diese Stadien als ,,Intra", ,,Inter" und ,,Trans": 1983, S. 41; vgl. ebenda S. 75 f., 96 f.

2 Piaget 1926, 1. und 2. Teil; 1945, S. 322–329.

3 Piaget hat diese Stufenfolge oft mit einer Reflektierung der Formen einer Stufe erklärt, die dadurch zum Inhalt einer neuen Stufe werden. Vgl. 1961 a, S. 264; 1970, S. 107; 1975, S. 65 und 1977, S. 306.

4 Manches spricht dafür, daß den angeborenen Reflexen eine embryonale Übungsphase vorausgeht. So konnte z. B. nachgewiesen werden, daß Embryos schon im 5. Monat den Daumen zum Mund führen oder daß sie schon im 6. Monat nach der Nabelschnur greifen. Vgl. Anderson [7], S. 114.

5 Dieses Verhalten hat Anderson [7] (S. 117) bei Babys schon während der ersten 24 Stunden des Lebens beobachtet. Vgl. auch Kap. IV., S. 193 f.

6 Über die Entwicklung des Lächelns beim Baby unterrichtet ausführlich Bower: A primer of infant development [7], Kap. 3).

7 Piaget 1966, 1. Kap. I 4; weitere Beispiele: 1936, Bb 112–118; 1937, Bb 132.

8 Vgl. Piaget 1950 I, 2. Kap. 5, bes. S. 188.

9 Vgl. Piaget 1937, S. 150 und Bb 88, 89.

10 Piaget 1937, S. 148, 152–156, Bb 85–87.
T. G. R. Bower (The visual world of infants, in: Scientific American 215, 1966, S. 80–92) hat allerdings nachgewiesen, daß Babys schon im Alter von 50 Tagen über Größen- und Formkonstanz verfügen.

11 Piaget sprach in Anlehnung an H. Poincarés Gruppen-Begriff von einer ,,objektiven Verlagerungsgruppe" (1937, S. 197), obwohl die operativen ,,Gruppen" im engeren Sinn erst mit etwa 10 bis 12 Jahren auftreten.

12 Piaget 1937, Kap. II, 3. und 1950 I, 2. Kap. 5.

13 Aristoteles hat Kunst primär auf die Nachahmung, Schiller primär auf das Spiel mit Formen zurückgeführt. Piaget ist auf die entwicklungspsychologischen Bedingungen künstlerischen Schaffens selbst nicht eingegangen. Einen ersten Schritt in dieser Richtung hat R. Fetz getan: Fetz [9] 1982 a.

14 Vgl. Fetz [9] 1981.

15 H. Gardner: Die Entwicklung der Symbolkompetenz bei Kindern. In: Zeitschrift für Semiotik, 7/4 (1985), S. 319–333.
16 Ähnlich Piaget 1945, S. 99, 306, 331, 334, 336, 356.
17 Inhelder 1956 [7].
18 Als Teilhabe (methexis) kennzeichnete schon Platon das Verhältnis zwischen den Einzeldingen und den allgemeinen Ideen.
19 Obwohl Piaget diesen Schluß durch seine Darstellung des Problems der Klasseninklusion nahelegte, führte er explizit erst das formal operative Denken auf „die Vorstellung einer Vorstellung von möglichen Handlungen" zurück: 1943, S. 204.
20 Artikel über Kronecker, Enzyklopädie Philosophie und Wissenschaftstheorie Band 2 (Mannheim 1984), S. 502. Vgl. auch Piaget 1970, S. 109.
21 Chr. Pöppe: Besprechung zu: Ph. J. Davis/R. Hersh: Erfahrung Mathematik. Basel (Birkhauser 1986). In: Spektrum der Wissenschaft 10/1986, S. 149.
22 Piaget 1949 bzw. 1972a, §§ 25, 26; 1950 I, S. 90ff.; 1966, 4. Kap. II 5. In allgemeinverständlicher Weise hat Russell seine Philosophie der Zahl in seiner Introduction to mathematical Philosophy, London 1919 (Einführung in die mathematische Philosophie, ^{2}1953) dargestellt.
23 Vgl. Piaget 1943, S. 192; 1966, 1. Kap. III und Seiler [7], S. 52f.
24 Seiler [7], S. 53–65 und schon Piaget 1947a, S. 125, 139f.
25 Piaget 1948, S. 465ff.; 1975, S. 50f.
26 Die „spezielle Identität" gilt nur in der Klassenlogik: A u A = A (fügt man zur Klasse aller schwarzen Gegenstände diese selbe Klasse hinzu, bleibt sie unverändert). Dagegen gilt in der Arithmetik: a + a = 2a.
27 Professionelle Logiker haben gegen diese Formalisierungen Bedenken erhoben. Vgl. Beth [10] und Parsons [10].
28 Reziprozität ist auch eine Eigenschaft logischer und quantitativer Relationen. Vgl. die zahlreichen Stellen in Piaget 1949 (z. B. S. 279–284) bzw. 1972a (S. 268–274) sowie 1950a und 1966, 4. Kapitel II.
29 Piaget hat dieses Experiment auch im Zusammenhang mit seiner Gleichgewichtstheorie diskutiert: 1957, § 5 und 1975, S. 112–118.
30 Piaget 1948a, S. 87. Vgl. ebenda, S. 49 und 136.
31 Vgl. dazu Suarez [10], S. 129f.
32 Die Schwierigkeiten mit der Proportionalität in diesem Alter bestätigen Piagets Beispiele aus der Geometrie (1948, S. 420f.), aus der Mathematik (1968b, S. 49) und aus der Physik (1946a, S. 200f.).
33 Hinzu kommen diverse Einzeluntersuchungen aus Piaget 1951, 1954, 1968b, 1977. Wesentliche Ergänzungen bietet Suarez [10].
34 Piaget 1954, S. 145 und 1955, S. 238f., 242.
35 Piaget 1954, S. 146; vgl. 1962, S. 22.
36 Piaget 1954, S. 146; 1955, S. 241. Piaget hat auch von einem „Denken zweiten Grades" gesprochen: 1943, S. 204.
37 Piagets Formalisierungen weisen allerdings grundlegende Mängel auf. Die kompetentesten Kritiker sind Parsons [10] und Ennis 1975 [10]. Die

Kritik von Brainerd [1 a], S. 240ff. ist dagegen in manchen Punkten unklar.

38 Es gibt 16 verschiedene Aussagenverknüpfungen (Wahrheitsfunktionen). Vgl. Wittgenstein, der sie in seinem Tractatus logico-philosophicus (Satz 5, 101) aufgelistet hat. Piaget hat die Wahrheitsfunktionen auf eine Kombinatorik zurückgeführt. Vgl. Piaget 1949, S. 265, bzw. 1972a, S. 254.

39 Piaget 1952, S. 4 und 1955, Kap. 9 und 10. Vgl. Ascher [10] und Kesselring [9] 1981, S. 281ff.

40 Darauf hat auch M. Boden [5], S. 83 hingewiesen.

41 Dazu auch Suarez [10], besonders Kap. 6.

42 Ebenda, besonders Kap. 4 und 5.

43 Zum Beispiel Basseches [7], S. 43ff.

44 Wason [10]; Vuyk II [1 a], S. 453f.

45 Basseches [7], Kap. 1.

46 Riegel [7] 1975 und 1980, bes. S. 23–36.

47 Andere Autoren sehen in der Dialektik eher eine Theorie der Entwicklung als eine stufenspezifische Denkweise und betonen gerade die Ähnlichkeiten zwischen den Theorien Piagets und Hegels: Damerow [9], Habermas [9] 1983, S. 16 und Kesselring [9], 1981, 1984, 1986.

48 N. Hoerster: Ethik und Moral. In: D. Birnbacher/N. Hoerster (Hrsg.): Texte zur Ethik. München: dtv 1976, S. 9–23.

49 Vgl. I. Kant: Grundlegung zur Metaphysik der Sitten, zweiter Abschnitt.

50 O. Höffe: Autonomie und Verallgemeinerung als Moralprinzipien. Eine Auseinandersetzung mit Kohlberg, dem Utilitarismus und der Diskursethik. In: F. Oser, R. Fatke, O. Höffe (Hrsg.): Transformation und Entwicklung. Frankfurt: Suhrkamp 1986, S. 56–86 (S. 61f.).

51 Piaget 1932, S. 422–439 und 1954, S. 101–105.

52 Zu der Überzeugung, der Mensch entwickle sich zum Guten hin, ist Piaget nicht so sehr durch Beobachtung als aufgrund seines optimistischen Menschenbildes gelangt. In verschiedenen Vorträgen, die er in den zwanziger Jahren vor dem christlichen Studentenbund der französischen Schweiz gehalten hat, vertrat er in anderem Zusammenhang bereits dieselben Thesen. Vgl. Anm. 28 und 30 zum 1. Kapitel.

53 Mit diesen Überlegungen hat Piaget die Argumentation von H. Apel und J. Habermas vorausgenommen, denen zufolge moralische Normen letztlich auf die Regeln zurückgehen, die das soziale Handeln und die Verständigung ermöglichen.

54 Die soziale Gruppe (beispielsweise der Gleichaltrigen) wird in aufeinanderfolgenden Stufen zunächst als Summe einseitiger Beziehungen, dann als Summe zweiseitiger Partnerschaften und schließlich als homogene oder in sich differenzierte Gemeinschaft begriffen. Vgl. Selman [13], Kap. 3 und 4. Selmans Altersangaben für diese Stufen sind: 5–9 Jahre, 7–

12 Jahre, 10–15 Jahre (S. 51f.). Vgl. dazu auch Habermas [9] 1983, S. 127–206.

55 Piaget lehnte sich in diesem Punkt an den französischen Psychologen Pierre Janet (1859–1947) an. Vgl. 1954, S. 25–29.

56 Vgl. dazu das Literaturverzeichnis, Abt. [8].

57 Obwohl sich Piaget dabei auf Arbeiten des französischen Psychologen Guillaume zur Nachahmung stützte, ist sein wichtigster Vorläufer in der Untersuchung der Entwicklung des Selbstbewußtseins der Amerikaner J. M. Baldwin (vgl. 1954, S. 37).

IV. Würdigung und Kritik

1 An Vorläufern und älteren Zeitgenossen, deren entwicklungspsychologisches Werk Piaget kannte, wären zu nennen: W. T. Preyer (1841–1897), J. M. Baldwin (1861–1934), W. Stern (1871–1938), E. Claparède (1873–1940) und H. Wallon (1879–1962). Auf K. Bühler (1879–1963) und Ch. Bühler (1893–1974) ist Piaget nicht eingegangen.

2 Vuyk II [1 a]. Zur philosophischen Piaget-Rezeption: Ros [1 a].

3 Piaget, Diskussionsbemerkung im Anschluß an seinen Vortrag über die Notwendigkeit der kulturvergleichenden Forschung (1956). In: The essential Piaget [2b], S. 817.

4 Vgl. Brainerd 1978/79 [7] und die sich anschließende Diskussion, sowie Vuyk II [1 a], S. 383–401.

5 Piaget 1955, S. 251f. Zur Kritik vgl. Schurz [1 a], S. 342f.

6 Nach Longeot [7] gibt es Entwicklungsstufen nur auf der Ebene des „epistemischen“ (oder transzendentalen), nicht des „empirischen“ Subjekts.

7 Brainerds Unterstellung, Piaget sei in seiner Stadientheorie von der Vorstellung einer diskontinuierlichen Entwicklung mit „Quantensprüngen“ ausgegangen (Brainerd, in Steiner [1 a], S. 210), beruht auf einem Mißverständnis. Brainerd hat diese Interpretation in späteren Publikationen auch nicht aufrechterhalten.

8 Longeot [7] hat daher angenommen, daß die „horizontalen Verschiebungen“ mit Problemen der empirischen Abstraktion zusammenhängen und daß diese für kulturelle Einflüsse empfindlicher ist als die reflektierende Abstraktion.

9 Vgl. Anmerkung 4.

10 Vgl. Aebli 1963 [7] und W. Estes: Learning theory and intelligence. American Psychologist 29 (1974), S. 740–749.

11 Informativ sind die Zusammenfassungen in Schurz [1 a], Teil 5, und Boden [5], S. 44–48, 61–66, 77–86. Ausführlicher, aber in manchen Einzelheiten ungenau, berichtet Brainerd [1 a], S. 71–94, 114–133, 172–201, 240–269. In Kap. III haben wir die kontroversesten Beispiele ausgeklammert.

12 Schurz [1 a], bes. S. 351f. und auch schon Aebli 1963 [7].

13 H. Borke: Piaget's view of social interaction and the theoretical construct of empathy. In: Alternatives to Piaget [6], S. 29–42 und Brainerd [1 a], S. 115.
14 Vgl. Brainerd [1 a], S. 119–122.
15 Dagegen hat B. Inhelder pathologisch bedingte Fälle von Hemmungen und Stillstand der Entwicklung untersucht: Some pathologic phenomena analyzed in the perspective of developmental psychology. In: Inhelder/ Chipman 1976 [6], S. 221–227.
16 Zimmer [15], S. 27f.
17 M. Wertheimer: Psycho-motor coordination of auditory-visual space at birth. Science 134 (1961).
18 G. Carpenter: Mother's face and the newborn. In: R. Lewis (Hrsg.): Child alive. London: Temple Smith 1975.
19 T. Bower: Die Wahrnehmungswelt des Kindes. Stuttgart: Klett 1978, S. 51.
20 Ebenda, S. 53.
21 T. Bower: The visual world of infants. In: Scientific American 215 (1966), S. 80–92.
22 Schurz [1 a], S. 352.
23 Décarie 1969 [7], Boden [5], S. 46f.
24 Aebli 1963 [7], S. 15.
25 Piaget, Apprentissage et connaissance. EEG VII (1959), S. 1–67. Deutsch auszugsweise in: Montada 1970 [6], S. 66–71, bes. S. 69f.
26 Aebli 1963 [7], S. 88.
27 Brainerd [1 a], S. 284.
28 Schurz [1 a], S. 350.
29 Aebli 1967 [7]; Hamlyn [9] 1978; S. 10 und S. 42–60; Maier [9], S. 490; Harten 1977 [13], S. 130.
30 Ch. D. Brainerd: Lernforschung und Piagets Theorie. In: Jung (Hrsg.) [12], S. 47–84, bes. S. 65–77; vgl. auch Brainerd [1 a], S. 199f., vgl. 196f., 280ff.
31 H. Aebli: Die Motivation des Verhaltens und Lernens. In: H. Aebli/ L. Montada/G. Steiner: Erkennen, Lernen, Wachsen. Stuttgart: Klett 1975, S. 40.
32 Bruner 1966 [7].
33 Kesselring (1981, 1984) verwendet in diesem Zusammenhang den Begriff der logischen oder semantischen Antinomie. In einer erweiterten Bedeutung findet dieser Begriff auch in der Pädagogik Verwendung. Vgl. R. Winkel: Antinomische Pädagogik und kommunikative Didaktik. Studien zu den Widersprüchen und Spannungen in Erziehung und Schule. Düsseldorf: Schwann 1986.
34 P. Watzlawick: Menschliche Kommunikation. Formen, Störungen, Paradoxien. Bern: Huber 1971. G. Bateson: Ökologie des Geistes. Frankfurt: Suhrkamp 1981, S. 321–361.
35 Vgl. das 1947 geschriebene Vorwort zu Piaget ^{2}1924.

36 Vgl. etwa die Kritiken von Hamlyn 1978 [9], S. 42–60; Riegel 1980 [7], S. 39f.; Harten 1977 [13], S. 130.
37 Taylor [9], Teil 3.
38 Gilligan [14].
39 Piaget 1932, 1. Kap., V; 1943, S. 208.
40 Ros [1 a], S. 37.
41 Vgl. auch Sinclair [15].
42 Furth [15].
43 Zimmer [15], S. 123.
44 In: Tanner/Inhelder [6], S. 114f. – Zum folgenden vgl. Schöfthaler/Goldschmidt [6] und J. S. Carlson: Kulturvergleichende Untersuchungen im Rahmen von Piagets Theorie. In: Steiner [1 a], S. 709–728.
45 Dasen (Hrsg.) [6], S. 12.
46 A. Wilden: The structure as law and order: Piaget's genetic structuralism. In: Ders.: System and Structure. Essays in communication and exchange. London: Tavistock Publ. ²1980.
47 Modgil/Modgil 1976 [1 a], Band 8.
48 D. Goldschmidt, Vorwort zu: Schöfthaler/Goldschmidt [6], S. 9f.; vgl. T. Schöfthaler, ebenda, S. 33. Nach Ch. Hallpike (Die Grundlagen primitiven Denkens, Stuttgart: Klett 1984, S. 52) wird häufig nicht einmal die konkret operative Stufe erreicht.
49 P. R. Dasen: Concrete operational development in three cultures. Journal of Cross-Cultural Psychology 6 (1975).
50 P. T. Ashton: Kulturvergleichende Piaget-Forschung. In: Schöfthaler/Goldschmidt [6], S. 75–95 (Zitat S. 81).
51 Vgl. Schöfthaler, in: Schöfthaler/Goldschmidt, S. 34f.
52 Hallpike (vgl. Anm. 48), S. 56f.
53 Ebenda, S. 49.
54 Z. B. Boden [5], S. 101; Moessinger 1981 [9]. Nicht frei von Polemik ist J. Vonèche/F. Vidal: Jean Piaget and the child psychologist. Synthese 65 (1985), S. 121–138.
55 Moessinger 1981 [9], S. 352.
56 D. W. Hamlyn: Epistemology and conceptual development. In: Mischel (Hrsg.) [9], S. 3–24.
57 S. Toulmin: Concepts and the explanation of human behavior. In: Mischel (Hrsg.): Human Action. Conceptual and empirical issues. New York/London 1969, S. 71–104 (Zitat S. 81).
58 L. Wittgenstein: Philosophische Untersuchungen. Frankfurt: Suhrkamp 1967, z. B. § 30; W. v. O. Quine: Die Wurzeln der Referenz. Frankfurt: Suhrkamp 1976, bes. S. 49ff., 59–62; Ders.: Wort und Gegenstand. Stuttgart: Reclam 1980, § 4; E. Tugendhat: Vorlesungen zur Einführung in die sprachanalytische Philosophie. Frankfurt: Suhrkamp 1976, S. 208f., 333.
59 Hamlyn (vgl. Anm. 56), S. 20.
60 Vgl. Ros [1 a], S. 72–92.

61 Ebenda, S. 91.
62 L. Apostel, in: Inhelder/Garcia/Vonèche [3], S. 61.
63 Piagets Antwort auf L. Apostel. Ebenda, S. 65f.

V. *Wirkung*

1 Über die interdisziplinäre Wirkung der Theorie Piagets unterrichten ausführlich Modgil 1974, 1976 [1a] und Vuyk [1a]. Zu den einzelnen Abschnitten vergleiche man die entsprechenden Teile im Literaturverzeichnis.
2 Isaacs [7], Wygotski [15].
3 Neue Zürcher Zeitung vom 19. 1. 1979.
5 Vgl. die Arbeiten von Brainerd und Bryant [7] und das Vorwort Bryants zur Aufsatz-Sammlung im British Journal of Psychology 73/2 (1982).
6 Boden [5].
7 Bruner 1966 [7].
8 Aebli 1980/81 [7]. In eine ähnliche Richtung weist die Arbeit von Schurz [1a], bes. S. 357–360.
9 Vgl. die Arbeiten Kohlbergs [14].
10 Die Psychologie des Kindes (Piaget 1966) beispielsweise ist 1972 im Walter-Verlag, 1977 bei Fischer, 1980 bei Klett und 1986 im Deutschen Taschenbuch-Verlag erschienen. Seitenzählung und Aufmachung des Buches haben fast jedesmal gewechselt.
11 Noch unübersetzt sind die soziologischen Studien (Piaget 1965), das gemeinsam mit E. W. Beth geschriebene Buch über die Erkenntnistheorie der Mathematik (Piaget 1961a) und die frühen Aufsätze zur Philosophie, zur Psychoanalyse und zum Verhältnis von Wissenschaft und Religion – von den psychologischen Aufsätzen ganz zu schweigen. Von den Sorbonner Vorlesungen (Piaget 1954) ist demnächst eine Übersetzung zu erwarten.
12 A. Danchin: Note critique sur l'emploi du terme phénocopie. In: Piattelli-Palmarini [3], französische Ausgabe, S. 109ff.
13 A. M. Battro (vgl. [1d], [5]), F. Vidal (vgl. Anmerkungen 4, 13–15 und 25 zu Kap. 1) und R. Garcia, der neben B. Inhelder häufigste Koautor von Piaget, sind Argentinier.
14 C. H. Waddington: The evolution of an evolutionist. Edinburgh: University Press 1975. Und B. C. Goodwin: A cognitive view of biological process, in: Journal of Social Biological Structure 1 (1978), S. 117–125, sowie: Ders.: Constructivist biology. in: Revue internationale de philosophie, 142/143 (1983), S. 527–548.
15 S. Gablik: Progress in art. A radical and challenging view of art based on the ideas of J. Piaget, Cl. Lévy-Strauss and Th. Kuhn. London: Thames and Hudson 1976.
16 Vgl. Brainerd [1a], S. 286–295.

17 Dazu findet in den USA jährlich die Annual conference UAP (University Affiliated Program) on Piaget and the helping professions statt.

18 D. Elkind: Zwei entwicklungspsychologische Ansätze: Piaget und Montessori, in: Steiner 1978, S. 584–594. Ch. Lindenberg: Die Lebensbedingungen des Erziehens. Reinbek: Rowohlt (rororo 7432) 1981, Kap. 3: Die Forschungen Jean Piagets und die Pädagogik Rudolf Steiners.

19 Vgl. die Forschungsberichte von G. Steiner: Jean Piaget: Versuch einer Wirkungs- und Problemgeschichte. In: Jean Piaget zum achtzigsten Geburtstag [4], S. 49–114, und: Jean Piaget gestern, heute – und morgen? Ein Essay über die Wirkung der Theorie des großen Genfers. Zeitschrift für Entwicklungspsychologie und Pädagogische Psychologie 13/1, S. 3–33.

20 R. Spitz: Die Entstehung der ersten Objektbeziehungen. Stuttgart: Klett 1957. Und ders.: Vom Säugling zum Kleinkind. Stuttgart: Klett 1967. Zur psychoanalytischen Literatur vgl. das Literaturverzeichnis, Abschn. [8].

21 Vgl. auch Sinclair [15].

22 W. Stern, Die Kindersprache. Leipzig: Barth 1907 (4. neubearbeitete Aufl. 1928 (reprograph. Nachdruck Darmstadt: Wiss. Buchges. 1981).

23 Vgl. Zimmer [15].

24 Hallpike [16], S. 89f. Hallpike schließt sich allerdings einer älteren Sprachtheorie an: J. O. H. Jespersen: Language: Its nature, development, and origin. London: Allen & Unwin 1922.

25 Vgl. die im Literaturverzeichnis unter [11] verzeichneten Werke von M. Boden.

26 Lawler [11]. R. Lawler ist auch der Urheber des Lese-Lernprogramms für Kleinkinder.

27 Mischel 1971 [9].

28 J. Habermas: Die Philosophie als Platzhalter und Interpret. In: Habermas 1983 [9], S. 22.

29 Ebenda, S. 23f.

3. Literatur

In den Archives Jean Piaget, Rue de Saussure 6, CH-1200 Genève, werden sämtliche Werke von Piaget (in allen Übersetzungen) sowie sämtliche Bücher und Artikel über ihn gesammelt und öffentlich zugänglich gemacht. Über die Neueingänge erscheint jedes Jahr ein Katalog (Catalogue des Archives Jean Piaget).

Aus Platzgründen sind im folgenden fremdsprachige Titel nur soweit aufgeführt, als dazu keine deutschen Übersetzungen existieren. Ziffern in eckigen Klammern verweisen auf die entsprechende Abteilung des Literaturverzeichnisses.

In den Abteilungen [1] bis [5] wird mit folgenden Symbolen auf besonders wichtige und empfehlenswerte Literatur hingewiesen:

***	besonders wichtig	E	überwiegend empirisch orientiert
**	wichtig	T	überwiegend theoretisch orientiert
*	empfehlenswert	P	von philosophischer Bedeutung
L	leicht lesbar	Ü	Überblicksdarstellung

Abkürzungen für Verlage

DN:	Delachaux et Niestlé	PUF:	Presses universitaires de France
EKV:	Ernst Klett Verlag	RKP:	Routledge and Kegan Paul
HRW:	Holt, Rinehart & Winston	SF:	S. Fischer Verlag
IUP:	International Universities Press	SUV:	Suhrkamp Verlag

Abkürzungen für Zeitschriften mit Aufsätzen von bzw. über Piaget

AP: Archives de psychologie. Genf: Faculté de psychologie, université, 1901 ff. (von 1940–1980 von Jean Piaget herausgegeben, seither von B. Inhelder)

EEG: Etudes d'épistémologie génétique. Paris: PUF 1956 ff. (bis 1980 von Piaget herausgegeben)

HD: Human Development. Basel: Karger 1965 ff. (vormals: Vita Humana, Basel 1958 ff.).

CFA: Cahiers de la Fondation Archives Jean Piaget. Genf: Archives Jean Piaget, 1980 ff.

I. Hilfsmittel, Primärliteratur und allgemeine Literatur zu Piaget

1. Hilfsmittel

1 a. Forschungsübersichten und Forschungsberichte

*E Brainerd, Ch. J. 1978: Piaget's theory of intelligence. Englewood Cliffs (N. J.): Prentice Hall.

* Modgil, S. 1974 (Hrsg.): Piagetian research. A handbook of recent studies. Windsor, Berks.: NFER Publ.

* Modgil, S. and C. 1976 (Hrsg.): Piagetian research. Compilation and commentary (8 Bände). New Jersey: NFER Publ.

**P Ros, A. 1983: Die genetische Epistemologie Jean Piagets. Resultate und offene Probleme. Philosophische Rundschau. Beiheft 9 (Sonderheft).

**P Schurz, G. 1985: Denken, Sprache und Erziehung: Die aktuelle Piaget-Kontroverse. Zeitschrift für Semiotik, 7/4, S. 335–366.

**Ü Steiner, G. 1978 (Hrsg.): Piaget und die Folgen. Kindlers ‚Psychologie des 20. Jahrhunderts', Band 8: München/Zürich: Kindler 1978 (= Entwicklungspsychologie 1 und 2. Weinheim: Beltz 1984).

**Ü Vuyk, R. 1981: Overview and critique of Piaget's genetic epistemology 1965–1980, Band I (Darstellung von Piagets Theorie). Band II (Diskussion der Kritik und Kommentare zu Piaget). London: Academic Press.

1 b. Primärbibliographien finden sich in:

Jean Piaget – Werk und Wirkung [6] (bis 1974); Steiner [1 a], S. 18–26 (bis 1975); Evans [3], französische Ausgabe, S. 145–182 (bis 1975). Piagets Bücher und die Hefte der von Piaget herausgegebenen Etudes d'épistémologie génétique sind aufgelistet in: Bringuier [3], S. 215–219 (bis 1976) und Marbach 1981 [9], S. 23–27 (bis 1980).

1 c. Sekundärbibliographien:

Eine Literatur-Auswahl (zirka 2500 Titel von etwa 600 Autoren bis August 1973) enthält Modgil 1974 [1 a], S. 397–470. Eine hilfreiche (jedoch unvollständige) Bibliographie der philosophischen Veröffentlichungen zu Piaget (bis 1983) ist: Kitchener, R. F.: Bibliography of philosophical work on Piaget. Synthese 65 (1985), S. 139–151.

1 d. Wörterbücher, Glossare

Battro, A. M.: Dictionnaire d'épistémologie génétique. Paris: PUF 1966. Engl. Ausgabe: New York: Pergamon Press 1973.

Furth, H. G.: Intelligenz und Erkennen [7], S. 362–370

Piaget 1966 a [2], S. 513–518; Piaget 1970 a [2.], S. 96–104.

2. Werke von Jean Piaget (mit Mitarbeitern)

2a. Die wichtigsten Bücher und Aufsätze
(nach dem Erscheinungsjahr der französischen Originalausgabe geordnet):

	1916:	La mission de l'Idée. Lausanne: La Concorde.
	1918:	Recherche. Lausanne: La Concorde.
	1921:	Introduction à la malacologie valaisanne. Sion: F. Aymon.
**LE	1923:	Sprechen und Denken des Kindes. Düsseldorf: Schwann 1972.
	1923a:	La psychologie et les valeurs religieuses. Genf: Labor.
**LE	1924:	Urteil und Denkprozeß des Kindes. Düsseldorf: Schwann 1972 (!) Berlin: Ullstein-Buch 35079, 1981.
P	1924a:	Etude critique (Rezension) zu: L. Brunschvicg: „L'expérience humaine et la causalité physique". Journal de psychologie normale et de pathologie XXI, S. 586–607.
P	1925:	Psychologie et critique de la connaissance. AP 19, S. 193–210.
**LE	1926:	Das Weltbild des Kindes. Stuttgart: EKV 1978; Berlin: Ullstein-Buch 39001, 1980.
*LE	1927:	La causalité physique chez l'enfant. Paris: Alcan.
	1928:	(mit J. de la Harpe) Deux types d'attitudes religieuses. Immanence et transcendance. Genf: L'association chrétienne d'étudiants de Suisse romande.
P	1929:	Les deux directions de la pensée scientifique. Archives des sciences physiques et naturelles 11, S. 145–162.
***LE	1932:	Das moralische Urteil beim Kinde. Zürich: Rascher 1954. Frankfurt: SUV 1973 (!). 2. (veränderte) Aufl. Stuttgart: EKV 1983 und München: dtv (Nr. 15015) 1986.
**E	1936:	Das Erwachen der Intelligenz beim Kinde. Stuttgart: EKV 1969.
**E	1937:	Der Aufbau der Wirklichkeit beim Kinde. Stuttgart: EKV 1974.
**E	1941:	(mit A. Szeminska) Die Entwicklung des Zahlbegriffes beim Kind. Stuttgart: EKV 1965.
**E	1941a:	(mit B. Inhelder) Die Entwicklung der physikalischen Mengenbegriffe beim Kinde. Erhaltung und Atomismus. Stuttgart: EKV 1969.
P	1941b:	Esprit et réalité. Jahrbuch der Schweiz. Philosophischen Gesellschaft 1, S. 40–47.
	1942:	Classes, relations et nombres. Essai sur les groupements de la logistique et sur la réversibilité de la pensée. Paris: Vrin.

***LÜ 1943: Die geistige Entwicklung des Kindes. In: Theorien und Methoden [2b], S. 153–210.

1944: Les relations entre la morale et le droit. In: Piaget 1965a, S. 172–202.

**ET 1945: Nachahmung, Spiel und Traum. Die Entwicklung der Symbolfunktion beim Kinde. Stuttgart: EKV 1969.

1945a: Les opérations logiques et la vie sociale. In: 1965a, S. 143–171.

**EL 1946: Die Entwicklung des Zeitbegriffs beim Kinde. Zürich: Rascher 1955; Frankfurt: Suhrkamp 1974(!); Stuttgart: EKV 1980.

* 1946a: Les notions de mouvement et de vitesse chez l'enfant Paris: PUF ²1972.

**T 1947: Psychologie der Intelligenz. Zürich: Rascher 1948; Olten: Walter 1972; München: Kindler (Reihe ‚Geist und Psyche', Bd. 2167) 1976; Stuttgart: EKV ⁸1984.

P 1947a: Du rapport des sciences avec la philosophie. In: Piaget 1970b, S. 110–148.

**E 1948: (mit B. Inhelder) Die Entwicklung des räumlichen Denkens beim Kinde. Stuttgart: EKV 1971.

**E 1948a: (mit B. Inhelder und A. Szeminska) Die natürliche Geometrie des Kindes. Stuttgart: EKV 1974.

**L 1948b: Das Recht auf Erziehung: In: J. Piaget: Das Recht auf Erziehung und Die Zukunft unseres Bildungssystems. Zwei Essays. München: Piper (Serie Piper 128) 1975.

1949: Traité de logique. Essai de logistique opératoire. Paris: A. Colin (vgl. 1972a).

**EL 1949a: Die Genese der Zahl beim Kinde. In: Rechenunterricht und Zahlbegriff. Westermann TB 1964, S. 50–72; und in: H. Bonn/K. Rohsmanith [6], S. 199–221 (!).

**TP 1950: Die Entwicklung des Erkennens. I: Das mathematische Denken. Stuttgart: EKV 1972. II: Das physikalische Denken. Stuttgart: EKV 1973. III: Das biologische Denken; das psychologische Denken; das soziologische Denken. Stuttgart: EKV 1973.

1950a: La réversibilité de la pensée et les opérations logiques. Bulletin de la société française de philosophie 44, S. 137–156.

*E 1951: (mit B. Inhelder) La genèse de l'idée de l'hasard chez l'enfant. Paris: PUF; ²1974.

***L 1952: Autobiographie. Mit nachträglicher Ergänzung der Jahre 1952–1966 in: Jean Piaget – Werk und Wirkung [6], S. 15–59 (vgl. auch 1976a).

1952a: Essai sur les transformations des opérations logiques.

Les 256 opérations ternaires de la logique bivalente des propositions. Paris: PUF.
**Ü 1954: Les relations entre l'affectivité et l'intelligence dans le développement mental de l'enfant. Paris: Centre de Documentation Universitaire.
**L 1954a: Leben und Denken aus der Sicht der Experimentalpsychologie und der genetischen Epistemologie. In: Kleine Schriften [2b], S. 135–142.
**ET 1955: (mit B. Inhelder) Von der Logik des Kindes zur Logik des Heranwachsenden. Olten/Freiburg: Walter 1977; Stuttgart: EKV 1980.
**L 1956: Die Stadien der geistigen Entwicklung des Kindes und des Heranwachsenden. In: Kleine Schriften [2b], S. 46–55.
1956a: Some impressions of a visit to soviet psychologists. International social science bulletin (UNESCO) 8, S. 393–396; und: American psychologist 11 S. 343–345.
*T 1957: Logique et équilibre dans les comportements du sujet. EEG II, S. 27–117. Deutsch ausschnittweise in: Montada 1970 [6.], S. 115–130.
*T 1958: Assimilation et connaissance. EEG V, S. 49–108. Deutsch auszugsweise in: Furth [6].
*E 1959: (mit B. Inhelder) Die Entwicklung der elementaren logischen Strukturen (I und II). Düsseldorf: Schwann 1973.
* 1960: Die kindlichen Praxien. In: Kleine Schriften [2b], S. 56–79.
*E 1961: Les mécanismes perceptifs. Modèles probabilistes, analyse génétique, relations avec l'intelligence. Paris: PUF.
**TP 1961a: (mit E. W. Beth) Epistémologie mathématique et psychologie. Essai sur les relations entre la logique formelle et la pensée réelle. EEG XIV.
**LT 1962: Kommentare zu L. S. Wygotski. Argument-Sonderband 82: Forum Kritische Psychologie 10. Berlin 1982, S. 11–23. (Urspr. Engl.: Comments on Vygotsky's critical remarks. Massachusetts Institute of Technology 8 (1962), S. 1–14; und: AP 47 (1979), S. 237–249).
**L 1962a: Der Zeitfaktor in der kindlichen Entwicklung. In: Kleine Schriften [2b], S. 7–30.
**TP 1962b: Will and action. Bulletin of the Menninger Clinic 26/3 (1962), S. 138/145. Auch in: Piaget sampler [2b], S. 81–88.
1963–65 (mit P. Fraisse): Traité de psychologie expérimentale. Paris: PUF (mit diversen Beiträgen von J. Piaget und B. Inhelder).
*T 1964: Genese und Struktur in der Psychologie der Intelligenz. In: Theorien und Methoden [2b], S. 265–277.

**TP 1965: Weisheit und Illusionen der Philosophie. Frankfurt: SUV 1973 (!); [2]1985.

**T 1965a: Etudes sociologiques. Genf: Droz [3]1977 (erweitert um die ‚Ecrits sociologiques').

** 1965b: Psychologie und Pädagogik. In: Theorien und Methoden [2b], S. 9–149.

***LÜ 1966: (mit B. Inhelder) Die Psychologie des Kindes. Olten: Walter 1972; Frankfurt: SF 1977; Stuttgart: EKV 1980; München: dtv (15021) 1986.

**E 1966a: (mit B. Inhelder) Die Entwicklung des inneren Bildes beim Kind. Frankfurt: SUV 1979.

P 1966b: Débat psychologie et philosophie (Piaget im Streitgespräch mit P. Fraisse, Y. Galifret, F. Jeanson und P. Ricoeur unter der Leitung von R. Zazzo). In: Psychologie et Marxisme. Paris: ‚Raison présente' 1971, S. 9–77.

**TL 1966c: Notwendigkeit und Bedeutung der vergleichenden Forschung in der Entwicklungspsychologie. In: Kleine Schriften [2b], S. 120–134.

***TP 1967: Biologie und Erkenntnis. Über die Beziehungen zwischen organischen Regulationen und kognitiven Prozessen. Frankfurt: SF 1974; [2]1983 (TB 7333).

*TP 1967a: Logique et connaissance scientifique. Paris: Gallimard (Encyclopédie de la Pléiade).

*TP 1968: Der Strukturalismus. Olten: Walter 1973; Stuttgart: EKV 1980.

**E 1968a: (mit B. Inhelder) Gedächtnis und Intelligenz. Olten: Walter 1974; Stuttgart: EKV 1980.

E 1968b: (mit J. B. Grize/A. Szeminska/Vinh Bang) Epistemologie und Psychologie der Funktion. Stuttgart: EKV 1977.

***ÜP 1970: Abriß der genetischen Epistemologie. Olten: Walter 1974; Stuttgart: EKV 1980.

**Ü 1970a: Einführung in die genetische Erkenntnistheorie. Frankfurt: SUV 1973.

*TP 1970b: Psychologie et épistémologie (Aufsätze von 1947–1970). Paris: Denoel/Gonthier.

*Ü 1970c: Jean Piaget über sein Werk („Meine Theorie der geistigen Entwicklung", hrsg. von R. Fatke). Frankfurt: SF (TB 42258) 1984.

**L 1971: Die Zukunft unseres Bildungssystems. In: J. Piaget: Das Recht auf Erziehung und Die Zukunft unseres Bildungssystems. Zwei Essays. München: Piper (Serie Piper 128) 1975.

*ET 1971a: (mit R. Garcia) Les explications causales. EEG XXVI.

**ÜL 1972: Erkenntnistheorie der Wissenschaften vom Menschen. Berlin: Ullstein 1973.

T 1972a: Essai de logique opératoire (2. veränderte Aufl. 1949). Paris: Dunod.

T 1973: L'explication dans les sciences. Paris: Flammarion. Kap. 1 und 13 (S. 7–18 und S. 215–232).

*TP 1974: Biologische Anpassung und Psychologie der Intelligenz. Stuttgart: EKV 1975.

*ET 1974a: Recherches sur la contradiction. 1: Les différentes formes de la contradiction. 2: Les relations entre affirmations et négations. EEG XXXI, XXXII.

*ET 1974b: La prise de conscience. Paris: PUF.

*ET 1974c: Réussir et comprendre. Paris: PUF.

*L 1974d: Lebendige Entwicklung. In: Kognitive Entwicklung und Sozialisation. Weinheim: Beltz 1974 (Ztschr. f. Pädagogik 20/1) S. 1–6.

**TP 1975: Die Äquilibration der kognitiven Strukturen. Stuttgart: EKV 1976.

*T 1976: Das Verhalten – Triebkraft der Evolution. Salzburg: O. Müller 1980.

*** 1976a: Autobiographie (mit Ergänzung 1966–1976). In: Les sciences sociales avec et après Jean Piaget (hrsg. von G. Busino). Genf: Droz.

*ET 1977: Recherches sur l'abstraction réfléchissante. 1: L'abstraction des relations logico-arithmétiques. 2: L'abstraction de l'ordre et des relations spaciales. EEG XXXIV, XXXV.

*ET 1980: Les formes élémentaires de la dialectique. Paris: Gallimard.

*ET 1981/1983: Le possible et le nécessaire. 1: L'évolution des possibles chez l'enfant. Paris: PUF 1981. 2: L'évolution du nécessaire chez l'enfant. Paris: PUF 1983.

*T 1983: (mit R. Garcia) Psychogenèse et histoire des sciences. Paris: Flammarion.

2b. Textsammlungen

*TP Logique et connaissance scientifique (hrsg. von J. Piaget). Paris: Gallimard (Encyclopédie de la Pléiade) 1967.

***LÜ J. Piaget: Theorien und Methoden der modernen Erziehung. Wien: Molden 1972; Frankfurt: SF (TB 6263) 1974.

***LÜ J. Piaget: Probleme der Entwicklungspsychologie. Kleine Schriften. Frankfurt: Syndikat 1976; Europ. Verlagsanst. 1984.

**Ü The essential Piaget. An interpretive reference and guide (hrsg. von H. E. Gruber/J. J. Vonèche). New York: Basic Books, London: RKP 1977.

*Ü Piaget Sampler (hrsg. von S. F. Campbell). New York: Wiley 1976.

*** J. Piaget: Gesammelte Werke (10 Bände: Piaget 1936, 1937, 1941, 1941a, 1945, 1948, 1948a und 1950 I–III). Stuttgart: EKV 1975.

3. Piaget im Gespräch

***Ü Bringuier, J.-Cl.: Conversations libres avec Jean Piaget. Paris: Robert Laffont 1977.

**Ü Evans, R. I.: Jean Piaget, the man and his ideas. New York: Dutton & Co Inc. 1973. Französisch: Jean Piaget: Mes idées. Propos recueillis par Richard I. Evans. Paris: Denoel/Gonthier 1977.

Inhelder, B./Garcia, R./Vonèche, J.: Epistémologie génétique et équilibration (Hommage à Jean Piaget). Neuchâtel: DN 1977.

** Piattelli-Palmarini, M. (Hrsg.): Théories du langage, théories de l'apprentissage. Le débat entre Jean Piaget et Noam Chomsky. Paris: Ed. du Seuil 1979. Engl. Language and Learning. The debate between Jean Piaget and Noam Chomsky. Cambridge/Mass.: Harvard Univ. Press 1980.

4. Festschriften

Bulletin de Psychologie 30 (Hommage à Jean Piaget). Paris: 1976.

Psychologie et épistémologie génétiques. Thèmes Piagetiens. Hommage à Jean Piaget (hrsg. von B. Inhelder). Paris: Dunod 1966.

Elkind, D./Flavell, J. H.: Studies in cognitive development. Essays in honor of Jean Piaget. Oxford: Univ. Press 1969.

Jean Piaget zum achtzigsten Geburtstag. (Hommage à Jean Piaget) Hrsg. vom EKV, Stuttgart 1976.

Verma, V. P./Williams, Ph. (Hrsg.): Piaget, psychology and education. Papers in honour of Jean Piaget (on the occasion of his 80th birthday). London: Hodder & Stoughton 1976.

5. Einführungen, Monographien, Gesamtdarstellungen

** Battro, A. M.: El pensiamento de Jean Piaget. Psycologia y epistemologia. Buenos Aires: Emecé 1969.

* Beard, R. M.: An outline of Piaget's developmental psychology. London: RKP 1969.
*** Boden, M.: Jean Piaget. Brighton: Harvester Press 1979; New York: Viking Press/Fontana Paperbacks 1979.
** Boyle, D. G.: A students' guide to Jean Piaget. Oxford: Pergamon Press 1969.
** Brainerd, Ch. J.: Piaget's Theory of Intelligence. Siehe [1 a].
Brearly, M./Hitchfield, E.: A teacher's guide to reading Piaget. London: RKP 1966.
* Buggle, F.: Die Entwicklungspsychologie Jean Piagets. Stuttgart: Kohlhammer (Urban-TB 368) 1985.
* Cellerier, G.: Piaget. Paris: PUF 1973.
** Droz, R./Rahmy, M: Lire Piaget. Bruxelles: Dessart ²1974. Engl. Ausgabe: Understanding Piaget. New York: IUP 1972 (mit ausführlicher Bibliographie bis 1969).
Ducret, J. J.: Jean Piaget, savant et philosophe: Les années de formation, 1907–1924. Genf: Droz 1984 (2 Bände).
** Flavell, J. H.: The developmental psychology of Jean Piaget. Princeton/N. J.: Van Nostrand 1963.
** Ginsburg, H./Opper, S.: Piagets Theorie der geistigen Entwicklung. Stuttgart: EKV 1975.
* Lerbet, G.: Piaget. Paris: Editions universitaires, coll. psychothèque 1970.
** Petter, G.: Die geistige Entwicklung des Kindes im Werk von Jean Piaget. Bern: Huber 1966.
* Phillips, J.: The origins of intellect. Piaget's theory. San Francisco: Freeman 1969.
***L Pulaski, M. A. (1971): Piaget. Eine Einführung in seine Theorie und sein Werk. Frankfurt: SF (TB 6370) 1978. Engl. Orig: New York: Harper & Row 1971.
**L Richmond, P. G.: An introduction to Piaget. London: RKP 1970 (Einführung für Pädagogen).

6. Sammelbände, Tagungs- und Kongreßberichte

Alternatives to Piaget. Critical essays on the theory (hrsg. von L. S. Siegel/Ch. J. Brainerd). New York: Acad. Press 1978.
Bonn, H./Rohsmanith, K. (Hrsg.): Studien zur Entwicklung des Denkens im Kindesalter. Darmstadt: Wiss. Buchgesellschaft 1972.
Dasen, P. R. (Hrsg.): Piagetian psychology. Cross-cultural contributions. New York: Gardner 1977.
Furth, H. G. (Hrsg.): Intelligenz und Erkennen. Die Grundlagen der genetischen Erkenntnistheorie Piagets. Frankfurt: SUV 1972.

Geber, B. A. (Hrsg.): Piaget and knowing. Studies in genetic epistemology. London: RKP 1977.
Inhelder, B./Chipman, H./Zwingmann, C. (Hrsg.): Piaget and his school. A reader in development psychology. New York/Heidelberg: Springer 1976.
Inhelder, B./Chipman, H. (Hrsg.): Von der Kinderwelt zur Erkenntnis der Welt. Wiesbaden: Akad. Verl. Gesellsch. 1978.
Jean Piaget – Werk und Wirkung (hrsg. von G. Busino). München: Kindler (TB 2168) 1976; Frankfurt: SF (TB 42168) 1976.
Liben, L. S. (Hrsg.): Piaget and the foundations of knowledge. Hillsdale (N. J.): Erlbaum 1982.
Modgil, S. und C. (Hrsg.): Jean Piaget. An interdisciplinary critique. London: RKP 1983.
Montada, L. (Hrsg.): Die Lernpsychologie Jean Piagets. Stuttgart: EKV 1970.
Schöfthaler, T./Goldschmidt, D. (Hrsg.): Soziale Struktur und Vernunft. Jean Piagets Modell entwickelten Denkens in der Diskussion kulturvergleichender Forschung. Frankfurt: SUV (stw 365) 1984.
Scholnik, E. K. (Hrsg.): New trends in conceptual representation. Challenges to Piaget's theory. Hillsdale (N. J.): Erlbaum 1983.
Silverman, J. J. (Hrsg.): Piaget, philosophy and the human sciences. New Jersey: Humanities Press; Brighton: Harvester Press 1980.
Steiner, G. (Hrsg.): Piaget und die Folgen. Siehe [1 a].
Tanner, J. M./Inhelder, B. (Hrsg.): Discussions on child development. Band 3. London: Tavistock 1958.

II. Literatur zu Teilaspekten der Theorie Piagets

7. Zur Psychologie

Heft Nr. 73/2 des British Journal of Psychology (Cambridge 1982) ist experimentellen und theoretischen Beiträgen zur Entwicklungspsychologie Piagets gewidmet.

Adam, G.: Überlegungen zum Invarianzproblem. Theoretische und experimentelle Kritik an Piagets Lehre zur Invarianzgenese. Weinheim: Beltz 1977.
Aebli, H. (1963): Über die geistige Entwicklung des Kindes. Neuaufl.: Berlin: Ullstein (TB 39036) 1982.
Aebli, H. (1967): Natur und Kultur in der Entwicklung des Menschen. Konstanz: Univ. Verlag.
Aebli, H. (1980/1981): Denken: das Ordnen des Tuns. I: Kognitive Aspekte der Handlungstheorie. II: Denkprozesse. Stuttgart: EKV.
Aebli, H./Montada, L./Schneider, U.: Über den Egozentrismus des Kindes. Stuttgart: EKV 1968.

Anderson, G. C.: Der Ursprung der Intelligenz und die sensomotorische Entwicklung des Kindes. In: Steiner [1 a], S. 94–120.
Basseches, M.: Dialectical thinking and adult development. New Jersey: Ablex Publ. Coop. 1984.
Bower, T. G. R.: A primer of infant development. San Francisco: Freeman 1977.
Brainerd, Ch. J.: The stage question in cognitive-developmental theory. The Behavioral and Brain Sciences. 1978/2, S. 173–182. Mit Kommentaren und Diskussion: S. 182–213 sowie 1979/1, S. 137–154.
Bryant, P. (1974): Perception and understanding in young children: An experimental approach. London: Methuen.
Bryant, P. (1977): Logical inferences and development. In: Geber [6], S. 53–64.
Bruner, J. (1959): Inhelder and Piaget's ‚The growth of logical thinking' [Piaget 1955]. A psychologist's viewpoint. British Journal of Psychology 50 (1959), S. 363–370.
Bruner, J./Olver, R. R./Greenfield, P. M. (1966): Studien zur kognitiven Entwicklung. Stuttgart: EKV 1971.
Cowan, P. A.: Piaget, with feeling: Cognitive, social and emotional dimensions. London: HRW 1978.
Décarie, G. Th. (1962): Intelligence et affectivité chez le jeune enfant. Neuchâtel: DN. Engl. Intelligence and affectivity in early childhood. New York: IUP 1965.
Décarie, G. Th. (1969): A study of mental and emotional development of the thalidomide child. In: B. Foss (Hrsg.): Determinants of Infant Behavior, IV. London: Methuen.
Inhelder, B. (1956): Die affektive und kognitive Entwicklung des Kindes. Schweizer Zeitschrift für Psychologie und ihre Anwendungen. 15, S. 251–268. In: Bonn/Rohsmanith [6], S. 177–198.
Inhelder, B./Sinclair, H./Bovet, M.: Apprentissage et structures de la connaissance. Paris: PUF 1974.
Isaacs, S.: Intellectual growth in young children. London: G. Routledge 1932.
Jetter, K.: Kindliches Handeln und kognitive Entwicklung. Ein Beitrag zur Kognitionspsychologe des körperbehinderten Kindes auf der Grundlage der genetischen Theorie Jean Piagets. Bern: Huber 1975.
Longeot, F.: Les stades opératoires de Piaget et les facteurs de l'intelligence. Grenoble: Presses Universitaires 1978.
Maier, H. W.: Drei Theorien der Kindheitsentwicklung [über Erik H. Erikson, Jean Piaget und Robert R. Sears]. New York: Harper & Row (Uni-TB 1234) 1983.
Montada, L.: Über die Funktion der Mobilität in der geistigen Entwicklung. Eine Untersuchung zu Piagets Äquilibrationshypothese der Entwicklung. Stuttgart: EKV 1968.
Riegel, K. F. (1975): Ansätze zu einer dialektischen Theorie der Entwick-

lung. In: Ders. (Hrsg.): Zur Ontogenese dialektischer Operationen. Frankfurt: SUV 1978, S. 75–96.
Riegel, K. F. (1980): Grundlagen der dialektischen Psychologie. Stuttgart: EKV.
Rotman, B.: Jean Piaget, psychologist of the real. Hassocks (Sussex): Harvester Pr. 1977.
Seiler, Th. B.: Die Reversibilität in der Entwicklung des Denkens. Ein Beitrag zur Deutung der Theorie Piagets. Stuttgart: EKV 1968.
Suarez, A.: Formales Denken und Funktionsbegriff bei Jugendlichen. Funktionale Begriffsbildung und Strukturierung des Kontinuums als Alternative zum formal-logischen Strukturalismus von Jean Piaget. Bern: Huber 1977.
Wetzel, F. G.: Kognitive Psychologie – Eine Einführung in die Psychologie der kognitiven Strukturen von Jean Piaget. Weinheim: Beltz 1980.

8. Zum Vergleich Entwicklungspsychologie – Psychoanalyse

Amann Gainotti, M./Ducret, J.-J.: Jean Piaget e la psicoanalisi. Archivio di psicologia, neurologia e psichiatria 45 (1984), S. 138–157.
Anthony, J.: The system makers: Piaget and Freud. British Journal of medical psychology 30 (1957), S. 255–268.
Cobliner, W. G.: Die Genfer Schule der genetischen Psychologie und Psychoanalyse: Parallelen und Gegensätze. In: R. Spitz: Vom Säugling zum Kleinkind. Stuttgart: EKV 1967 (Anhang).
Ducret, J. J.: Piaget et l'épistémologie de la psychanalyse: quelques notes. AP 52 (1984), S. 133–146.
Furth, H. G.: Symbol Formation: Where Freud and Piaget meet. HD 26 (1983), S. 26–41.
Greenspan, S. I.: Intelligence and adaptation: An integration of psychoanalysis and Piagetian developmental psychology. New York: Internat. Univ. Press 1980.
Haynal, A.: Sur le problème de points de contact entre la psychologie génétique et la théorie psychanalytique (dans leurs aspects développementaux). La psychiatrie de l'enfant 12 (1969), S. 537–576.
Nitsch-Berg, H.: Kindliches Spiel zwischen Triebdynamik und Enkulturation. Der Beitrag der Psychoanalyse und der Entwicklungstheorie Piagets. Stuttgart: EKV 1978.
Peters, R. S.: Die Beziehung zwischen Piagets und Freuds Entwicklungstheorien. In: Steiner [1 a], S. 385–400.
Peters, R. S.: Freud's theory of moral development in relation to that of Piaget. British Journal of educational psychology 28 (1960), S. 250–258.
Schneider, H.: Die Theorie Piagets: ein Paradigma für die Psychoanalyse? Bern: Huber 1981.
Wolff, P. H.: The Developmental psychologies of Jean Piaget and psychoanalysis. New York: IUP 1960.

9. Zur Philosophie

Bibliographie philosophischer Publikationen zu Piaget: Siehe [1 a].

Heft Nr. 142–143 der Revue internationale de philosophie (Bruxelles 1982) und Heft 65/1 von Synthese (Dordrecht 1985) sind philosophischen Beiträgen über Jean Piaget gewidmet. Synthese hat weitere Aufsätze zu Piaget angekündigt.

Broughton, J.: Piaget's structural developmental psychology, I: Piaget and Structuralism, II: Logic and Psychology, III: Function and the problem of knowledge, IV: Knowledge, Self and History, V: Ideology-critique and the possibility of a critical developmental theory. HD 24 (1981), S. 78–109, 195–224, 257–285, 320–346, 382–411.

Buck-Morss, S.: Piaget, Adorno, and the possibilities of dialectical operations. In: Silverman [6], S. 103–137.

Damerow, P.: Handlung und Erkenntnis in der genetischen Erkenntnistheorie Piagets und in der Hegelschen ‚Logik'. In: P. Furth (Hrsg.): Arbeit und Reflexion. Köln: Pahl-Rugenstein 1980, S. 159–187.

Fetz, R. L. (1978): Piaget als philosophisches Ereignis. In: Steiner 1978 [1 a], S. 27–40.

Fetz, R. L. (1979): Kreis des Verstehens oder Kreis der Wissenschaften? Freiburger Ztschr. für Philosophie und Theologie 26, S. 163–201.

Fetz, R. L. (1981): Genetische Semiologie? Freiburger Ztschr. für Philosophie und Theologie, 28, S. 434–470.

Fetz, R. L. (1982): Nachahmung, Spiel und Kunst. Freiburger Ztschr. für Philosophie und Theologie 29, S. 489–509.

Fetz, R. L. (1982 a): Naturdenken beim Kind und bei Aristoteles. Tijdschrift voor Filosofie 44, S. 473–513.

Fetz, R. L. (1987): Struktur und Genese. Piagets Transformation der Philosophie. Bern: Haupt (enthält eine ausführliche Bibliographie zur philosophischen Rezeption Piagets).

Furth, H. G.: Piaget on the uses and abuses of philosophy. Acta psychologica 29 (1969), S. 195–204.

Gagnon, M. (1977): Epistémologie génétique, science et philosophie. Philosophiques 4, S. 225–244.

Gagnon, M. (1978): Piaget et Kuhn sur l'évolution de la connaissance: Une comparaison. Dialogue 17, 35–55.

Gagnon, M. (1980): La critique Piagétienne de l'apriorisme attaque-t-elle le criticisme Kantien? Philosophiques (Montreal) 7, S. 41–54.

Goldmann, L.: Die Psychologie Jean Piagets. Die Entwicklungstheorie Jean Piagets. In: Ders.: Dialektische Untersuchungen. Neuwied/Berlin: Luchterhand 1966.

Goldmann, L. (1966): Jean Piaget und die Philosophie. In: Jean Piaget – Werk und Wirkung [6], S. 67–92.

Habermas, J.: Zur Rekonstruktion des Historischen Materialismus, Kap. 1, 3, 6 und 9. Frankfurt: SUV 1976.

Habermas, J. (1981): Theorie des kommunikativen Handelns. 2 Bände. Frankfurt: SUV.
Habermas, J. (1983): Moralbewußtsein und kommunikatives Handeln. Frankfurt: SUV (stw 422).
Hamlyn, D. W.: Experience and the growth of understanding. London: RKP 1978.
(Hrsg.): Perception, learning and the self: Essays in the philosophy of psychology London: RKP 1983.
Haroutunian, S.: Equilibrium in the balance: A study of psychological explanation. New York: Springer 1983.
Kenny, A.: The development of mind. Edingburgh: Univ. Pr. 1973.
Kesselring, Th. (1981): Entwicklung und Widerspruch. Ein Vergleich zwischen Piagets genetischer Erkenntnistheorie und Hegels Dialektik. Frankfurt: SUV.
Kesselring, Th. (1984): Die Produktivität der Antinomie, 3. Kap. Frankfurt: SUV.
Kesselring, Th. (1986): Ist Bewußtwerdung ein Akt des Geistes oder ein Prozeß der Natur? Hegel und Piaget über Reflexion und Bewußtwerdung. In: R.-P. Horstmann/M. Petry (Hrsg.): Hegels Philosophie der Natur. Stuttgart: EKV, S. 363–388.
Kitchener, R. F. (1980): Piaget's genetic epistemology. International philosophical quarterly 20, S. 377–405.
Kitchener, R. F. (1986): Piaget's theory of knowledge. Genetic epistemology & scientific reason. New Haven: Yale Univ. Pr.
Maier, F.: Intelligenz als Handlung: Der genetische Ansatz in der Erkenntnistheorie Jean Piagets. Basel: Schwabe 1978.
Marbach, E. (1977): Husserls reine Phänomenologie und Piagets genetische Psychologie. Tijdschrift voor Filosofie 30, S. 435–469.
Marbach, E. (1981): Jean Piaget (1896–1980). Zeitschr. f. allgemeine Wissenschaftstheorie 12/1, S. 1–27.
Mischel, T. (Hrsg.): Cognitive Development and Epistemology. New York: Academic Press 1971.
Moessinger, P. (1977): Piaget on contradiction. HD 20, S. 178–184.
Moessinger, P. (1978): Piaget on equilibration. HD 21, S. 255–267.
Moessinger, P. (1981): Piaget on abstraction. HD 24, S. 347–353.
Mohanty, J. N.: On the roots of reference: Quine, Piaget, and Husserl. In: Essays on the philosophy of W. v. O. Quine (hrsg. von R. W. Shahan/ C. Swoyer). Oklahoma: Univ. Pr., Norman 1979, S. 21–43.
Ros, A.: Die genetische Epistemologie Jean Piagets. Resultate und offene Probleme. Siehe [1 a].
Rotenstreich, N.: An analysis of Piaget's concept of structure. Philos. and Phenomenol. Research 37 (1976/77), S. 368–380.
Taylor, Ch.: Worum geht es bei einer genetischen Psychologie? In: Ders.: Erklärung und Interpretation in den Wissenschaften vom Menschen. Frankfurt: SUV 1975, S. 220–258.

Tripp, G. M.: Betr. Piaget. Köln: Pahl-Rugenstein 1978.
Wartowski M. W.: From genetic epistemology to historical epistemology: Kant, Marx and Piaget. In: Liben 1982 [6], S. 1–18.
Zeil-Fahlbusch, E.: Perspektivität und Dezentrierung. Philosophische Überlegungen zur genetischen Erkenntnistheorie Jean Piagets. Würzburg: Königshausen & Neumann 1983.

10. Zur Logik und Mathematik

Apostel, L.: The future of Piagetian logic. Revue internationale de philosophie 142/143 (1982), S. 567–611.
Ascher, E.: The Case of Piaget's group INRC. Journal of mathematical psychology 28 (1984), S. 282–316.
Beth, E. W.: A propos d'un ‚Traité de logique'. Methodos 2 (1950), S. 258–264.
Ennis, R. H. (1975): Childrens ability to handle Piaget's propositional logic: A conceptual critique. Review of Educational Research 45, S. 1–41.
Ennis, R. H. (1976): An alternative to Piaget's conceptualization of logical competence. Child Development 47, S. 903–919.
Gonseth, F.: Psychologie et logistique (à propos de l'ouvrage de J. Piaget: ‚Classes, relations et nombres'). AP 30 (1944).
Grize, J.-B.: Du groupement au nombre: Essai de formalisation. In: EEG XI (1960), S. 69–96.
Kennedy, D.: The limitations of Piaget's theory of formal operations. Proceedings of Philosophical Education 31 (1975), S. 257–269.
Papert, S.: Sur la logique Piagetienne. EEG XV (1963), S. 107–130.
Parsons, Ch.: Inhelder and Piaget's ‚The growth of logical thinking'. A logician's viewpoint. British Journal of psychology 51 (1960), S. 75–84.
Sigel, I. E./Hooper, F. F. (Hrsg.): Logical thinking in children: Research based on Piaget's theory. New York: HRW 1968.
Suarez, A.: Formales Denken und Funktionsbegriff bei Jugendlichen. Funktionale Begriffsbildung und Strukturierung des Kontinuums als Alternative zum formal-logischen Strukturalismus von Jean Piaget. Bern: Huber 1977.
Wason, P. C.: The theory of formal operations – critique. In: Geber [6], S. 119–135.

11. Zur künstlichen Intelligenz

Boden, M. (1978): Artificial Intelligence and Piagetian theory. Synthese 38, S. 389–414. Auch in: Dies.: Minds and Mechanisms. Philosophical psychology and computational models. Brighton (Sussex): Harvester Press 1981, S. 236–261.
Boden, M. (1979): Jean Piaget [5.], Kap. 7.
Farnham-Diggory, S. (Hrsg.): On the development of the processor. New York: Academic Press 1972.

Genetic epistemology and cognitive science. CFA 2. Genf: Fondation Archives Jean Piaget 1982.

Lawler, R. W.: Computer experience and cognitive development: A child's learning in a computer culture. New York: Halsted Press; Chichester (W. Sussex): Horwood 1985.

Schurz, G.: Die Erkenntnistheorie von J. Piaget und ihre Konsequenzen für den Informationsbegriff. Conceptus 16 (Innsbruck 1982), S. 19–40.

Simon, H. A.: An information processing theory of intellectual development. In: W. Kessen/C. Kuhlman (Hrsg.): Thought in the young child. Yellow Springs (OH): Antioch. Press 1962.

Structures and cognitive processes. CFA 3. Genève: Fondation Archives Jean Piaget 1982.

12. Zur Pädagogik und Didaktik

Aebli, H.: Psychologische Didaktik. Didaktische Auswertung der Psychologie von Jean Piaget. Stuttgart: EKV 1963, ^{6}1976.

Furth, H. G.: Piaget für Lehrer. Düsseldorf: Schwann 1973. Berlin: Ullstein (Mat. 35182) 1983.

Furth, H. G./Wachs, H.: Denken geht zur Schule. Piagets Theorie in der Praxis. Weinheim: Beltz (Bibl. 76) 1978.

Jung, W. (Hrsg): Piaget und Physikdidaktik. Physica Didactica 7/2, Sonderheft 1980.

Klassiker der Pädagogik, Band II: Von Karl Marx bis Jean Piaget (hrsg. von H. Scheuerl). München: Beck 1979.

Kubli, F. (1983): Erkenntnis und Didaktik. Jean Piaget und die Schule. München: Ernst Reinhardt.

Kubli, F. (^{2}1982): Piaget und Naturwissenschaftsdidaktik. Konsequenzen aus den erkenntnispsychologischen Untersuchungen von Jean Piaget. Köln: Aulis-Verlag, Deubner & Co KG.

Lehane, S.: Help your baby learn. 100 Piaget-based activities for the first two years of life. Englewood Cliffs (N. J.): Prentice-Hall Inc. 1976.

Pfeifle, H.: Mediendidaktische Beiträge zu Jean Piaget ‚Wie entsteht Neues?'. Verband der Wiss. Ges. Österreichs 1978.

Richmond, P. G.: An introduction to Piaget. London: RKP 1970 (Einführung für Pädagogen).

Stendler-Lavatelli, C.: Früherziehung nach Piaget. Wie Kinder Wissen erwerben – ein Programm zur Förderung der kindlichen Denkoperationen. München: Ernst Reinhardt 1976.

Wember, F.: Piagets Bedeutung für die Lernbehindertenpädagogik. Untersuchungen zur kognitiven Entwicklung und zum schulischen Lernen bei Sonderschülern. Heidelberg: Ed. Schindele 1986.

13. Zu soziologischen Themen

Camaioni, L./De Lemos, C. (Hrsg.): Questions on social explanation. Piagetian themes reconsidered. Amsterdam: John Benjamins Publ. Comp. 1985.

Eckensberger, L. H./Silbereisen, R. K. (Hrsg.): Entwicklung sozialer Kognitionen. Stuttgart: EKV 1980.

Edelstein, W./Keller, M. (Hrsg.): Perspektivität und Interpretation. Frankfurt: SUV 1982.

Edelstein, W./Habermas, J. (Hrsg.): Soziale Interaktion und soziales Verstehen. Beiträge zur Entwicklung der Interaktionskompetenz. Frankfurt: SUV (stw 446) 1984.

Freitag, B.: Der Aufbau kindlicher Bewußtseinsstrukturen im gesellschaftlichen Kontext. München: Fink („Lateinamerikastudien“) 1984.

Furth, H. G.: The world of grown-ups. Childrens conceptions of society. Kap. 9: Piagets theory of social relation. New York: Elsevier 1980.

Harten, H.-Chr. (1977): Der vernünftige Organismus oder gesellschaftliche Evolution der Vernunft. Zur Gesellschaftstheorie des genetischen Strukturalismus von Piaget. Frankfurt: Syndikat.

Harten, H.-Chr. (1979): Kognitive Sozialisation und politische Erkenntnis. Piagets Entwicklungspsychologie als Grundlage einer Theorie der politischen Bildung. Weinheim: Beltz.

Overton, W. (Hrsg.): The relationship between social and cognitive development. Hillsdale (N. J.): Erlbaum 1983.

Selman, R.: Zur Entwicklung interpersonalen Verstehens. Frankfurt: SUV 1984.

14. Zur Entwicklung des moralischen Urteils

Bertram, H.: Moralische Sozialisation. Handbuch der Sozialisationsforschung. Weinheim: Beltz 1980, S. 717–744.

Gilligan, C.: Die andere Stimme. Lebenskonflikte und Moral der Frau. München: Piper 1984.

Kohlberg, L. (1974): Zur kognitiven Entwicklung des Kindes. Drei Aufsätze. Frankfurt: SUV.

Kohlberg, L. (1985ff.) Gesammelte Schriften. Frankfurt: SUV.

Lickona, Th.: Research on Piaget's theory of moral development. In: Ders. (Hrsg): Moral development and behavior. Theory, research and social issues. New York: HRW 1976, S. 219–240.

Oser, F.: Moralisches Urteil in Gruppen – Soziales Handeln – Verteilende Gerechtigkeit. Stufen der interaktiven Entwicklung und ihre erzieherische Stimulation. Frankfurt: SUV (stw 335) 1981.

Portele, G. (Hrsg.): Sozialisation und Moral. Neuere Ansätze zur moralischen Entwicklung und Erziehung. Weinheim: Beltz 1978.

Reimer, J./Paolitto, D./Hersh, R. (Hrsg.): Promoting moral growth: From Piaget to Kohlberg. New York: Longman 1979.

Weinrich, H.: Kohlberg and Piaget: Aspects of their relationship in the field of moral development. Journal of moral education 4 (1975), S. 201–213.

15. Zur Sprachwissenschaft

Beilin, H.: Studies in the cognitive basis of language development. New York: Academic Press 1975.
Brown, R.: A first language. Cambridge (Mass.): Harward Univ. Press 1973.
Furth, H. G.: Lernen ohne Sprache. Weinheim: Beltz 1977.
Gardner, H.: Die Entwicklung von Symbolkompetenz bei Kindern. Zeitschrift für Semiotik 7/4 (1985), S. 319–333.
Lenneberg, E. H.: Biologische Grundlagen der Sprache. Frankfurt: SUV 1972.
Piattelli-Palmarini, M. (Hrsg.): Théories du langage ... Siehe [3].
Presseisen, B./Goldstein, D./Appel, M. (Hrsg.): Topics in cognitive development, Bd. 2: Language and operational thought. New York: Plenum Press 1978.
Sinclair, H.: Acquisition du language et développement de la pensée. Soussystèmes linguistiques et opérations concrètes. Paris: Dunod 1967.
Wygotski, L.: Das Problem des Sprechens und Denkens beim Kinde in der Theorie von Jean Piaget (1934). In: Ders., Denken und Sprechen. Frankfurt: SF 1969, S. 17–64.
Zimmer, D. E.: So kommt der Mensch zur Sprache. Über Spracherwerb, Sprachentstehung, Sprache & Denken. Zürich: Haffmans 1986.

4. Personenregister

5. *Sachregister*

Klassiker des Denkens

Klassiker des politischen Denkens

Herausgegeben von Hans Maier, Heinz Rausch und Horst Denzer

Band I: Von Plato bis Hobbes
6., neubearbeitete und erweiterte Auflage. 1986
379 Seiten. Leinen

Band II: Von Locke bis Weber
5., völlig neubearbeitete und um einen Beitrag erweiterte Auflage.
1987. 410 Seiten. Leinen

Klassiker der Philosophie

Herausgegeben von Otfried Höffe

Band I: Von den Vorsokratikern bis David Hume
2., verbesserte Auflage. 1985. 557 Seiten mit 23 Porträts. Leinen

Band II: Von Immanuel Kant bis Jean-Paul Sartre
2., verbesserte Auflage. 1985. 557 Seiten mit 23 Porträts. Leinen

Klassiker des soziologischen Denkens

Herausgegeben von Dirk Käsler

Band I: Von Comte bis Durkheim
1976. 532 Seiten. Leinen

Band II: Von Weber bis Mannheim
1978. 594 Seiten. Leinen

Klassiker der Pädagogik

Herausgegeben von Hans Scheuerl

Band I: Von Erasmus von Rotterdam bis Herbert Spencer
1979. 376 Seiten mit 22 Porträts. Leinen

Band II: Von Karl Marx bis Jean Piaget
1979. 383 Seiten mit 21 Porträts. Leinen

Klassiker der Theologie

Herausgegeben von Heinrich Fries und Georg Kretschmar

Band I: Von Irenäus bis Martin Luther
1981. 462 Seiten mit 23 Porträts

Band II: Von Richard Simon bis Dietrich Bonhoeffer
1983. 486 Seiten mit 20 Porträts. Broschierte Sonderausgabe